ネットトレーダーズBOOK

株 3年生の教科書

西村 剛
TSUYOSHI NISHIMURA
中原良太
RYOTA NAKAHARA

総合科学出版

本書は株式投資の売買に関して参考となる情報・技術の解説を目的としています。
実際の売買における最終的な判断は、ご自身の責任において行ってください。

はじめに　**株3年生の目標は、生涯利益の最大化**

本書の目的は、一発逆転パンチを狙うことではありません。つまり、「テンバガーの見つけ方」や「爆騰銘柄の見つけ方」などを伝えることではありません。私は、このような目先の利益は、取るに足らないものだと考えています。

そのかわり、私が重要視している言葉があります。それは、**「生涯利益」**という言葉です。本書では、この言葉が繰り返し出てきます。とても重要ですので、初めに、この言葉の定義をあなたと共有させて下さい。

「生涯利益」とは：
今から死ぬまでの間に稼ぐ全ての利益

これが「生涯利益」の定義です。
本書の目的は、あなたの「生涯利益」を最大化することです。
本書では、私たち投資家が利益を出し「続ける」ための原理原則をお伝えします。
また、20年以上利益を出し続けた効果実証済みの投資戦略を公開します。他にも、相場に合わせて柔軟に対応する方法や、時期に応じた狙いどきの銘柄についても、詳しく解説します。

あなたの「生涯利益」を最大化する。それだけのために、最も重要な知恵を詰め込みました。この本をしっかりと読み、日々の投資にご活用下さい。そうすることで、あなたの人生はこれまでとは全く違う、今よりもずっと明るいものになると信じています。

中原 良太

Contents

PART 2 学習編

Contents

PART 3 学習編

「投資戦略」の数を増やす …… 59

Contents

PART 4 実践編

PART 5 実践編

破産確率を最小化する「リスク管理」……169

Contents

PART 1 準備編

「生涯利益」
最大化への道

PART1の目的「生涯利益」最大化までの流れを知る

生涯利益最大化への道

本PARTでは、**「生涯利益」最大化までの流れ**を説明します。

具体的な学習に入る前に、学習の準備をしましょう。ここでは、株2年生までの復習と、これから学ぶことの予習をします。準備をすることで、本書の内容をより深く理解できると思います。

本PARTでは、はじめに**「株1年生」から「株3年生」までの学習の流れ**をお伝えします。各学年で学ぶべき重要事項を要約しましたので、復習にもお役立て頂けます。もし、分からない箇所や学び漏れなどがあった場合は、前作の「株2年生の教科書」をお読み頂くと、スムーズに理解できるかと思います。必要に応じて、そちらもお読み頂けると幸いです。

「株1年生」から「株3年生」までの学習の流れが分かったら、その次は、**「株3年生」として学ぶべき技術**について説明します。本書で一番大事な内容ですので、ページに折り目を付けておいたり、目印として付箋を貼っておいたりしてご活用下さい。

本PARTを読み終わる頃には、あなたは「生涯利益」を最大化するための、唯一の道のりが理解できるでしょう。今の自分には何が足りないのか。何を学べば利益を増やせるのか。こういった疑問も、晴れることでしょう。将来の自分の姿を思い浮かべながら、楽しんでお読み下さい。

「生涯利益」最大化までの流れ

○本書の構成：

PART1

「生涯利益」最大化までの流れを予習する

- ☑ 株1～2年生で学んだことを復習する
- ☑ 株3年生で学ぶことを予習しておく

↓

投資戦略の質・量を高める

PART2

「投資戦略」の質を高めて、
繰り返し利益を出せるようになる

PART3

「投資戦略」の量を増やして、
あらゆる相場で利益を
出せるようになる

継続による生涯利益の最大化

PART4

「習慣化」を知り、
投資を続けやすい環境作りを行う

PART5

「リスク管理」を知り、
破産確率を最小限に抑える

↓

PART6

「振り返り」の技術を習得し、さらに生涯利益を増やす

- ☑ 振り返りのための4ステップを習得する
- ☑ 経験を積みながら、さらに生涯利益を増やす方法を研究し続ける

POINT

さぁ、はじめよう！

ＰＡＲＴ１では、生涯利益を最大化するための道のりについて、その概要を説明します。株１～２年生で学んだことの復習についても、この章でおさらいします。中でも、最も重要な「損益を増やすための公式」や、「利益を出すための4W2H」について紹介します。本PARTの中でも一番大切な部分とも言えますので、しっかりとお読み下さい。

「株1〜3年生」の学習の流れ

各学年での実力の違い

ここでは、株1年生から株3年生の間で学ぶべき、技術の概要をご紹介します。どれも重要な技術なので、今のうちに復習しておきましょう。それと合わせて、本書で学ぶ「株3年生」の要領についても予習しておきましょう。

株1年生の目標は、**「損益をプラスにする」**ことです。そのために、「損益＝収益－損失」という公式を習得します。株で利益を出すためには、「損失を圧縮し、収益を伸ばす」しかありません。だからこそ、その重要性を肝に銘じましょう。どんなにがむしゃらであっても、ここだけは外してはいけません。（詳しくは18ページ参照）

株2年生では、**「繰り返し利益を出し続ける」**ことです。まぐれではなく、半永久的に、繰り返し利益を出すために必要な「4W2H」という概念をご紹介します。これさえ習得すれば、ニュースや流行りに振り回されなくなります。そして、淡々と繰り返し利益を出せるようになるでしょう。（詳しくは20ページ参照）

株3年生の目標は、**「生涯利益を最大化する」**ことです。これは、私たち投資家が一生をかけて探求するものとも言えます。本書では、生涯利益を最大化するための技術を学びます。（詳しくは22ページ参照）

もし、文章だけで想像できない場合は、左ページの図説をご参照下さい。目で見ても楽しく学べるよう、工夫を凝らしました。

「株1～3年生」の学習の流れ

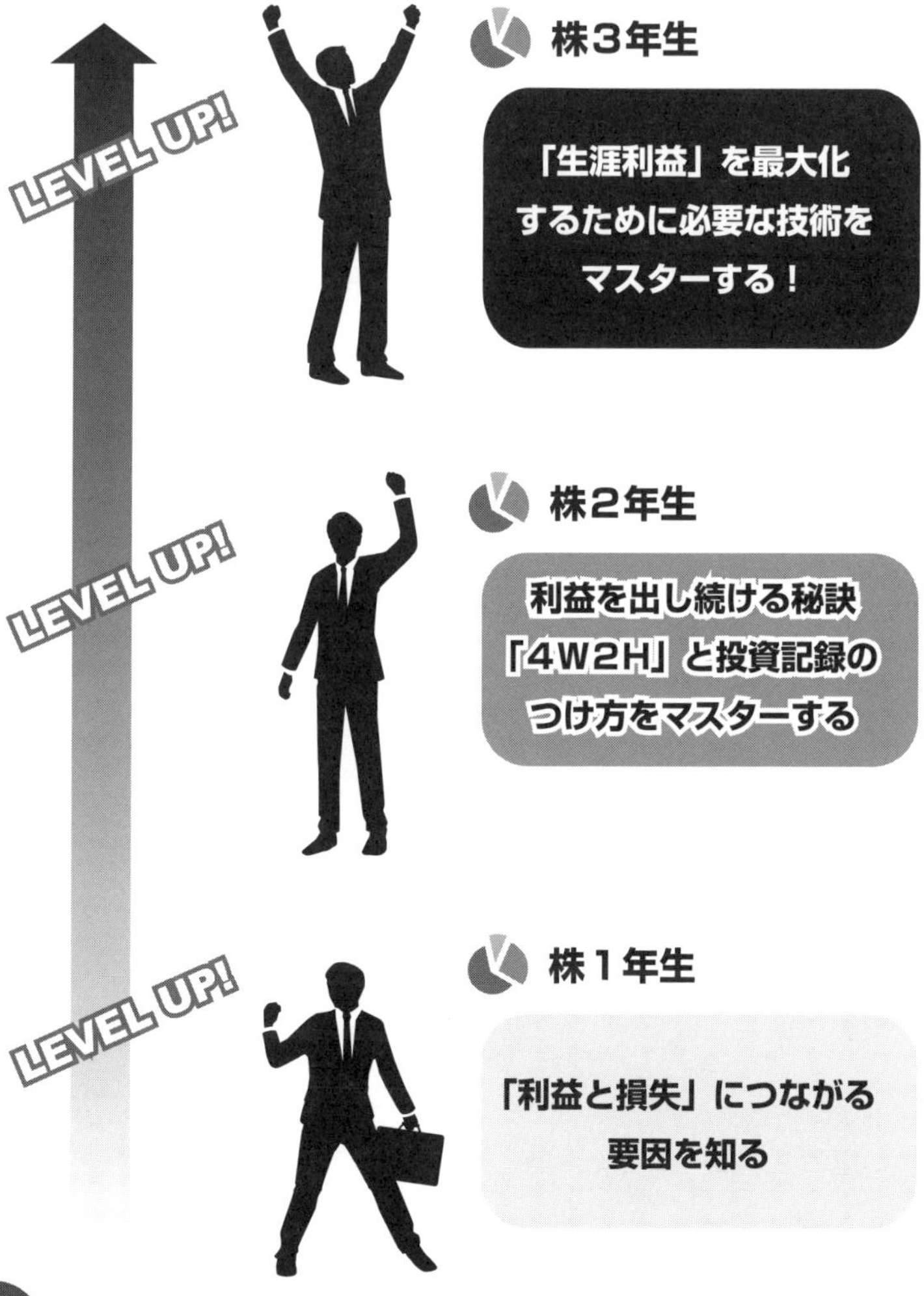
株3年生
「生涯利益」を最大化するために必要な技術をマスターする！
LEVEL UP!
株2年生
利益を出し続ける秘訣「4W2H」と投資記録のつけ方をマスターする
LEVEL UP!
株1年生
「利益と損失」につながる要因を知る
LEVEL UP!

POINT

これで、もうカンペキ！

株1年生や株2年生では、「繰り返し利益を出せる投資家」になるために必要な知識を学んできました。これだけで、私たちは利益を出せるようになるでしょう。
株3年生からは、更に上の段階に進みます。株3年生では、「生涯利益を最大化」することを目指します。この技術を習得すれば、あらゆる相場で、繰り返し、しかも継続的に、死ぬまでの間に最大限の利益を出せるようになるでしょう。

株1年生で学んでおきたいこと

必要最低限の知識

株式投資での運用成績を向上する方法は、二つしかありません。

一つ目は、**「収益を増やす」**という方法です。収益のチャンスを見つけ出すことで、より多くの収益を出します。このために、投資家の多くが本を読み、セミナーに参加し、日々腕を磨いています。

そしてもう一つが、**「損失を減らす」**という方法です。軽視されがちですが、これも収益を増やすのと同じだけ大切です。損失が収益よりも膨らむと、損益がマイナスになります。当たり前の話ですが、軽視している方が多いのも事実です。「損失を減らす」ほうが、収益を増やすよりもよっぽど簡単ですし、すぐに結果に結びつきます。ぜひ、頭に入れておきましょう。

本当に大切なことなので、繰り返しお伝えします。株1年生の時期に必ず覚えておきたいこと。それは、以下に示す「**損益を増やすための公式**」です。次の式をご覧下さい。

損益を増やすための公式

損益＝収益－損失

極論、これさえ覚えておけば、他は何も覚えなくて良いのです。それほど、大切な式です。

株1年生の時から、大きな利益を出すのは難しいでしょう。しかし、この基礎さえ身につけてしまえば、最短経路で利益を出せるようになります。誰でも分かる当たり前のことですが、この当たり前を守り続けるのが難しいことなのです。

株1年生で学んでおきたいこと

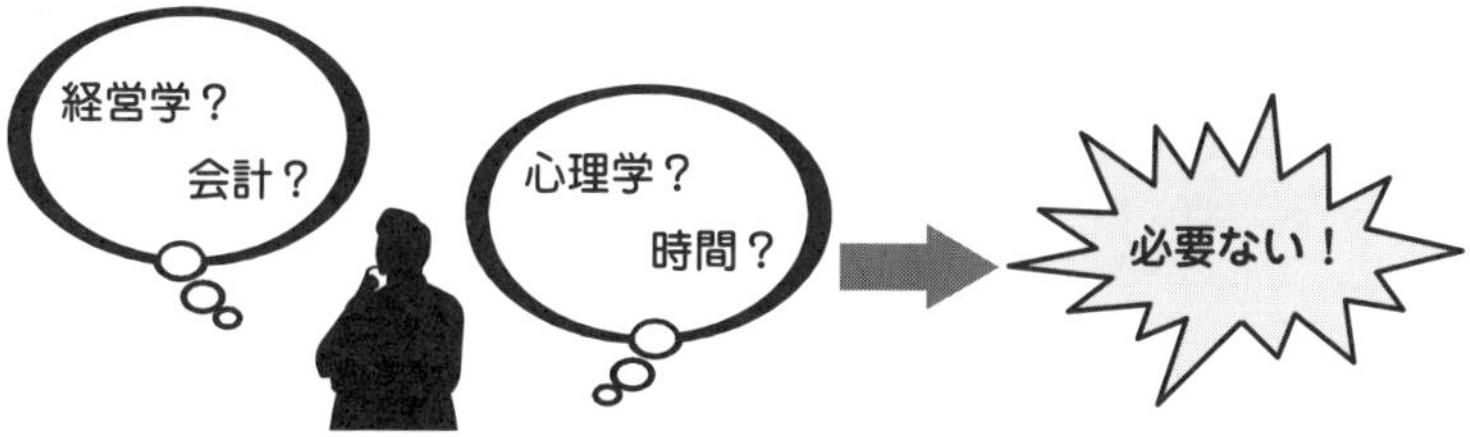

必要なのはたったの2つ！

収益を増やす知識

- 収益を「出しやすい」株を見つけ出す
- 収益を「出しにくい」株を徹底的に避ける

損失を減らす知識

- 損失を「出しにくい」株を見つけ出す
- 損失を「出しやすい」株を徹底的に避ける

POINT

利益を出すのに必要な知識は2つしかない

株1年生は、「どんな株を選べば利益が出せるか？」「どんな株を買うと危ないのか？」を見極める方法を中心に学習を進めています。株で利益を出すための知識は、「利益を増やす」「損失を減らす」のいずれかに該当します。どちらにも当てはまらないものは、それは知識ではなく、ただの「雑学」であるという点に注意しましょう。

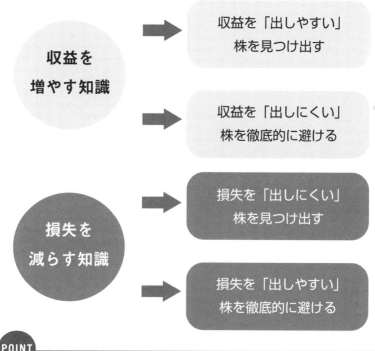

株2年生で学んでおきたいこと

「投資戦略」＝「4W2H」

私たち投資家は、決して言い訳してはいけません。たとえば……

「いまは相場が悪い」
「あの会社のせいだ」
「あのニュースさえ無ければ」

このように、**自分にコントロールできないこと**に責任を押し付けてはいけません。これでは、微塵も成長しません。コントロールできないものを見て愚痴を言うよりも、「あのとき、自分は何をすべきだったか」と反省し、試行錯誤する方が、よっぽど生産的です。

私たち投資家がコントロールできることは、実は少ししかありません。前作「株2年生の教科書」では投資戦略（4W2H）という概念をご紹介しました。具体的には、

WHAT＝どの株を買うか
WHEN＝いつ株を買うか
WHERE＝どこで株を買うか
WHY＝なぜ株を買うか
HOW＝どうやって株を買うか
HOW MUCH＝何株を買うか

以上の6点を表します。私は、この6つの要素が全て組み合わさったものを「投資戦略」と呼んでいます。

投資戦略（＝4W2H）は、私たち投資家がコントロールできる、全てのポイントです。言い換えれば、**この投資戦略だけを地道に改善すれば、誰にだって利益を出せるようになります。**

専門知識も、高度な技術も必要ありません。そのかわり、**「投資戦略（＝4W2H）に全神経を集中し、愚直に改善を続ける」**ことが大切なのです。

株２年生で学んでおきたいこと

自分でコントロールできる投資戦略（４Ｗ２Ｈ）（内的要因）のピラミッド

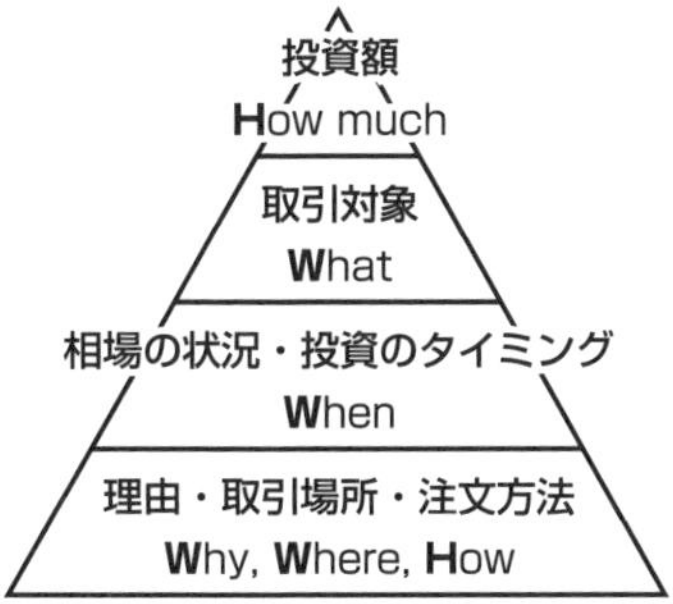

自分でコントロールできない「外的要因」

投資戦略 ＝４つのＷと２つのＨ

What…どの株を買うのか
When…いつ株を買うのか
Where…どこで株を買うのか
Why…なぜ株を買うのか
How…どうやって株を買うのか
How much…何株を買うのか

気にしても無意味なもの

・相場全体がどう動きそうか？
・明日の株価はどう動くか？
・海外の相場はどう動くか？

→自分にコントロールできない予測不可能なことは判断材料として無意味

POINT

相場はコントロールできない

投資家にできることは、実はほんの少ししかありません。それは「なぜ、どこで、どうやって、いつ、どの株を、いくら」投資すべきかという投資戦略（４Ｗ２Ｈ）に集約されます。私達には相場の制御はできませんし、未来予知もできません。したがって、自分の制御下にある６つの要素をいかに上手くコントロールできるかに投資家生命のすべてがかかっているのです。

株3年生で学んでおきたいこと

「生涯利益」の最大化

株2年生では、「投資戦略」（＝4W2H）という概念を学びました。これで、あなたは着実に利益を出し続けるコツが分かってきたでしょう。これだけでも普通の人から見れば、すでに驚異的な成績を残す実力が身に付いているはずです。

しかし、これで満足してはいけません。これは序章に過ぎません。株3年生では、あなたが**「生涯利益を最大化する」**ために、必要不可欠な技術を習得します。まず、本書でもっとも大事なことからお伝えしましょう。あなたが生涯で得られる利益は、**「投資戦略（＝4W2H）の質と量」**と**「継続」**によって決まります。これは、次の公式のようにまとめられます。

生涯で得られる利益の総額
＝「投資戦略（＝4W2H）の質と量」×「継続」

これが、あなたの生涯利益を決める公式です。この公式なしに、生涯利益を語ることはできません。本書でも繰り返し出てきますので、必ず頭に入れておきましょう。

第一の要素である「投資戦略の質と量」については、本書の**PART2、3**で、詳説します。これにより、あなたはあらゆる相場で着実に利益を出せるようになるでしょう。

第二の要素である投資を「継続」する技術については、本書の**PART4、5**で、詳説します。どんなに良い投資戦略を手に入れても、**継続できなければ全く意味がありません**。この技術を習得することで、あなたの「生涯利益」は、飛躍的に高まるはずです。

株3年生で学んでおきたいこと

○「投資戦略」の質と量を高める

＝「繰り返し」「あらゆる場所で」利益を出せるようになる

PART2

投資戦略（4W2H）の質を高め、
繰り返し利益を出す
＝「収益性」と「再現性」を高める

「収益性」を高める

- ☑ A／Bテストを使った収益性を改善する
- ☑ 仕掛け・手仕舞いの質を改善する

「再現性」を高める

- ☑ 過去の成功事例を調べる
- ☑ 投資家心理を先回りした投資法を作る

PART3

投資戦略（4W2H）の量を増やし
あらゆる相場で利益を出す
＝相場に合わせて複数の投資戦略を使い分ける

投資戦略・相場状況を把握する

- ☑ 順張り・逆張り・押し目買い戦略を知る
- ☑ 相場の基本的な特性と分類法を知る

相場で投資法を使い分ける

- ☑ 上昇相場を攻略する
- ☑ 下落相場を攻略する
- ☑ ボックス相場を攻略する

○継続による生涯利益の最大化

PART4

「習慣化」：投資を続けやすい環境を作る＝「目標設定」と「障壁の解除」

「目標設定」を行う

- ☑ 良い目標設定のための３つの要点を知る

「障壁の排除」を行う

- ☑ 株をやめてしまう三大要因に対処する

PART5

「リスク管理」を学び、破産確率を抑える
＝資金管理＋日数管理＋銘柄管理

- ☑「資金管理」を実践する
- ☑「日数管理」を実践する
- ☑「銘柄管理」を実践する

POINT

「生涯利益」を最大化する

株式投資の可能性は無限大です。ですから、僕ら投資家は、１年や２年、そこそこの利益を出せるだけで満足してはいけません。１回や２回のちょっとした成功で止めては、勿体無いのです。１度利益を出せた方なら、１０回、１００回利益を出すことも不可能ではないはずです。そこで、株３年生からは、生涯利益を最大化するために、必要な知識を学んでいきます。死ぬまでの人生で、一番大きな利益を出せるよう、その方法をまとめました。

投資戦略とは何か？

投資戦略の3大要素

本書では、**「投資戦略」**という言葉が繰り返し登場します。齟齬があってはいけないので今のうちにこの言葉の定義を共有します。私は、この言葉を以下のように定義しました。

投資戦略とは：
繰り返し利益を出し続けるための、具体的な技術の集合。４Ｗ２Ｈの６点を集約したもの。

これが私の考える投資戦略の定義です。

具体的には、投資戦略は以下の3つの要素が組み合わさったものを指します。

- **仕掛け（エントリー）**
- **手仕舞い（エグジット）**
- **リスク管理**

投資戦略は、言葉や数字で明確に説明できるものでなくてはなりません。なぜなら、投資戦略があいまいだと、選ぶ銘柄もあいまいになり、投資戦略そのものがブレてしまうからです。

よって、投資戦略は誰にでも伝わるように、明確に定められていなくてはなりません。それこそ、愛するパートナーや両親、子供に向けて、「私はこういう投資戦略で運用をします！」と明言できる必要があるのです。

明確な投資戦略を身につけたら、あとはそれを磨き続けるだけです。

一つひとつの部品を磨き上げ、ひたすらに質を高めていきましょう。

投資戦略を構成する3つの要素

○ 投資戦略とは？

何度も繰り返し、利益を出すための技術。**仕掛け、手仕舞い、リスク管理**の3つの要素から構成されます。

○ 投資戦略の 4W2H

投資戦略は、6つの部品によって構成されます。それは以下の6点です。

・WHAT…どの取引をするか
・WHEN…いつ取引をするか
・WHERE…どこで取引するか
・WHY…なぜ取引するか
・HOW…どうやって取引するか
・HOW MUCH…いくら取引するか

○ 投資戦略の3大要素

仕掛け（エントリー）

手仕舞い（エグジット）

リスク管理

仕掛け（エントリー）：
株の買い方のこと。特に注目すべきポイントは、
・相場選び（WHEN）
・銘柄選び（WHAT）
・注文方式（HOW）
の3点です。

この仕掛けを改善する方法は、40ページにて解説しています。

手仕舞い（エグジット）：
株の売り方のこと。特に注目すべきポイントは、手仕舞いのタイミング（WHEN）です。手仕舞いは、以下の3要素によって構成されています。
・利益確定
・損切り
・期限切れ
利益を最大化するためにも、これらを明確に取り決めておきましょう。
手仕舞いを改善する方法は、42ページにて解説しています。

リスク管理：
破産リスクを最小限に留めるリスク。特に注目すべきポイントは、以下の3点に集約されます。
・資金管理（HOW MUCH）
・日数管理（WHEN）
・銘柄管理（WHAT）
利益を最大化するためにも、これらを明確に取り決めておきましょう。

リスク管理を改善する方法は、170ページにて解説しています。

POINT

優れた投資戦略＝利益への最短経路

あなたが投資で大きな利益を出したいのであれば、優れた投資戦略を身に付けましょう。仕掛け、手仕舞い、リスク管理。1つでも無視すれば、私たちは利益を出せません。いずれも、無視できない大切な要素です。優れた投資戦略は、これら3つが上手く組み合わさって成り立っています。本書では、投資戦略を磨く方法を余すところなくご紹介しています。本書を繰り返し読みながら、存分にお役立て下さい。

「投資戦略」（4W2H）の質と量を高める

利益を出し続ける仕組み

投資家にとって何よりも大事な仕事。それは、**「同じことを淡々と繰り返すだけで、何度も利益を出せるような仕組み」**を作ることです。

このためには、僕ら投資家は2つの技術を身につける必要があります。1つは、「投資戦略（4W2H）の質を磨き上げる技術」。もう1つは「投資戦略（4W2H）を新しく作り上げる技術」です。利益を出し続けるために、これ以上に重要な技術はありません。

そこで、本書のPART2（31ページ）からは、**「投資戦略」の質を高める方法**について、詳しく解説していきます。

具体的には、「収益性」と「再現性」を持った、優れた投資戦略を生み出すコツをお伝えします。PART2を読み終わる頃には、あなたは投資戦略を自分で生み出し、磨き上げるための技術が身につくはずです。

PART3（61ページ）からは、**効果実証済みの「投資戦略」**を、3つご紹介します。

具体的には、順張り、逆張り、押し目買いという3つの投資戦略について学びます。そして、相場の状況に応じて、これらの投資戦略を使い分ける方法についても詳しくお伝えします。PART3を読み終わる頃には、あなたはどんな相場でも、そこそこの利益を出せる投資家へと成長しているはずです。

「投資戦略」の質と量を高める

PART2（P32以降）で学ぶこと

○「投資戦略」の質を高める
=「収益性」と「再現性」を高める

収益性の改善 × **再現性**の改善

1つの投資戦略から得られる**生涯利益**を最大化する

これから先の未来、長きにわたって**繰り返し**利益を出せるようになる

PART3（P60以降）で学ぶこと

○「投資戦略」の数を増やす
=あらゆる相場で利益を出せるようになる

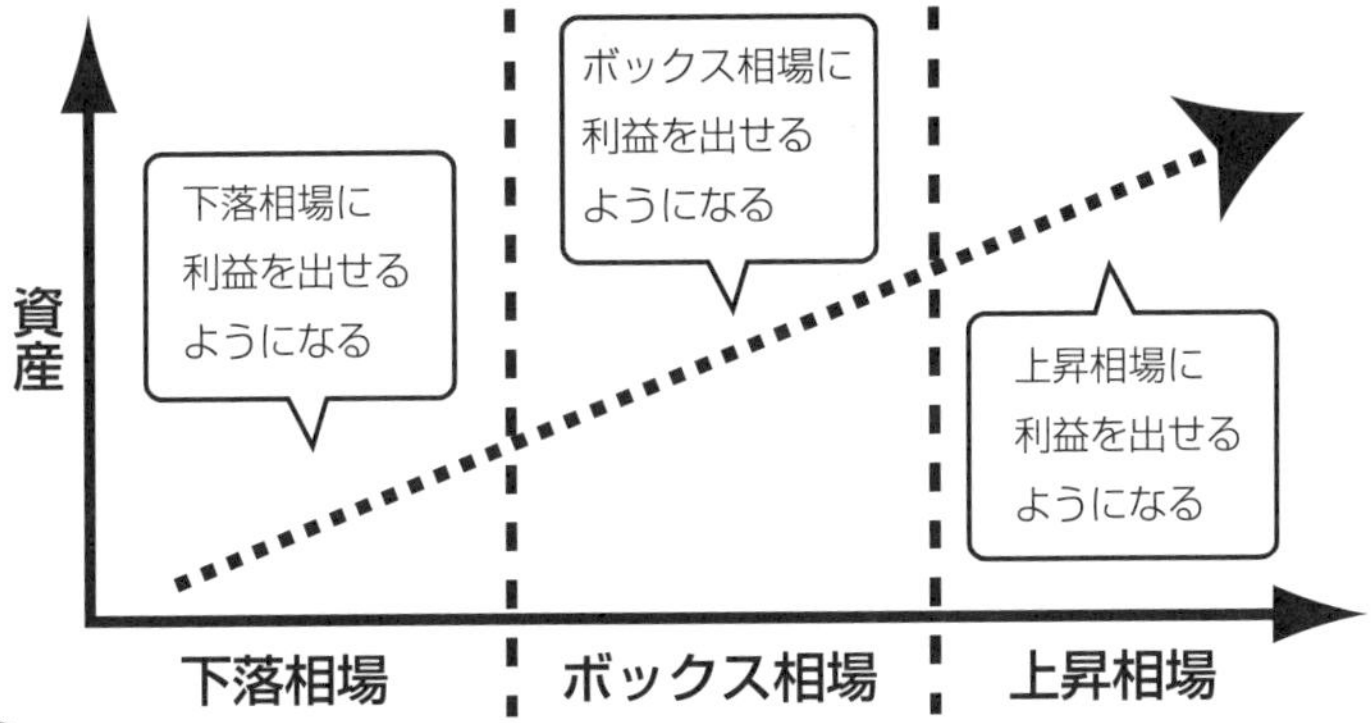

POINT

あらゆる相場で繰り返し利益を出せる投資家に

何よりも大切なのは、繰り返し利益を出せる「収益性・再現性の高い投資戦略を身につける」ことと、「どんな相場にも対応できるように、複数の投資戦略を身につける」ことの2点です。相場の状況によって、「利益を出せたり、出せなかったり」というのでは、投資家として半人前です。投資戦略の「質」と「量」を磨き上げることで、どんな状況でも利益を出し続けられるようになるでしょう。

「継続」による生涯利益の最大化

継続は力なり

ここに1年間でお金を2倍にできる投資戦略があるとします。仮に10年間、複利運用で使い続ければ、10年後にはお金を2の10乗倍（1024倍）に増やせます。いま100万円を持っていたら、10年後には10億円にまで増やすことができるでしょう。

しかし、1年間しか使わなかったら、100万円は200万円までしか増えません。**続けなかったというだけで、残りの9億9800万円は、取り逃してしまいました。**

これはあくまで極端な例です。ですが、**継続の重要性**は伝わるかと思います。

どんなに優れた投資戦略を手に入れても、使い続けなければ大した利益は得られません。逆に、**平々凡々な投資戦略しか持っていなくとも、継続次第で億万長者になることは夢では無いのです。**

あなたの利益を最大化するには、資産運用を長期間「継続」する必要があります。そこで、本書では、「継続」のために重要な2つのポイントを、あなたにお伝えします。

1つは、**「習慣化」**です。株を続けるには、「株を続けやすい環境づくり」が大切です。本書のPART4（138ページ）以降では、この方法をご紹介します。うまく習慣化を取り入れることで、あなたはストレスなく株式投資を続けられるようになるでしょう。

もう1つは、**「リスク管理」**です。どんなに利益を出しても、それを吹き飛ばしてしまっては意味がありません。本書のPART5（169ページ）以降では、稼いだ利益を守るためのリスク管理の秘訣についてお伝えします。

「継続」による生涯利益の最大化

○ なぜ、継続が大切なのか？

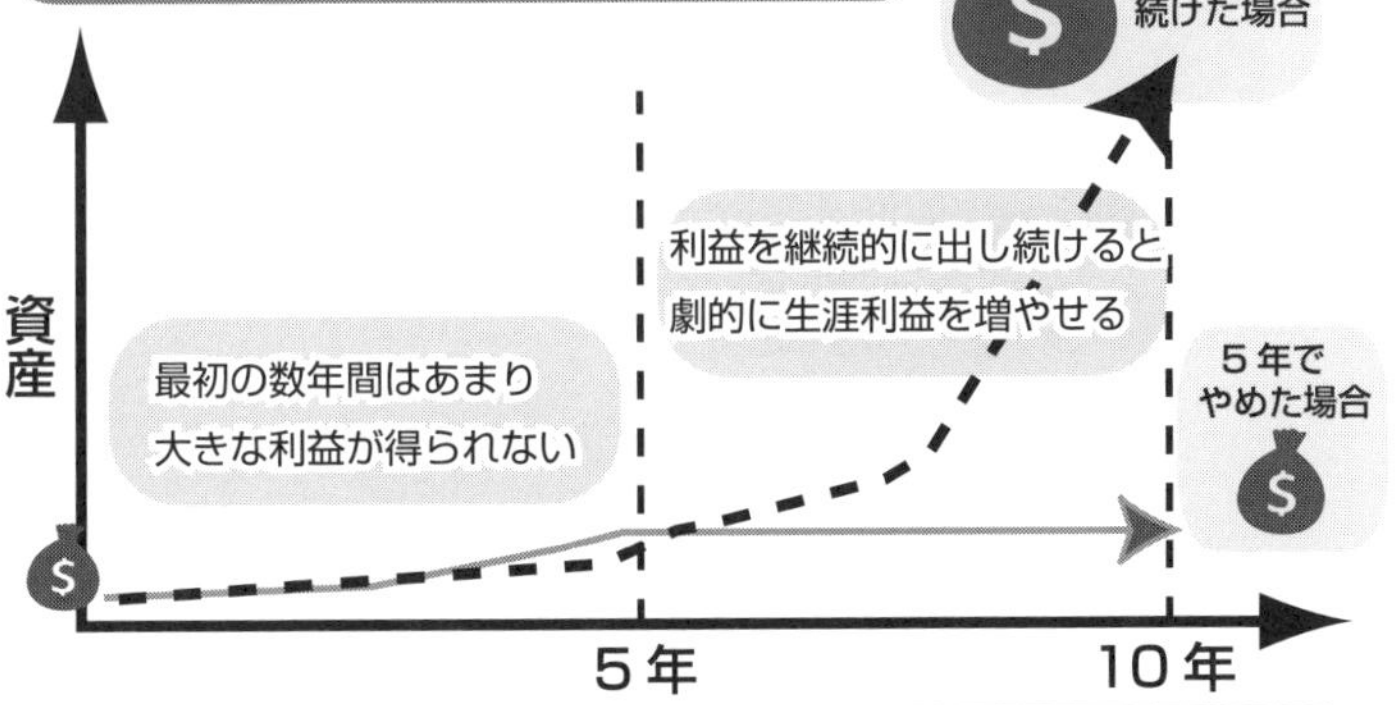

複利運用においては、「継続」の長さによって生涯利益の大きさは劇的に変わる。

PART 4（P137 以降）で学ぶこと

○「習慣化」により、投資を続けやすい環境を作る

1. **適切な目標**を立てて、投資を続けるための理由を明確化する
2. **ストレスの要因**をとことん排除し、気楽に投資を続けられるような環境を作る

PART 5（P169 以降）で学ぶこと

○「リスク管理」により、破産確率を最小限に抑える

意外と知られていない、３つのリスク管理の方法を習得する

☆３つのリスク管理法とは
…「資金管理」「日数管理」「銘柄管理」

POINT

継続なくして、大きな利益は出せない

どんなに実力があっても、素晴らしい投資法を持っていても、１週間しか投資を続けなければ、大して利益は出せません。ですが、淡々と40年間投資を続けられたら……？　その期間成果を出し続ければ、誰でも大富豪になれるでしょう。株で大きな利益を出すためには、「長い期間投資を継続する」ことが不可欠です。利益の大きさは投資期間が延びるほど、指数関数的に伸びていきます。

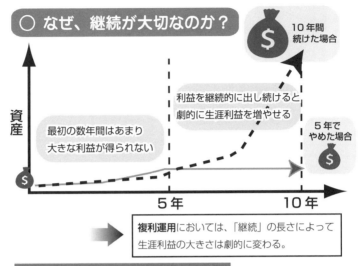

PART1 のまとめ

○ 本書を通じて学ぶこと

○「投資戦略」の質と量を高める (PART2〜3)

=「繰り返し」「あらゆる相場で」利益を出せるようになる

PART 2 で学ぶこと

投資戦略の
質
を高める

繰り返し利益を出せる
ようになる

×

PART 3 で学ぶこと

投資戦略の
量
を増やす

あらゆる相場で利益を
出せるようになる

○「継続」による生涯利益の最大化 (PART4〜5)

PART 4 で学ぶこと

習慣化

運用を続けやすい環境
を作る

×

PART 5 で学ぶこと

リスク管理

破産確率を抑え、
精神的負担の小さな投資を

POINT

「生涯利益」を最大化する

僕らが本当に考えるべきなのは、「一発ドカン」の機会ではなく、死ぬまでの長期間にわたって、いかにして「最大の利益を得るか？」だと思うのです。つまり、「いかにして生涯利益を最大化するか」と考えるのが大切です。これを意識するだけで、自ずとすべきことが見えてきます。次ページから、生涯利益を最大化するために必要な技術を１つずつご紹介していきます。

PART 2 学習編

「投資戦略」の
質を高める

PART2の目的「投資戦略」の質を高める

投資戦略の質を高める

本PARTでは、**「投資戦略の質」を高める方法**についてお話ししていきます。

投資戦略は、私たち投資家を富豪へと導いてくれる、唯一の存在です。これ以上に大事なものは、他にありません。

劣悪な投資戦略を使うと、多くの場合で資産の大半が吹き飛ばされてしまいます。やっていることはギャンブルと変わりないので、常に危険に晒されるのです。

しかし、優れた投資戦略を持てば、あなたは資産を何倍にも膨らませることができるでしょう。全ての成績は、「投資戦略」にあると言っても、過言ではありません。**投資戦略は一生をかけてでも改良すべき、本当に重要なものなのです。**

投資戦略の質を高めるのは、難しいことではありません。コツさえ掴んでしまえば、誰でもできます。ですから、身構える必要はありません。特別な知識もいらなければ、天才的な能力もいりません。**必要なのは、地道に比較・検討する力と、愚直に改善を続ける忍耐力だけです。**

投資戦略の質を高める技術を身につけることで、誰でも成功を収めることができます。とても大事な技術ですので、ぜひ身につけておきましょう。

投資戦略の質を高める

○ 質が悪い投資戦略とは？

その1：
そもそも利益を出せない

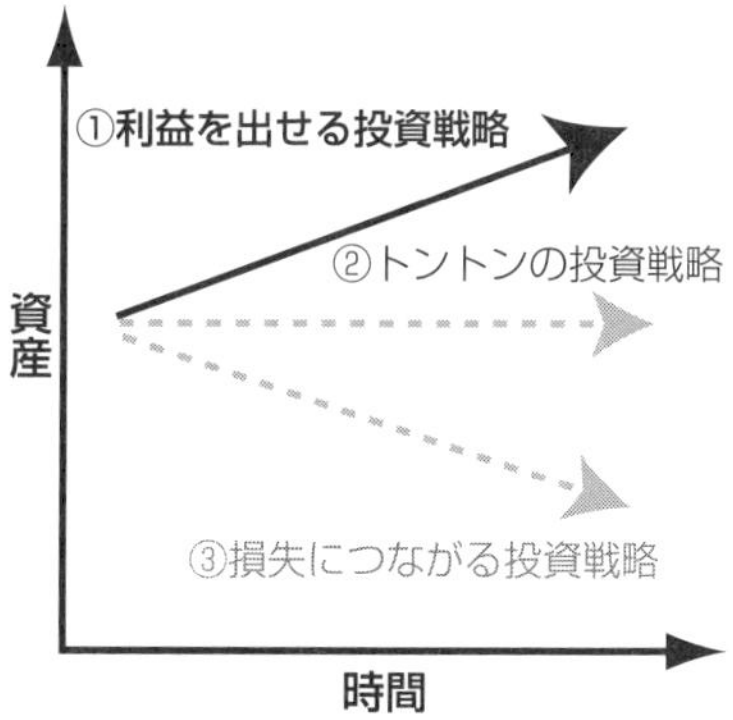

投資戦略の質が悪いと、利益を出せません。これでは、投資をする意味が無くなってしまいます。
投資を始める前に、まずは「利益につながる投資戦略」を手に入れることから目指しましょう。株を買うのは、それからです。

その2：
突然利益を出せなくなる

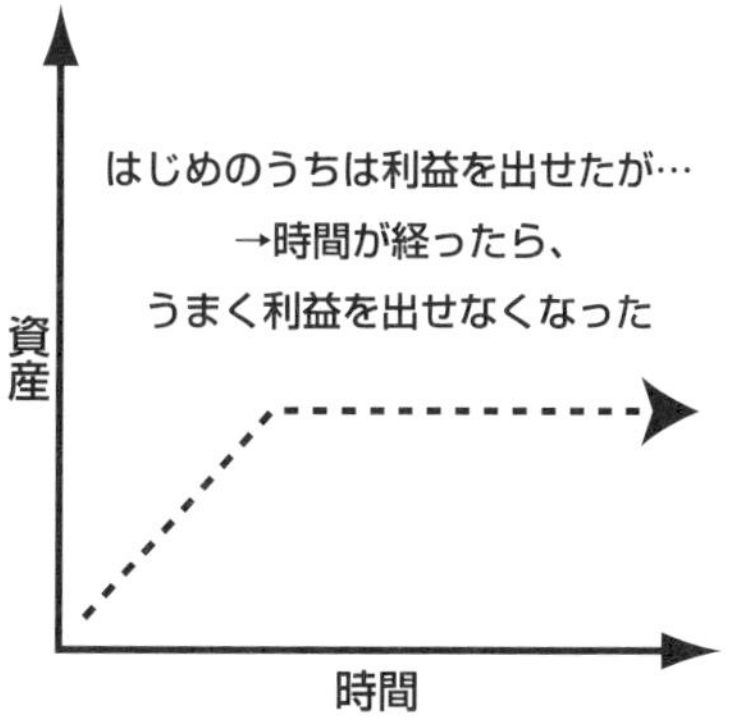

たとえ一時期利益を出せた投資戦略でも、時が経つと急に使えなくなったり、利益を吹き飛ばしてしまうものがあります。そんな投資戦略を使っても、安心して運用できません。
大きな利益を手にするためには、「繰り返し」利益を出せる投資戦略が必要です。1度や2度成功するだけでは、大した 成果は残せません。100回、200回と繰り返し利益を出して、初めて大きな利益につながるのです。

POINT

一生をかけてでも改良すべきもの

あなたの今後の投資家人生は、「投資戦略の質」によって決まります。優れた投資戦略は、あなたに莫大な利益をもたらします。一方、劣悪な投資戦略はあなたに継続的な損失をもたらします。だからこそ、私たちは投資戦略を徹底的に吟味し、緻密に仕上げていく必要があります。今のところはほんの僅かに見える差ですら、数年後には数十万円、数百万円の差が生まれます。今のうちから妥協をせず、常に最善を目指すのが大切です。

「投資戦略の質」＝「収益性」×「再現性」

「収益性」×「再現性」

投資戦略の質は、２つの要素に分けられます。その２つの要素とは、**「収益性」**と**「再現性」**です。

１つ目の要素は、**「収益性」**です。そもそも、利益が出せないようでは、投資戦略とは呼べません。仮に、「使えば使うほど損をする」投資戦略があったとしても、誰も知りたいとは思わないでしょう。これでは、投資戦略を使う意味が無いからです。損をすると分かっていて、その投資戦略を使う人はいません。逆に、「使えば使うだけ利益につながる」投資戦略があったら、誰もが知りたがるはずです。そう考えると、投資戦略を作る上で、収益性は何よりも重視すべき点だと言えるでしょう。

２つ目の要素は、**「再現性」**です。再現性とは、「同じことの繰り返すと、同じ結果が得られる」ことを示す尺度です。たとえば、「利益の再現性が高い」投資戦略は、同じような株を買うだけで、何度も繰り返し利益を出せます。それこそ、「10年以上にわたって、継続的に株で利益を出してきた」人の話なら、お金を払ってでも聞きたくなるはずです。なぜなら、その人なら、少なくとも未来にも通用しそうな、「再現性の高い」投資戦略を持っていそうだからです。逆に、どんなに利益を出せた投資法でも、再現性が低ければ意味がありません。極端な例ではありますが、「たまたま買った株でボロ儲けした人の話」を、わざわざ聞きたいとは思わないでしょう。なぜなら、その人の話には、再現性が無いからです。

「収益性」と「再現性」。この２つは、生涯利益を決定づける重大要素です。どんな投資をするにせよ、必ず確認するようにしましょう。

投資戦略の質＝収益性×再現性

○「投資戦略」の質を高める
＝「収益性」と「再現性」を高めること

収益性の改善 ✖ **再現性**の改善

1つの投資戦略から得られる**生涯利益**を最大化する

これから先の未来、長きにわたって**繰り返し**利益を出せるようになる

「収益性」を高めるためにすべきこと

- ☑ 仕掛け・手仕舞いの質の向上
- ☑ A／Bテストを使った収益性の改善

「再現性」を高めるためにすべきこと

- ☑ 過去の成功事例を調べる
- ☑ 投資家心理を先回りした投資法を作る

POINT

確認必須の重要ポイント！

どんな投資戦略も、これから先、収益性がなければ、意味がありません。それと同時に、過去にどれだけ大きな利益を出せたとしても、再現性に乏しく、これから先に利益を出せないのであれば、これもまた意味がありません。懸命な投資家であればあるほど、幾多の事例研究を行ないながら、「収益性」と「再現性」の確保のために時間を使っています。この２つは、投資戦略の質を示す、まさに要とも呼べる要素なのです。

「収益性」が重要な理由

株を買う前に調べたいこと

投資戦略において、いちばん大事なもの。それが、**収益性**です。投資の目的が利益を出すことである以上、収益性の無い投資戦略には存在価値が無いのです。これはもはや、当たり前の話です。百人の投資家に聞けば、百人が「収益性は重要だ」と答えるでしょう。

しかし、「収益性が重要だ」と分かっている投資家の中でも、その重要さを心底理解している人は、ごく一握りしかいません。

その証拠に、「自分の使っている投資戦略の、収益性はどれくらいですか?」と聞かれて、明確に応えられる人はほとんどいません。

「年利はどれくらい見込めるの?」
「1取引あたりの損益は何円?」
「勝率はどれくらい?」
「最悪の場合、どれぐらい損する?」

どれもが収益性に関する基本的な質問です。基本でありながら、投資戦略の収益性を知るための最重要事項でもあります。

収益性の重要性を理解している方なら、これらの質問に、即答できることでしょう。

当たり前の話ですが、私たち投資家は収益性を必ず確認すべきです。つまり、多くの過去の事例を確認した上で、「利益を出しやすい」とわかっている株にだけ、投資をすべきなのです。

「収益性」が重要な理由

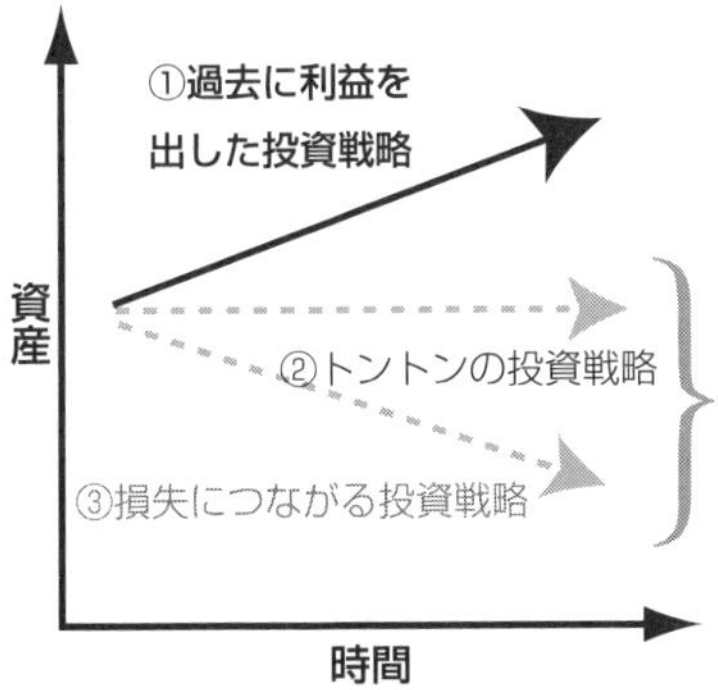

②③過去に利益を出していない投資戦略

過去の相場ですら利益を出せなかった投資戦略は、使うべきではありません。実績も無いものに身を委ねてしまっては、大事な資産を失うことにつながります。

①過去に利益を出した投資戦略

株を売買するときには、自分の使っている投資戦略が「利益を出せる」ことを、事前に確認しておく必要があります。そのためにも「過去の成績」の確認しましょう。少なくとも過去に利益を出した投資法なら、これからも利益を出し続けると期待できるでしょう。

○ 株を取引する前に確認すべき「収益性」の基本事項

- ☑ この投資戦略を使うと、どれぐらいの年利を見込める？
- ☑ 1取引あたりの損益は、平均いくらが期待できる？
- ☑ 勝率は、どれぐらいを想定している？
- ☑ 最悪の場合、どれぐらい損をする可能性がある？

POINT いつ聞かれても、即答できるようにしておこう

投資戦略の「収益性」は、株で利益を出すための生命線です。これを確保しなければ、損をして当然です。よって、私たち投資家は、自分の投資戦略の収益性については、とことん調べ抜く必要があります。株を買う前の時点で、「この投資法を使えば、大体年利○%が期待できる」「勝率は○%位」「平均で○円の利益が期待できる」など、こういった収益性に関する基本事項を事前に確認しておき、誰に聞かれても即答できるようになりましょう。

「収益性」＝「仕掛けの質」＋「手仕舞いの質」

収益性の2つの決め手

投資戦略の収益性は、2つの要素によって決まります。それは、**「仕掛けの質」**と**「手仕舞いの質」**です。もう少し噛み砕いた言い方をすると、「株の買い方」と「株の売り方」といっても良いでしょう。

1つ目の要素が、**「仕掛けの質」**です。これは、「株の買い方」といっても差し支えありません。株の買い方を少し工夫するだけでも、運用成績がガラリと変わります。仕掛けの質を高めるには、「相場選び（ＷＨＥＮ）」、「銘柄選び（ＷＨＡＴ）」、「注文方式（ＨＯＷ）」の3点を意識するのが効果的です。この3点を意識するだけでも、驚くほど運用成績が変化するはずです。具体的な内容については、40ページにて詳しく説明していますので、ご活用下さい。

2つ目の要素が、**「手仕舞いの質」**です。これは、「株の売り方」と表現しても良いでしょう。手仕舞いの質を高める方法としては、「利益確定」「損切り」「期限切れ」の3つを組み合わせるのが効果的です。買い時が大事なのと同じように、株の売り時も大事です。正しい売り時が分かれば、利益を増やせるだけでなく、リスクを減らすことにもつながります。具体的な方法については、42ページにて詳しく説明しています。あまり意識したことの無い方は、ぜひ目を通してみて下さい。

「どうやって株を買って」「どうやって売るか」。投資戦略の収益性は、これで全てが決まります。単純なことですが、この技術を磨くだけで、生涯利益は飛躍的に増やせることでしょう。

エントリーの質＋エグジットの質

収益性を改善する2つの要点

要点①：仕掛けの質

☑ **WHEN**：相場選び
最適なタイミングで株を買う

☑ **WHAT**：銘柄選び
最適な銘柄を買う

☑ **HOW**：注文方式
利益につながりやすい注文方式を使う

要点②：手仕舞いの質

☑ **PROFIT-TAKING**：利益確定
生涯利益を最大化できる利益確定法を模索する

☑ **STOP-LOSS**：損切り
精神的負担が大きくなる前に損切りをする

☑ **EXPIRATION**：期限切れ
1銘柄に集中することに期限を設ける

POINT

入り口と出口を抑えよう！

収益性を高めるためには、入り口（株の買い方、仕掛け）と、出口（株の売り方、手仕舞い）の２つを吟味するのが効果的です。安定的に利益を出せない方は、この２つのいずれかに問題を抱えている可能性が濃厚です。これらの点を余すことなく確認すれば、間違いなく収益性を向上できるはず。地道な作業ではありますが、１つ１つ点検して、最高の投資戦略を練り上げて行きましょう！

「仕掛けの質」＝「相場」×「銘柄」×「注文」

仕掛けの全て

「仕掛けの質」を構成する要素は、全部で3つあります。それは、**「相場選び（WHEN）」**と**「銘柄選び（WHAT）」**と**「注文方式（HOW）」**。この3点を意識することで、仕掛けの質を飛躍的に改善できます。括弧内のWHEN、WHAT、HOWは、投資戦略の「4W2H」に対応しています。

1つ目の要素は、**「相場選び（WHEN）」**です。仕掛けの質を高めるには、利益を出しやすい相場では積極的に株を買い、そうでない時は手控える。このメリハリをつけるのが特に重要です。特に、相場の状況によって、銘柄の動きは全く変わります。ですから、これを加味するだけでも、精度が向上できると期待できます。

2つ目の要素は、**「銘柄選び（WHAT）」**です。相場選びが終わったら、次は銘柄を選びます。ここで大事なのが、「買いたい銘柄」ではなく、「利益を出せる可能性が高い銘柄」を選ぶという点です。ここを勘違いすると、ギャンブルをしているのと同じことになってしまいますので、注意しましょう。

3つ目の要素は、**「注文方式（HOW）」**です。忘れられがちなのが、「一番利益を出せる注文方法は何か？」を検討することです。指値、寄り指値、不成、逆指値、成行。僕らが使える注文方法は沢山あります。この中で最善のものを選ぶだけでも、驚くほどの成績改善が期待できます。全てを試してみて、最も良いものを選ぶ習慣を持ちましょう。

相場×銘柄×注文

仕掛けの質を高める3つの方法

相場選び

WHEN：いつ株を買うか
～自分の投資戦略が一番利益を出せるのは、どんな相場環境なのか～

相場の状況によって、値動きの傾向は全く変わります。上昇相場では上がりやすい銘柄も、下落相場では下がりやすかったり、ボックス相場では微妙だったりするもの。状況に応じて適切な投資法は異なりますので、「自分の投資戦略は、どんな相場環境に向いているのか？」は事前に確認しておくのが良いでしょう。

考慮すべきポイント：短期・中期・長期の相場の動向

銘柄選び

WHAT：どんな株を買うか
～どんな銘柄を選べば、安全かつ着実に繰り返し利益を出せるのか～

投資先の企業によって、得られる運用成績は天地の差が生まれます。上場企業約3500社の中から、最も利益につながりやすい銘柄だけを 買うように心がけましょう。

考慮すべきポイント：時価総額、短期・中期・長期の値動き決算時期、決算内容、業種など

注文方式

HOW：どうやって株を買うか
～どんな注文方式を使えば、生涯利益を最大化できるか～

忘れがちですが、利益を最大化したい方は注文方式にまで気を配るのがオススメです。特に、「どの注文方法を使うか」「どんな価格に注文するか」という2点を意識することで、利益の最大化がしやすいです。株を買う前に、きちんと計画しておきましょう。

考慮すべきポイント：注文方式（成行、指値、寄り指値、逆指値)、注文位置

POINT

今この瞬間に最も利益を出しやすい株はどれ？

収益性を保つために大事なのは、「いつ」「何を」「どうやって買うか」という3つの点です。これさえ押さえておけば、他が多少荒削りだったとしても上手くいくことが多いのです。裏を返せば、この3つを押さえなければ、他に何をやっても上手くいきません。欠かせない要点ですので、投資を始める前には、念入りに確認するようにしましょう。

「手仕舞いの質」＝「利益確定」＋「損切り」＋「期限切れ」

手仕舞いの全て

「手仕舞いの質」を構成する要素には、3つの種類があります。それは、**「利益確定」**と**「損切り」**と**「期限切れ」**の3つです。この3つを上手く組み合わせることで、収益性を最大化し、損失を小さく抑える効果が期待できます。

1つ目の要素は、**「利益確定」**です。適切なタイミングで利益確定をすることで、収益性の向上が期待できます。案外、「大きな利益を狙って何ヶ月も株を持ち続ける」よりも「小さな利益で満足し、数日で着実に利益を積み上げていく」方が、結果的に利益を出しやすいこともあります。利益を伸ばすことも大切ですが、「ほどほどで満足する」ことも大切。このバランス感覚を磨いておきましょう。

2つ目の要素は、**「損切り」**です。株を持ち続けると危険が伴う場合は、素早く損切りすることも重要です。これにより、「損を小さく抑える」効果が期待できます。

3つ目の要素は、**「期限切れ」**です。株を買う前には、「○日以内に利益を出したい」という目標を立てておくことが大事です。これにより、安易な塩漬けを避けることができます。また、他の銘柄にも目が向くようになるので、新しい利益の機会を見つけやすくなる効果も期待できます。忘れがちなポイントなので、これを機会に頭に入れておきましょう。

以上の3点を上手く組み合わせることで、収益性を大きく改善できると期待できます。ぜひ吟味しておきましょう。

利益確定＋損切り＋期限切れ

手仕舞いの質を高める3つの方法

利益確定

～生涯利益を最大化するため
最適な利益確定ラインはどこか？～

１つの取引で大きく利益を取る必要はありません。たとえ１取引での利益が小さくても、何度も繰り返し利益が得られるなら、「ほどほどの利益」で満足するのも大切です。

例：「含み益が○円以上になったら売る」
「含み益が○%以上になったら売る」

損切り

～新たな利益のチャンスを逃さぬため
損切りのタイミングを決めておく～

含み損が膨らんでくると、精神的な負担が大きくなります。よって、心の平安を保つためにも、「いくら損をしたら手仕舞う」と決めておくのが、とても大切です。自分の耐えられる範囲に、リスクを限定する習慣を持ちましょう。

例：「含み損が○円以上になったら売る」
「含み損が○%以上になったら売る」

期限切れ

～どのぐらいの期間で、今持っている
銘柄に見切りをつけるべきか～

１つの銘柄に執着してばかりでは、視野が狭くなり、みすみす利益の機会を見逃すことにつながります。投資期間に時間制限を設けることで、過度に執着することが防げます。結果的に、他の銘柄で利益を出せるようになり、収益性の向上が期待できるでしょう。

例：「○日持ったら売る」

POINT

株を買う「前」に、きちんと計画を立てよう

株を買うと、含み益やら含み損が出てきて、精神にも少なからず負担がかかります。特に、含み損を抱えると心は恐怖や不安に襲われます。これでは、冷静に意思決定を行うのは難しいでしょう。最善の意思決定を下すためにも、株を買う「前」の段階で、株を売る方法を決めておきましょう。これにより、ミスが劇的に減り、運用成績も向上できると期待できます。

「収益性」を高める確実な方法

A／Bテストで地道に改善

「収益性」を高めるための最も確実な方法。それは、**「A／Bテスト」**だと私は考えています。A／Bテストは、広告などで使われる手法です。ほんの少しだけ異なる複数の投資戦略を作り、どれが優れているかを比較検討する方法です。

たとえば、いま、あなたの手元に1つの順張り投資戦略があるとします。もうすぐ完成なのですが、まだ「相場選び（WHEN）」の仕方が決まっていません。上昇相場で運用すべきか。下落相場で運用すべきか。はたまたボックス相場で運用すべきか。まだ分かっていません。このようなときは、私なら、全ての場合について過去の成績を確認します。

念のため、過去20年間の成績を確認しました。すると、以下の結果が得られたとします。

上昇相場で運用した場合
年利がプラス30％
下落相場で運用した場合
年利がマイナス20％
ボックス相場で運用した場合
年利がプラスマイナス0％

結果を見る限り、この投資戦略は、下落相場やボックス相場では利益が見込めません。上昇相場でのみ運用すべきだと言えるでしょう。

このように、過去の成績を確認し、「A／Bテスト」を繰り返す。私は、これこそ収益性の高い投資戦略を作る最も確実な方法だと思います。

文章だけだと理解しづらいかもしれません。いまいち合点がいかなかった方は、左ページの図を参照していただければと思います。

A/Bテスト

○ 3つの基本投資戦略

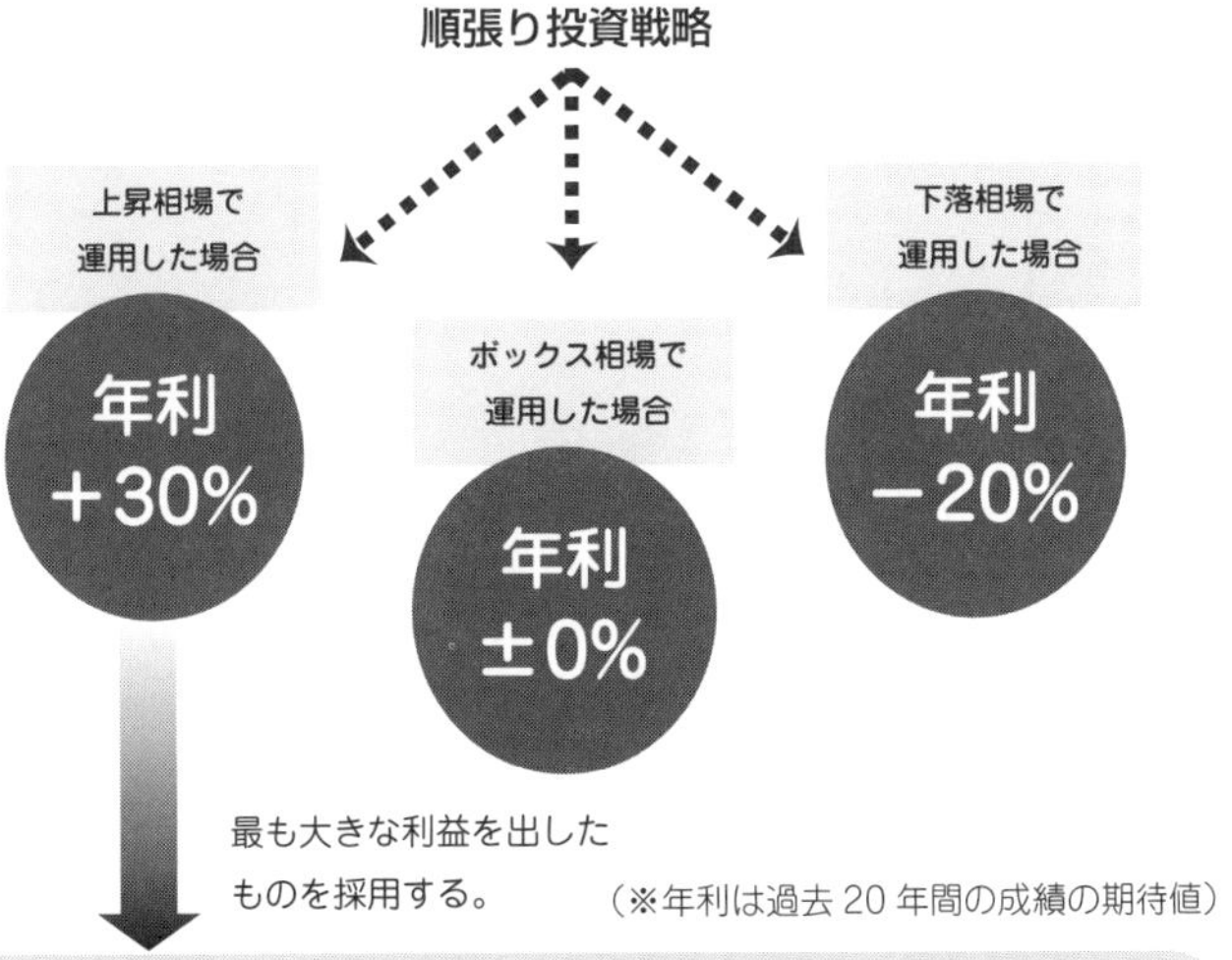

（※年利は過去20年間の成績の期待値）

最も成績の良い投資戦略で資産運用する。収益性の高い戦略を見つけるためにも、以下の6点を変化させ、いろいろなパターンを比較・検討しよう。

仕掛けの質の向上
- ☑ 最も利益を出しやすい**相場環境**はどれか？
- ☑ 最も利益を出しやすい**銘柄**の特徴はどんなものか？
- ☑ 生涯利益を最大化できる、**注文方式**はどれか？

手仕舞いの質の向上
- ☑ 生涯利益を最大化できる、**利益確定**はどのような方法か？
- ☑ 精神的な負担が抑えられる、**損切り**はどのような手法か？
- ☑ 生涯利益を最大化するには、何日で保有株に**見切り**をつければ良いか？

POINT
客観的に見て最善の投資戦略を見つけ出そう！

自分の感覚ほど、あてにならないものはありません。ですから、勘に頼ることなく、客観的な事実を基に、投資法を改善していく必要があります。利益につながる投資戦略を身に付ける、最も確実な方法。それは、様々な投資戦略を複数比較して、その中でも最善のものを見つけ出すということです。「去年は、投資法Aが一番利益になった」「下落相場では投資法Bが一番強かった」というように、事実を起点に、最も良い投資戦略を見つけ出しましょう。

「収益性」を高める方法

収益性を高めよう！

これまで、投資戦略の「**収益性**」**を高める方法**について、詳しくお伝えました。最後に、今まで学んだことの要点をまとめておきます。復習や、チェック項目としてなど、お役立ていただければと思います。

収益性を決める公式

「収益性」
＝「仕掛けの質」
×「手仕舞いの質」

投資戦略の収益性は、「仕掛けの質」と「手仕舞いの質」によって決まります。過去の戦績を確認しながら、A／Bテストを繰り返すことによって、収益性を最大限にた高めることができるでしょう。

仕掛けの質を決める公式

「仕掛けの質」
＝「相場選び（WHEN）」
×「銘柄選び（WHAT）」
×「注文方式（HOW）」

手仕舞いの質を決める公式

「手仕舞いの質」
＝「利益確定」
＋「損切り」＋「期限切れ」

以上が、投資戦略の「収益性」を高める全ての方法です。これらの点を押さえることで、あなたの投資戦略の収益性は飛躍的に向上できるはずです。今すぐ取り入れてみましょう。

「収益性」を高める方法

○「収益性」を高める
＝１つの投資戦略から得られる生涯利益を最大化する

仕掛けの質
手仕舞いの質

×

A/B テスト

買いどき、売りどきをわきまえる

あらゆる状況を考え、最善の投資戦略を選ぶ

仕掛け・手仕舞いの質を高める要点

- ☑ 相場選び、銘柄選び、注文方式選びの３点を徹底する
- ☑ 利益確定、損切り、期限切れの３つを組み合わせて使う

A/B テストを実践するときの要点

- ☑ 感覚でなく、客観的な数字で判断する
- ☑ 複数の投資戦略を比較し、最善のものを選ぶ

POINT

収益性が無ければ始まらない！

収益性の無い投資戦略は、決して使ってはいけません。なぜなら、それでは「負けると分かっているのに取引を繰り返し、損失を幾度も重ねる」ことになるからです。「収益性」は、私たちが運用を始めるための大大大前提です。どんな投資戦略も、収益性があって初めて、使う価値があります。これなくして運用は始められません。まだ収益性のある投資戦略をお持ちでない方は、上図の点を意識しながら、投資戦略を改善してみてはいかがでしょうか。

「再現性」が重要な理由

投資戦略の価値は再現性の高さで変わる

投資戦略には**「再現性」**が不可欠です。再現性とは、「同じことを繰り返すと、同じ結果が得られる」ことを示す尺度です。

たとえば、「利益の再現性が高い」投資戦略は、同じような株を買うだけで、何度も繰り返し利益を出すことができます。逆に、「利益の再現性が低い」投資戦略は、結果がランダムです。よって、同じような株を買っても、利益を出せません。

たとえ、一回の取引で1万円しか利益を出せない投資戦略があったとしても、それが１０００回利益を出してくれれば、およそ１０００万円の価値があると言えるでしょう。一方、たとえ1回の取引で１００万円の利益を出せた投資戦略があったとしても、それが3回しか通用しないのであれば、３００万円の価値しか無いと言えます。

ここまでの話をまとめると、投資戦略の質は、以下の公式によって決まると言えるでしょう。

「投資戦略の質」
＝「収益性」×「再現性」
＝「1取引あたりの損益」
×「利益を出し続けられる回数」

再現性の高さを見極めるスキルが身につけば、1万円円の利益の中からさえも、「１０００万円」の価値に気付くことができるでしょう。このように、再現性の高さによって、**投資戦略の価値は著しく変わるものなのです。**

「再現性」が重要な理由

○ 再現性が高い =同じことの繰り返しで利益を出せる

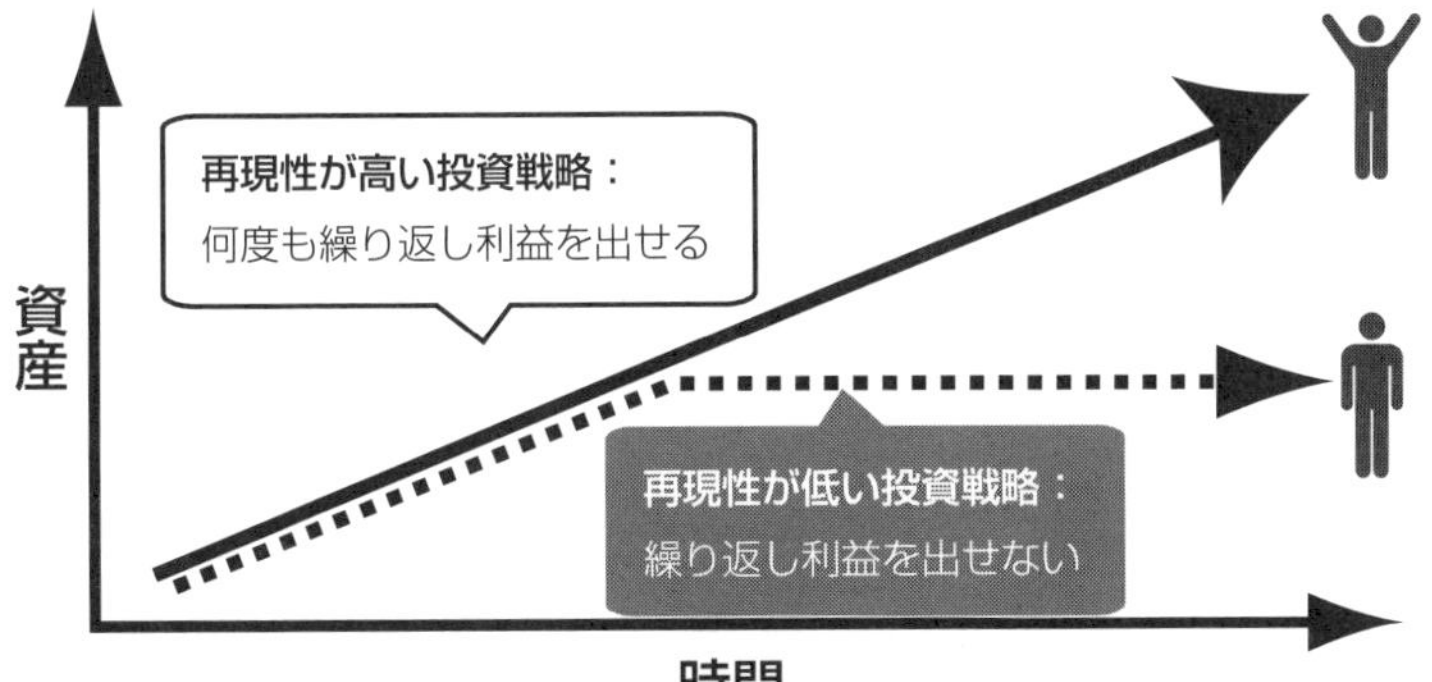

○ 収益性 vs 再現性

高収益だが低再現性の投資戦略	低収益だが高再現性の投資戦略
1回の取引で、平均100万円の利益。使える回数は3回。	1回の取引で、平均1万円の利益。使える回数は1000回以上。

生涯利益：300万円　**生涯利益：1000万円〜**

POINT

同じ方法で「繰り返し」利益を出せるか？

再現性の高い投資戦略は、たとえ収益性が低くても、大きな生涯利益が見込めます。逆に、たとえどんなに収益性がある投資戦略でも、再現性が乏しければ無意味です。このように、再現性の高い投資戦略を手に入れれば、同じ方法を繰り返すだけで利益を出せるのです。私たちは流行りの投資戦略に振り回されることなく、投資戦略の「再現性」に徹底的にこだわりましょう。

「再現性」＝「大量の成功例」＋「投資家心理」

再現性こそ富の源

「再現性」を構成する要素は、主に2つあります。それは、**「大量の成功例」**と**「投資家心理」**です。

1つ目の要素は、**「大量の成功例」**です。再現性の高い投資戦略は、何度も同じ現象が見られるはずです。したがって、再現性の高い投資戦略は、既に「大量の成功例」によって、成績が裏打ちされているはずなのです。逆に過去の成功例が見られなかった場合は、そもそも再現性が高いとは言えません。これからも利益を出せる見込みが薄いため、そのような投資戦略を使うのは止めておくべきでしょう。このように、過去の成功例と再現性には、密接な関係があります。必ず確認しておきましょう。事例を確認するメリットについては、52ページにて詳しく説明しています。ご活用下さい。

2つ目の要素は、**「投資家心理」**です。株価が動く理由は、1つしかありません。それは、「投資家」です。彼らが株を買えば株価は上昇し、彼らが株を売れば株価は下落します。

そう考えると、株価を先読みするためには、投資家の心理を詳しく知り、彼らの動きを先読みすることが、最も確実で、再現性の高い方法だと言えるでしょう。そこで、チャートの読み込みや、心理学が利益を出すのに使えます。具体的な内容については、54ページで解説します。代表的な心理効果についてもご紹介しますので、ぜひご活用下さい。

「大量の成功例」＋「投資家心理」

再現性の改善するための2つの要点

大量の成功例

再現性の高い投資手法を身に着けたいのならば、**過去に何度も成功してきた投資手法**を見つけるのが有効だと考えられます。再現性の高い投資法は、必然的に「同じ投資を繰り返せば繰り返すほど、何度も利益を得られる」ものです。そういった投資手法は、過去の相場でだって、利益を出していなければおかしいのです。

真に再現性を求めるのならば、１度や２度ではなく、何千回、何万回と利益を出してきた投資手法を身に付けるのが大切です。そのためにも、相場の歴史を深く分析する習慣を持ちましょう。

投資家心理

周りの投資家が何を考え、どのように行動するのか。それを理解することで、繰り返し利益につながる投資戦略が生み出せます。そのために重要なのが、「**投資家心理**」の理解です。

株価を動かしている唯一の存在。それが、「投資家」です。投資家が株を買えば、株価は上昇しますし、投資家が株を売れば、株価は下落します。事業内容や、決算、ニュース。そういったものは全て二次的な要因でしかありません。どんな好材料があっても投資家が「株を買おう！」と思わなければ株価は上がりませんし、どんな悪材料があっ ても投資家が「株を売ろう！」と思わなければ株価は下がりません。結局、全ては周りの投資家達の行動によって決まるのです。その仕組みを理解すれば、繰り返し利益を出せるようになるでしょう。

POINT

再現性を改善するための２つの要点

投資戦略の再現性を確保するのに、近道はありません。「過去の成功事例を集める」ことをサボる、「投資家心理」を無視するなどしていては、再現性の高い投資戦略は身につかないでしょう。何百回、何千回も相場を分析する。投資家心理に関する本を読み、ひたすら投資家の心の動きを想像する。こういった訓練を経て、はじめて「繰り返し使える、良い投資戦略」を生み出すことができるのです。

「大量の成功例」に裏打ちされた投資戦略

「再現性＝実力」

株を始めたばかりの頃。私は、こんな不安で頭がいっぱいでした。

「自分の投資戦略は、本当に正しいのだろうか？」

これはきっと、投資家ならば誰でも持っている不安だと思います。利益が出たら、「これはまぐれなのでは……？」と不安になる。損失が出ると「これが何度も繰り返されたらどうしよう……？」と不安になる。利益を出しても、損失を出しても、不安になってしまうのです。結局、自分で自分が信じられなくなってしまうのです。

悩みに悩んだ末、私は一つの答えに辿り着きました。この悩みを解決する唯一の方法。それは、**「自分の投資戦略が、過去に何度も成功し、再現性が高いものであること」**を確かめることでした。

過去の相場で利益を出せなかった投資戦略を使って、たまたま利益を出したならば、それは実力ではありません。それは、運です。一方、過去の利益を出し続けた、再現性の高い投資戦略ならば、これから利益を出し続けても不思議ではありません。むしろ、そうやって利益を積み上げていくことこそ、投資家としての本当の実力だと言えるでしょう。

「もう悩まなくて良い。成功し続けてきた再現性の高い投資戦略を、淡々と使い続けるだけで良いんだ」

この事実に気付いたとき、私の気持ちは、今までにないほど明るく晴れ渡ったのでした。

大量の成功例に裏打ちされた投資戦略

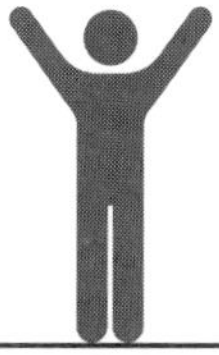

	過去の成功例が豊富な投資戦略で運用すると…？	過去の成功例が無い投資戦略で運用すると…？
運用時のストレス	勝率や期待値、負けたらどれぐらい損するのかが大体わかり、安心。	信用できる根拠が手元にない。上手く行くかが分からず不安。
意思決定の仕方	傾向を踏まえた上で、「最善の方法」を考える。	傾向が分からないので当てずっぽうを繰り返す。
リスク管理	事前に「どれぐらい損をするか」が分かっているので、買うべき株数などが計算できる。	自分のしていることの危険性が分からないので、買うべき株数がわからない。
損した時の心の動き	ストレスは感じるものの、過去の失敗例も知った上で取引するので、あまり負担は感じない。	１度の損で大きく心が揺れる。「自分の投資法は、本当に正しいのだろうか」と不安になる。
銘柄探しにかかる時間	過去の事例に沿って似たような株を探す。パターン化されているので、殆ど時間がかからない。	投資のたびに探し方が変わる。手法が安定しておらず、いつも時間がかかる。

POINT

事例を確認することの大切さ

再現性の高い投資法を身に付けるためには、「過去の事例」を沢山調べる必要があります。理想を言えば、百回以上の成功事例がある投資戦略が理想的です。再現性の高い投資手法ならば過去に成功例が沢山ある筈です。逆に、なかなか成功例が見つからない場合は、その投資法はそもそも成功していない手法です。成功例の確認できない投資戦略は、使わない方が良いでしょう。

「投資家心理」に裏打ちされた投資戦略

投資家の心を読め！

株価の値動きは、常に「投資家」によって起こされます。なぜなら、全ての売買の意思決定は投資家が行っているからです。そう考えると、何度も繰り返し値上がり益を得るためには、**「投資家心理」**を理解することが、一番の近道でしょう。少なくとも、私はそう考えています。

そこで注目したいのが、投資家たちの**「心理効果」**と呼ばれるものです。これは、心理学の分野でも研究されており、既に傾向が実証されてきたものです。たとえば、利益を出すために、私は、**「アンカリング効果」「気分一致効果」**などを使って、意思決定につなげることがあります。

たとえば、「アンカリング効果」とは、「人間は特定の数字を見ると、それによって意思決定が左右される」という心理傾向です。たとえば、移動平均線を見たときに、「ああ、なんとなくこのあたりで株価が反発しそう……」と感じたことはないでしょうか。これはまさに、アンカリング効果によるものだと想像できます。この傾向を逆手に取ることで、利益を出すための糸口が得られることでしょう。

「アンカリング効果」「気分一致効果」については、**左ページ**にて詳説していきます。気になる方は、ぜひこちらもご参照いただけると幸いです。

投資家心理を知ろう！

○ アンカリング効果

割安株を見つけるために「昨日の株価が 39800 円だった」という情報は全く意味を持たない。割安かどうかは企業価値に応じて決まるものだからだ。だが、たとえ意味がないと分かっていても「昨日は 39800 円だった株が今なら 19800 円で買える」なんてことがあれば、きっとあなたも興味を持つだろう。これは大半の投資家も同じだ。投資家の殆どは、**無意味な数字に影響を受けて**意思決定が大きく左右されている。この事実を知った上で、「どんな株が買われやすいか」を自問すれば、おのずと利益につながりやすい銘柄の特徴も見えてくるだろう。

○ 気分一致効果

投資家は気分によって意思決定の仕方が変わる。具体的には、

「気分が良いときには楽観的になる」

「気分が悪いときには悲観的になる」

のように偏ると考えられている。

この傾向は**気分一致効果**（Mood Congruence Effect）と呼ばれ、人間ならばさけることができない傾向だと言える。

投資家たちの気分が良いとプラスの材料は過大評価され、マイナスの材料は過小評価される。

上機嫌な投資家

POINT

全ては投資家の気分しだい！

株価の動きは、投資家の気分によって決まります。投資家が「この会社に投資したら儲かる！」と思えば株価は上がるものです。よって、値上がり益を手に入れるためには、投資家心理に注目する必要があります。企業価値の分析以前も大切ですが、それと同じぐらい、「投資家はどういう流れで意思決定をするのか？」といった点が重要なのです。

「再現性」を高める方法

再現性を高めよう！

これまで、**投資戦略の「再現性」を高める方法**について詳しくお伝えしました。最後に、今まで学んできたことの要点をまとめます。復習や、チェック項目としてなど、ご活用頂けると幸いです。

再現性を決める公式

「再現性」
＝「大量の成功例」＋「投資家心理」

これが、投資戦略の再現性を決める公式です。再現性の高い投資戦略を身につけることで、私たちは何度も繰り返し利益を出せるようになります。再現性を高めるには、この2点を満たすことが最も効果的です。そして、この公式を分解すると、「再現性」を高める方法は**2通り**考えられます。

1つ目は、**「より多くの成功例を見つけ出す」**という方法です。当たり前の話ですが、再現性を確保するには「より多くの証拠」を見つけるのが最も確実です。1回より10回。10回より100回。100回より1000回。1000回より1万回。多ければ多いほど、投資戦略の再現性が高まっていきます。より多くの成功例を見つけ、再現性の高い投資戦略を編み出していきましょう。

2つ目は、**「より深く投資家心理を理解する」**という方法です。このためには心理学の本を読んだり、投資家と関わる機会を増やしたりするのが良いでしょう。投資家に会ったら「何が決め手で、その株を買ったの？」と取材するのも良いでしょう。投資家のことを深く知ることで、少しずつ彼らの動きを先読みできるようになるはずです。

再現性を高める方法

○「再現性」を確保する
=同じことの繰り返しで利益を出し「続ける」

大量の成功例 ＋ **投資家心理**

過去の事例でも
繰り返し利益を
出している

周りの投資家たちの
心理や行動特性を知り
先回りする

過去の事例を収集するときの要点

- ☑ 過去の成功事例を可能な限り探す
- ☑ 失敗事例も集めて、対処法を練る

投資家心理を分析するときの要点

- ☑ 投資家心理に関する書籍を読む
- ☑ 身近な投資家にインタビューする
- ☑ 自分が株を買ったときの感情を記録する（自分の行動特性を理解する）

POINT

最優先で確認すべきこと

私たち投資家にとって、「再現性の確保」は利益を出し続けるための生命線です。優れた投資家は皆、「再現性」に執着します。彼らは一度限りの利益など狙っていません。ですから、決算書を読むときも、チャートを読むときも、「この好業績に再現性はあるのか？」「このチャート形は繰り返されるのか？」というように、再現性を重視するものなのです。

PART2のまとめ

○「収益性」と「再現性」を使った投資戦略の分類

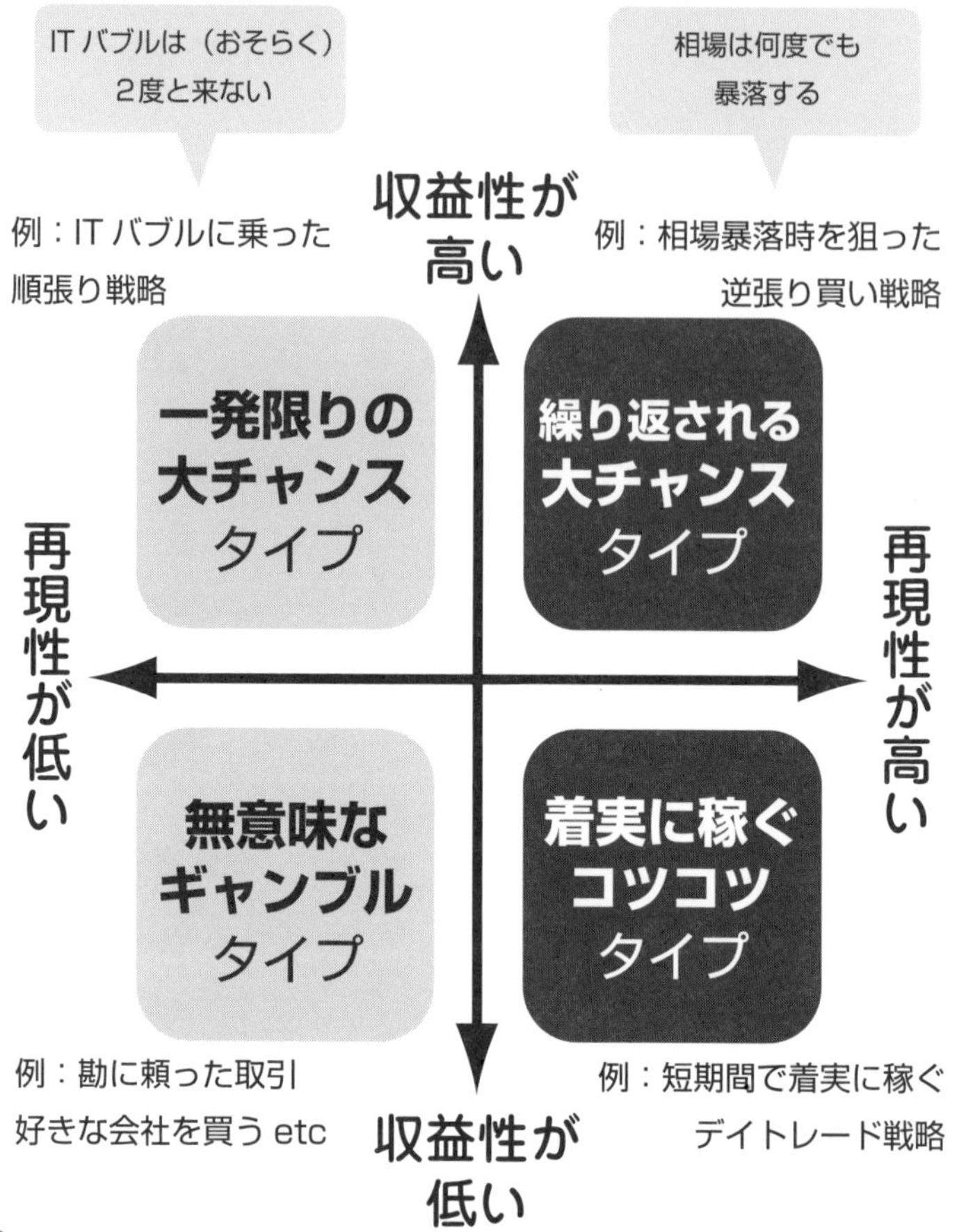

POINT

高収益性・高再現性の投資戦略を手に入れよう！

質の高い投資戦略を身に付けるには、「収益性」と「再現性」の２点に気を配りましょう。特に軽視されやすいのが再現性です。再現性の低い投資法は、何度も利益を出すことができません。一発限りなので、すぐに使えなくなってしまうのです。優れた投資家は、この図中の「右半分」に着目します。彼らの主な収益源は、「再現性の高い投資手法」に他ならないのです。優れた投資家に仲間入りしたいのなら、この図の「右半分」に意識を集中しましょう。

PART 3 学習編

「投資戦略」の数を増やす

PART3の目的「投資戦略」の数を増やす

最高の投資戦略とは

バリュー投資、グロース投資、デイトレード。世の中には、様々な投資戦略があります。どうせ株をやるなら、一番良い投資戦略を使いたいものです。それもあり、投資家の方なら、

「最高の投資法とは何だろう？」

と、一度は悩んだことがあるのではないでしょうか。実際、私のもとにも、こういうお問い合わせがよく来ます。そんなとき、私はこう答えるようにしています。

「最高の投資戦略は、この世に存在しない。どんな投資戦略にも、弱点があるからだ」

「強いていうのであれば、**【複数の投資戦略を組み合わせて、弱点をなくす】**ことが、最高なのかもしれない」

1つの投資戦略だけで利益を出し続けられるほど、相場は甘くはありません。熟練した投資家は、状況に応じて様々な投資戦略を使い分けています。そうやって、常に利益を稼ぎ出しているのです。

本PARTの目的は、あなたに複数の投資戦略を習得して頂くことです。次ページから、すぐに実践できる投資戦略を3つご紹介します。そして、状況に合わせて投資戦略を使い分けるコツについてもお話しします。読み終わる頃には、あらゆる相場でも利益を出せる、基礎力が身につくはずです。

「投資戦略の数」を増やす

○ 投資戦略の数を増やす ＝あらゆる相場で利益を出せる

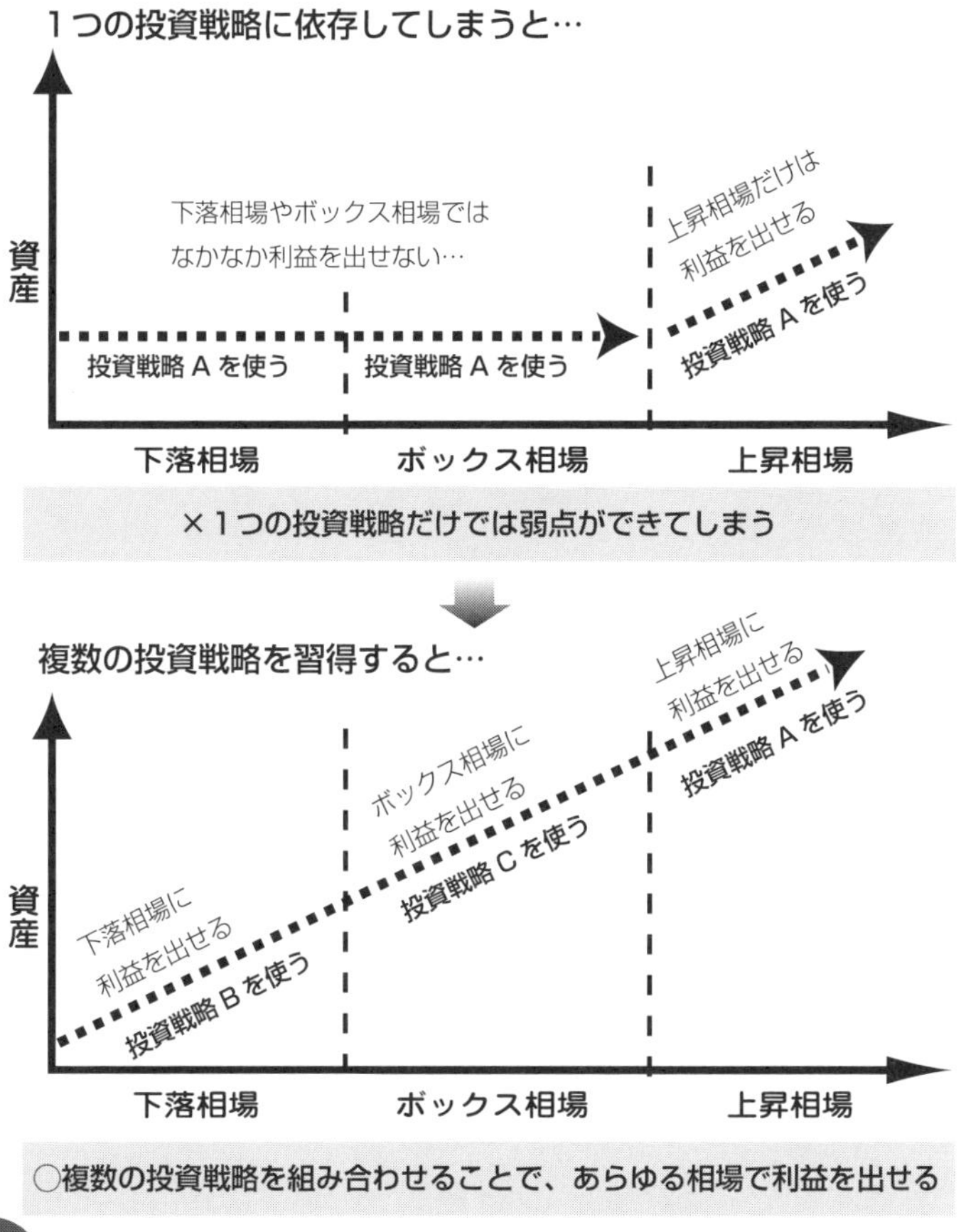

POINT

すべての投資戦略には弱点がある

どんな投資戦略にも弱点があります。よって、１つの投資戦略だけでは、安定的に利益を出し続けるのは難しいでしょう。あらゆる状況で利益を出すには、「複数の投資戦略」を持ち、それを状況に応じて使い分ける能力が必要です。そのためにも私たち投資家は複数の投資戦略を習得する必要があります。同時に、過去の相場を分析し、自分の投資戦略の弱点を知っておくことが大切です。

「投資戦略」の数が重要な理由

利益を出し続けるために

「あらゆる相場で利益を出す」

あなたが投資家なら、一度はこんな願いを抱いたことがあるはずです。結論から言えば、これは実現可能です。実際、私の周りにもほぼ毎月のように利益を積み上げている投資家が大勢います。そして、私たちにだってそうなる権利があるのです。

あらゆる相場で利益を出すためには、複数の投資戦略を持つ事が大切です。これには、2つの理由があります。

1つ目は、**「どんな投資戦略にも弱点がある」**という理由です。投資戦略には、上昇相場が苦手なものがあれば、下落相場が苦手なものもあります。ですから、1つの投資戦略だけでは、どうしても利益を出せない時期が出てきてしまうのです。だからこそ、複数の投資戦略を組み合わせることによって、互いの弱点を補い合うことが大切です。

2つ目は、**「投資戦略には寿命がある」**という理由です。投資戦略を永久的に使い続けることはできません。環境が変われば、使えなくなるものも出てきます。ですから、投資戦略を1つしか持っていないと、常にその不安がつきまといます。一方、複数の投資戦略を持っていると、たとえ一部の投資戦略が利益を出せなくなっても、他の投資戦略で利益を出せるのです。

投資戦略を複数持つことは、利益を増やすだけでなく、1つの投資戦略が使えなくなったときの保険にもなります。本PARTでは、全くタイプの違う3つの投資戦略をご紹介しますので、ぜひ習得しておきましょう。

投資戦略の数が重要な理由

○ どんな投資戦略にも弱点がある

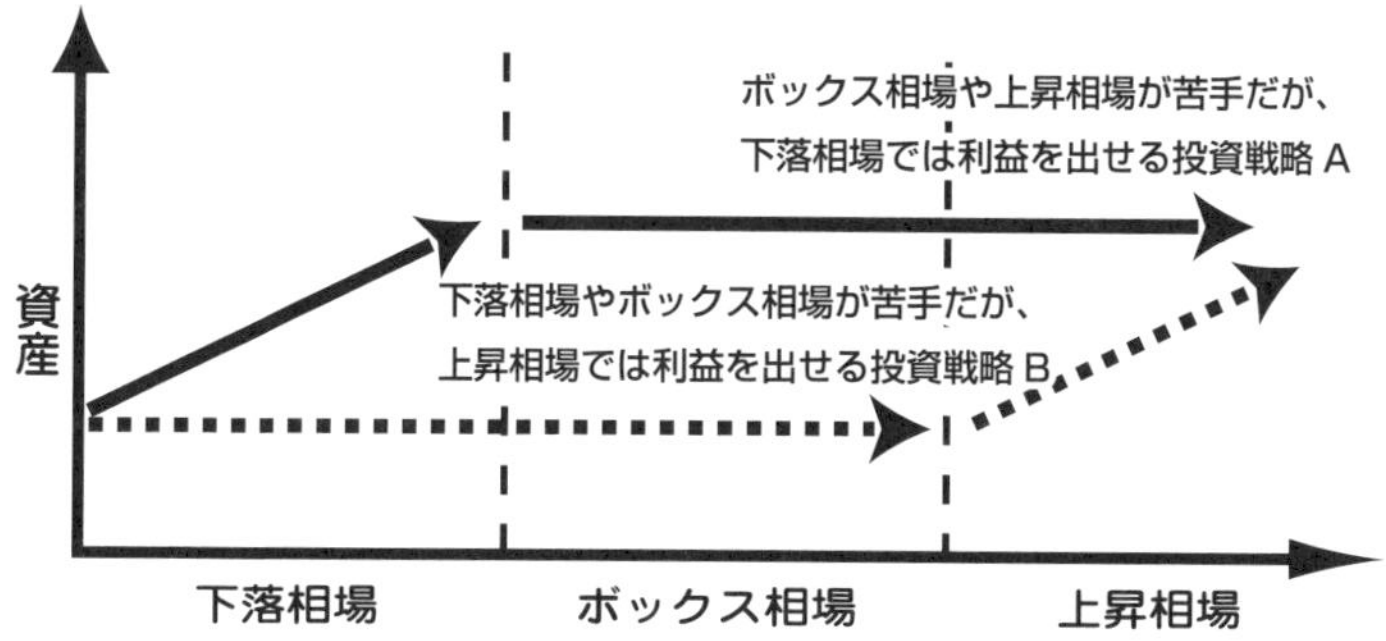

どんな投資戦略にも、利益を出せない時期がある

○ 全ての「投資戦略」には寿命がある

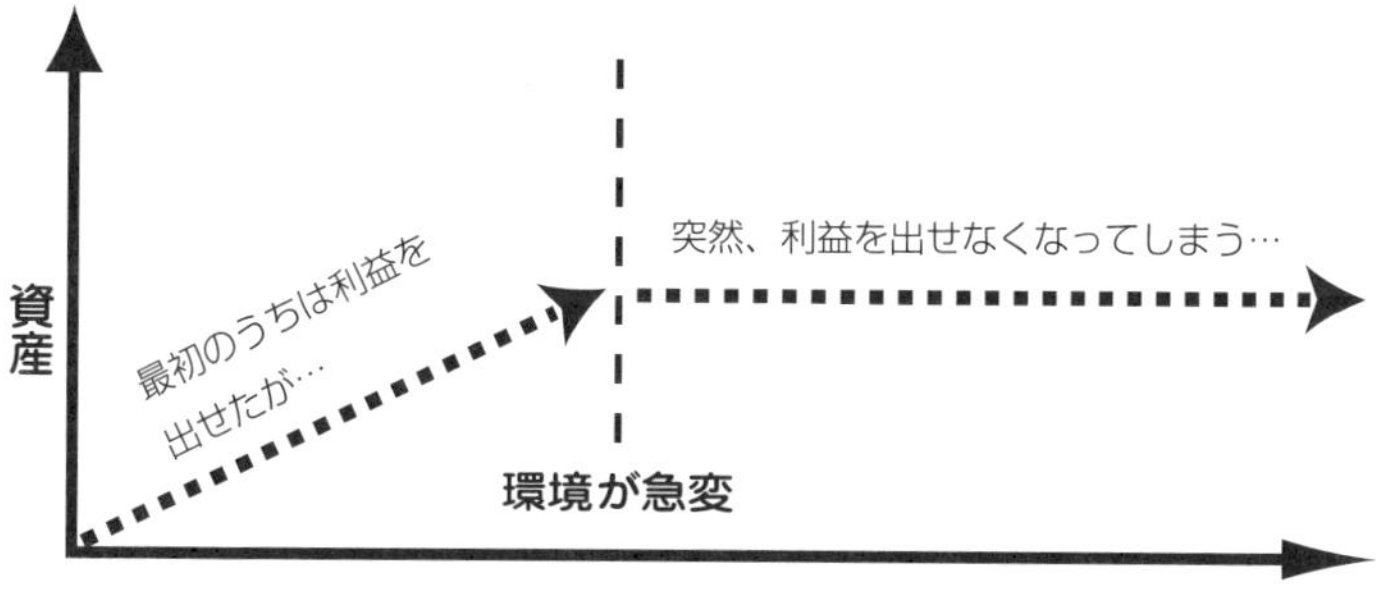

「自分の投資戦略は、いつか使えなくなるものだ」と
考えておこう！

POINT

一つの投資戦略だけでは安心できない

1つの投資戦略でできることは限られています。まず、どんな投資戦略にも弱点があります。よって、あらゆる相場で利益を出すためには、1つだけでは足りません。また、投資戦略には寿命があるので、自分が持つ唯一の投資戦略が使えなくなってしまえば、たちまち利益もなくなってしまうでしょう。着実に利益を増やすには、タイプの違う投資戦略を身に付ける必要があります。本書を機会に、3つの基本投資戦略を身に付けておきましょう。

「投資戦略」の代表例

3つの基本投資戦略

どんな投資戦略を使うにせよ、着実に利益を出すには、それなりの技術が必要です。うわべだけの知識ではなく、実例を伴った知恵を学びましょう。

本項からは、投資戦略の中でも、特に馴染みの深い3つの投資戦略をご紹介します。その投資戦略とは、**「順張り」「逆張り」「押し目買い」**の3つです。

1つ目は、**「順張り戦略」**です。これは、「上がっている株を買う」という投資戦略です。上昇相場で成果を出しやすく、アベノミクス相場などの時期に活躍してくれました。

2つ目は、**「逆張り戦略」**です。これは、「下がっている株を買う」という投資戦略です。難度は高いですが、習得すれば下落相場でも高確率で利益を出せます。大きな利益につながりやすいため、ぜひ覚えておきたい戦略です。

3つ目は、**「押し目買い戦略」**です。これは、「長期で上昇している株が急落したときに買う」という投資戦略です。相場状況に左右されず、安定的に活躍する投資戦略です。チャンスの少ないボックス相場での活躍が期待できます。

次ページ以降では、これら3つの投資戦略の基本的な使い方について、具体的にご紹介します。本書中でも繰り返し出て来る内容なので、ぜひ覚えておきましょう。

「投資戦略」の代表例

◯ 3つの基本投資戦略

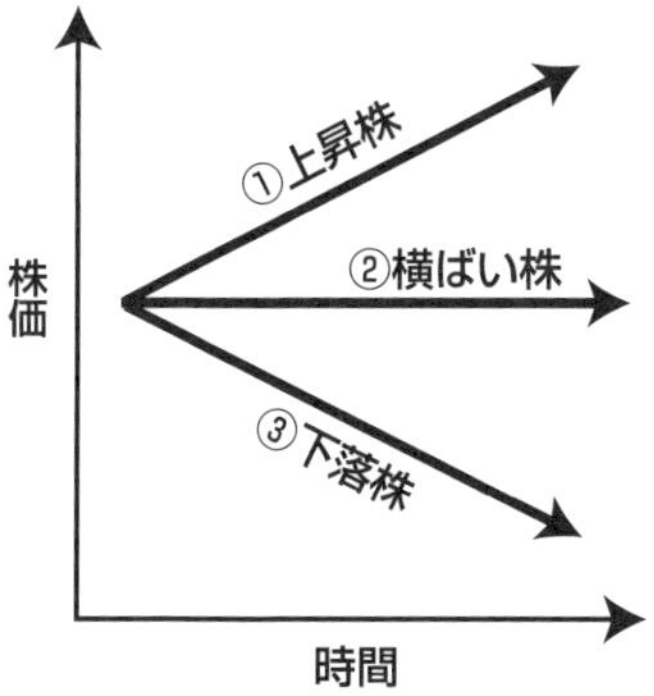

①上昇株を狙う…順張り戦略

「上昇株の続伸を狙う」という投資法。相場が上昇している時に利益を出しやすい。今人気の株に手を出すため、「市場テーマ」「ニュース」「市場の動向」といった 流行に気を配る必要がある。

②横ばい株を狙う …押し目買い戦略

「上昇中の銘柄の急落時を狙う」という投資法。相場が横ばいの時も利益を出しやすい。大きな利益は見込めないものの、地道にこつこつと利益を積み上げる手法。忍耐力が必要。

③下落株を狙う…逆張り戦略

「下落株の反発を狙う」という投資法。相場が下落している時に利益を出しやすい。下落真っ最中の株を買うため、周囲の投資家達と全く逆のことをする。精神的な負担も大きいため、やや難度は高め。

POINT

あらゆる株からを利益を出せるようになろう

本書では①上昇株を狙った順張り戦略、②横ばい株を狙った押し目買い戦略、③下落株を狙った逆張り戦略を解説しています。異なる値動きをしている株を狙うのですから、それに伴い、株の選び方、買い方、売り方などは全く違います。その分、全てを習得するのは骨が折れるでしょう。しかし、それぞれを習得できれば、あなたはどんな株からも利益を出せるようになるはずです。手を抜かず、一つひとつ丁寧に学んでいきましょう。

「順張り戦略」とは

「上がった株」を買う

順張り戦略とは、**「上がった株を買う」**という投資戦略です。株価上昇の方向に合わせた売買をするので、「順張り」という名前が付けられています。

一般的に、株価が上昇している銘柄は、決算が好調だったり、将来の業績拡大が見込めたりなど、好材料が目白押しの銘柄であることが多いです。ですから、順張り投資は、「人気な株を買って、ブームに乗る」ことで利益を出す投資法だと言えるでしょう。

順張り戦略を実践するには、コツがあります。それは、「長期の高値を更新した株を買う」ということです。参照する期間の目安としては、直近1年間のチャートを参照するのが良いでしょう。1年間の最高値を更新すると、「年初来高値の更新」などと注目を浴びることが多く、更に株を買いたい投資家が増える期待が持てます。こういった銘柄を早いうちに購入しておくことで、続伸が見込めます。しかも、こういった銘柄はウェブサイトを見れば簡単に見つけられるため、探す手間もほとんどありません。

◎気になる成績は？

この投資戦略を使った時、**平均で2%程度の利益**が出ました。25年以上の長期間にわたって利益を出した戦略なので、統計的にも有効だと言えるでしょう。

「順張り戦略」とは

○ 順張り戦略の詳しい内容と運用成績

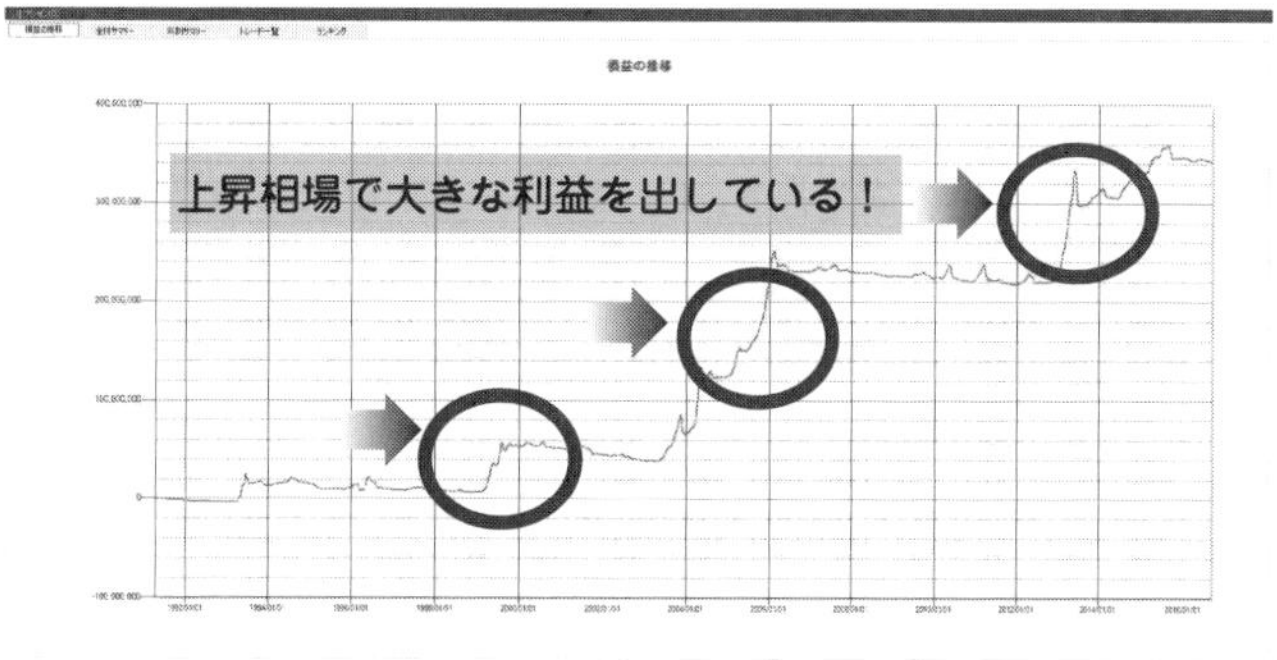
損益の推移
上昇相場で大きな利益を出している！

株を買うタイミング

直近営業日の高値が直近 250 営業日の最高値を更新したら、翌日に株を買う

株を売るタイミング

エントリーした日から 30 日以上が経過したら、翌日に株を売る

検証結果

期間：1990 年 3 月 1 日～2016 年 8 月 31 日

勝率：50.44%
勝ち数：44,174 回
負け数：43,399 回
引き分け数：1,139 回

平均損益率：＋1.92%

プロフィット・ファクター：1.436 倍
平均保持日数：32.42 日

○ 新高値更新銘柄に注目しよう！
新高値更新一覧（日本経済新聞）
http://www.nikkei.com/markets/kabu/newprice/

POINT

250 日の最高値更新。その意味は？

250 日は約 1 年間の営業日数を指しています。このページで紹介しているのは、「約 1 年間の最高値が更新された株を買う」という投資戦略です。この投資戦略は勝率こそ低いものの、上昇相場では大きな利益が得られると期待できます。

「逆張り戦略」とは

高ストレス・高リスク

逆張り戦略は、「値下がり中の株を買い、その後の反発を狙う」という投資戦略です。株価下落の波に逆らうことから、「逆張り」と呼ばれています。

この投資戦略では、株価が急落中の株を買い付けて、その後の反発を狙います。一般的に、株価が下落している銘柄は、人気のない株であることが多いです。たとえば、「決算発表が悪かった」「粉飾決算が報じられた」といった、極端な悪材料が出ていることが多々見られます。誰も買いたがらない株を買い付けるので、まさに世論とは逆を行く投資戦略だと言えるでしょう。

このように、「逆張り戦略」では世論に逆らう必要があります。それもあり、「本当に株を買っても良いのだろうか？」と心配になりやすく、精神的な負担が大きい投資戦略でもあります。また、銘柄選びに失敗すると、大きな損失を被る危険性も孕んでいます。以上をまとめると、**逆張り戦略は精神的な負担が大きく、かつリスクが大きな投資戦略**と言えるでしょう。

一方、難度が高い投資戦略である反面、旨みも大きな投資法です。相場が暴落したタイミングで株を買い付ければ、かなり高い精度で利益が見込めます。一度習得すれば、強力な武器となるでしょう。そういう意味では、ぜひ習得しておきたい投資戦略です。

左ページには、逆張り戦略の実例を掲載しました。これだけでも十分成績が良い投資戦略なので、これを機会にぜひ覚えておきましょう。

「逆張り戦略」とは

○ 逆張り戦略の詳しい内容と運用成績

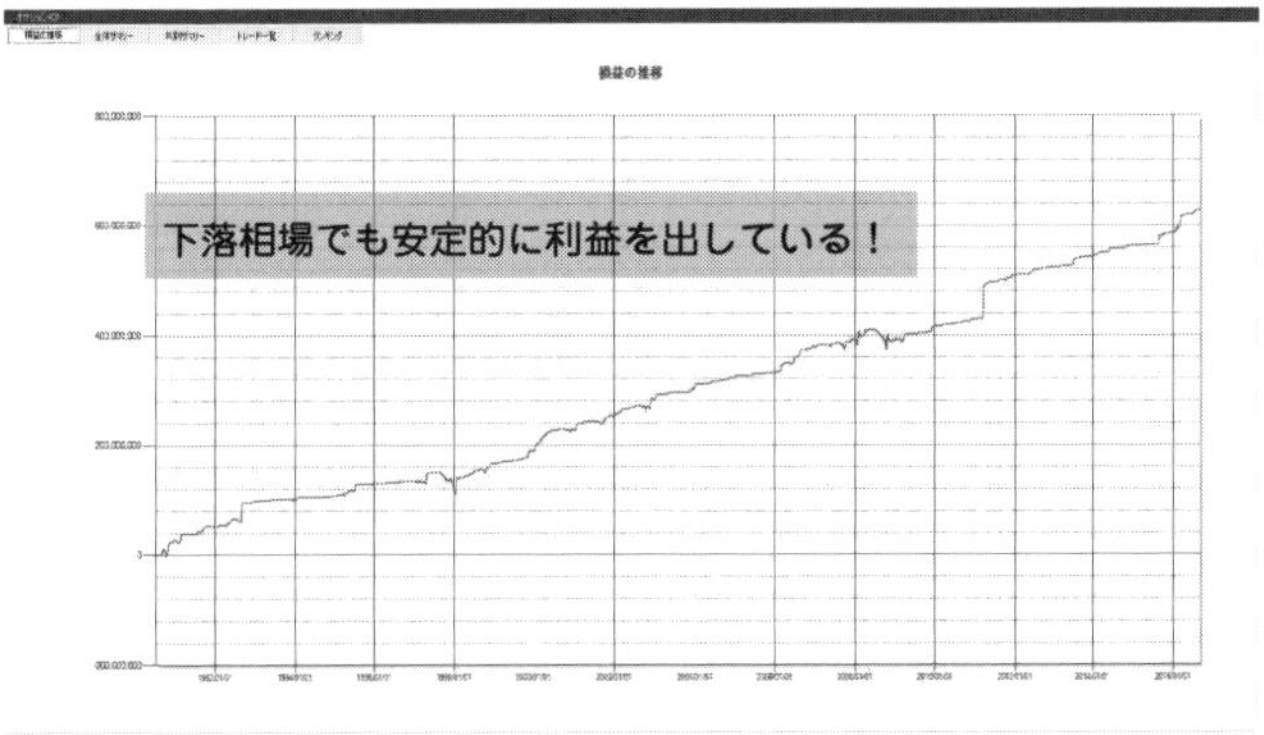

株を買うタイミング

終値が移動平均線（75 日）×0.80 以下
終値が移動平均線（25 日）×0.90 以下
上記２点を満たしたら、翌日に株を買う

株を売るタイミング

エントリーした日から 30 日以上が経過
終値時点で含み益が 10%以上
上記いずれかを満たしたら、翌日に売却

検証結果

期間：1990 年 3 月 1 日～2016 年 8 月 31 日

勝率：64.00%
勝ち数：57,021 回
負け数：32,081 回
引き分け数：1,522 回

平均損益率：+3.46%

プロフィット・ファクター：1.688 倍
平均保持日数：21.99 日

○ 下落中の銘柄を探し出そう！
株式ランキング（Yahoo!）
http://info.finance.yahoo.co.jp/ranking/?kd=22&mk=1&tm=d&vl=a

POINT

25 日乖離率と、75 日乖離率に注目！

逆張り戦略で参考にしたいのが、移動平均と直近終値の乖離率。これを押さえることで、高勝率で、利益につながりやすい株を見つけ出せます。ただし、精神的な負担が大きい上、リスクが大きいという点には注意が必要です。運用する際は、１銘柄への投資額を最小限にとどめ、分散投資をするのが賢明でしょう。

「押し目買い戦略」とは

指値を使いこなそう！

押し目買い戦略は、「長期的に上昇している銘柄が急落したときに買う」という投資戦略です。 こういう値動きをしている株は常に沢山あるので、どんな相場でも、安定的に利益を出せると期待できます。

押し目買い戦略で利益を出すためのポイントは2つあります。

1つ目のポイントは、

「中長期で上昇中の人気株を狙う」
「こういった株が急落した時に買う」

ことです。より具体的な数字で表現すると、

- **三ヶ月間で上昇した株を狙う**
- **一ヶ月間で下落した株を狙う**

こういった条件に当てはまる銘柄は、統計的に押し目買い戦略で利益を出しやすいことがわかっています。

2つ目のポイントは、**指値注文を使って、今まさに急落している株だけを買い付けるという点**です。指値注文とは、「株価が下がったら株を買い付ける」という発注方法です。これを使うことで、日中株価を見なくても、有利な価格で株を買えます。このとき、指値を発注する位置は**「昨日の終値よりも○%安くなったら買う」**というのが効果的です。この注文方法を使うことで、反発しやすい株だけを買い付けることができます。その分、利益を出しやすいと言えるでしょう。

基本的な押し目買い戦略の使い方と、検証結果を左ページにて紹介しています。こちらも役立つと思いますので、ぜひご参照ください。

「押し目買い戦略」とは

○ 押し目買い戦略の詳しい内容と運用成績

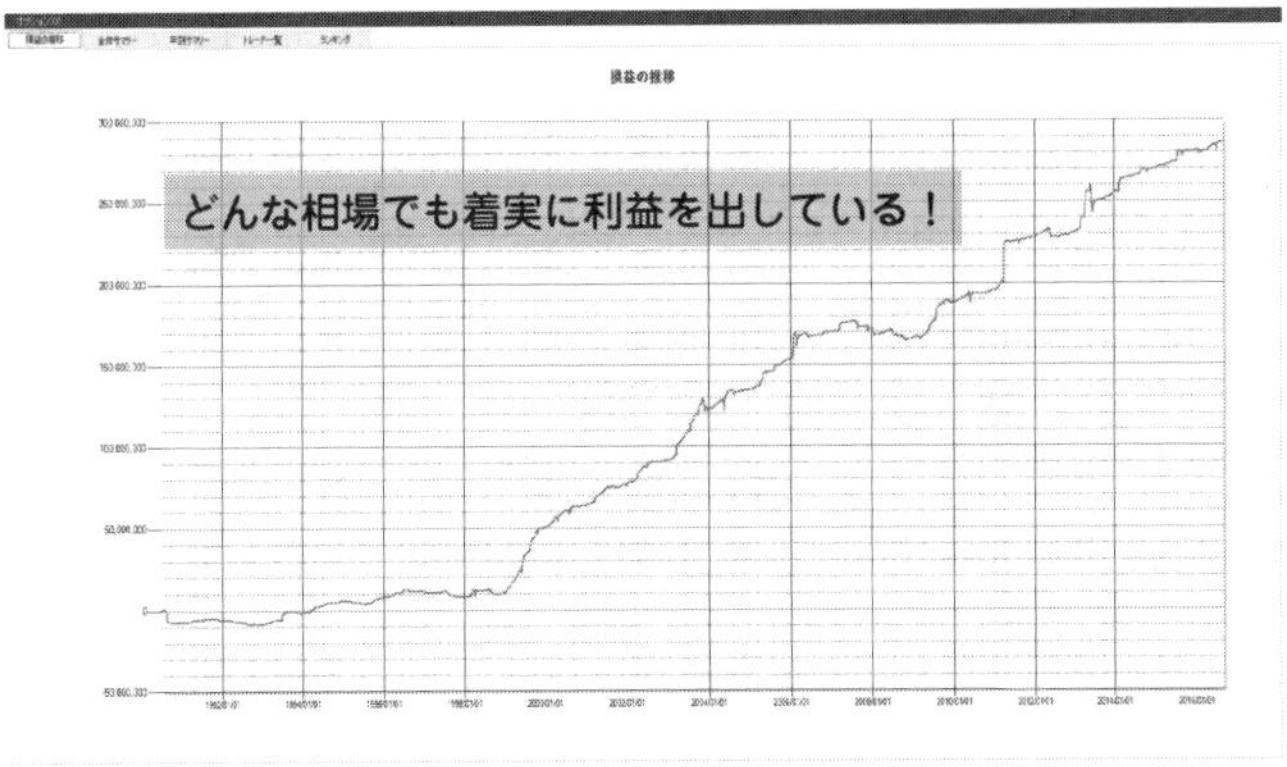
損益の推移
どんな相場でも着実に利益を出している！

株を買うタイミング

終値が移動平均線（75 日）より大きい
終値が移動平均線（25 日）より小さい
上記 2 点を満たしたら、指値注文を
終値 -5%の位置に仕掛ける

株を売るタイミング

エントリーした日から 10 日以上が経過
終値が移動平均線（25 日）より大きい
上記いずれかを満たしたら、翌日に売却

検証結果

期間：1990 年 3 月 1 日～2016 年 8 月 31 日

勝率：59.43%
勝ち数：46,580 回
負け数：31,793 回
引き分け数：1,875 回

平均損益率：+1.78%

プロフィット・ファクター：1.642 倍
平均保持日数：11.17 日

POINT
上昇トレンドの株が下がってきているとき

ここ 1 年間の中でも、上昇トレンドにある（＝終値が高値圏にある）株は、急落したときに注目を集めやすいと考えられます。こうした株が急落した時ときは反発することが多く、こういった株はどんな相場でも現れます。利益を出すには使い勝手のよい投資戦略だと言えるでしょう。

まとめ：投資戦略の基本を理解しよう

まだまだ改善できる

以上が、基本的な３つの投資戦略です。それぞれが、過去25年間、10万回近くの取引を通じて、利益を出してきた手法だとお分かりいただけたでしょう。

「順張り」「逆張り」「押し目買い」は、私たち投資家なら必ず知っておきたい、効果実証済みの投資戦略です。これらをそのまま使うだけでも、相応の利益が期待できます。しかし、それで満足してはいけません。ご紹介した投資戦略はごく基本的なものなので、まだまだ改善の余地があるからです。たとえば、

「どんな株が利益を出しやすいか？」
「どんな注文方法が最も有効か？」
「いつ株を売るのが有効か？」

など。改善できるポイントはいくつもあります。ＰＡＲＴ２の内容を参考に試行錯誤するだけでも、大いに改善できるでしょう。

どの投資戦略も、全く違う方法で株を選び、違う方法で株を買い付けて、違うタイミングに株を売っています。投資する銘柄が違うので、利益を出している時期や、損を出している時期も全く異なります。

したがって、この３つの投資戦略を**「状況に応じて使い分ける」**ことが大切です。臨機応変に投資戦略を使い分けることで、更に成績を向上させることができるでしょう。

そこで、次ページからは「相場」ごとの特性や、投資戦略の使い分ける方法を解説します。これを読めば、これまでの知識を更に活かすことができるでしょう。存分にご活用下さい。

投資戦略の基本を理解しよう

○ 各投資戦略の「4W2H」

	順張り投資	逆張り投資	押し目買い投資
Why	上値が軽く続伸が見込める	割安感が高い	見直し買いが入りやすい
Where	手数料の安いところ		
How	保有期間が長いため、現物取引が無難	保有期間が長いため、現物取引が無難	保有期間が短いため、信用取引でもOK
When	上値をブレイクしたとき	株価が急落したとき	上昇していた株価が反落したとき
What	上値の軽いIT系や新興株が有力	下値が限定されている、ディフェンシブ株	強力な支持線があり、投げ売りされていないもの
How much	少なめの資金を、他種類の株に振り分ける	基本は分散。目立った悪材料が無い大企業の場合は集中投資OK	下値割れのリスクがあるため、できるだけ多く分散する

POINT

複数の投資戦略を使いこなそう！

ここまでご紹介した3つの投資戦略は、あらゆる相場で利益を出すための基本です。あらゆる相場で利益を出すためには、これらの投資戦略を適材適所で使い分ける必要があります。どんな投資戦略も、長所や短所があります。相場に応じて適切な投資戦略を選べる投資家になりましょう。

「相場」の理解が重要な理由

投資戦略の使い分け

服装を選ぶとき、「喪服で友人とハワイに旅行へ行く」というのは不自然です。逆に、「アロハシャツでお葬式に参列する」なんてことは、あり得ません。むしろ、絶対にやってはいけないことです。このように、「TPOに合わせて服装を選ぶ」というのは、当たり前です。

投資が上手な方ほど、「相場のTPO」をわきまえています。つまり、**投資戦略を、状況に合わせてうまく使い分けているのです。**どんな投資戦略にも、得手不得手があります。利益を出せるときがあれば、利益を出せないときもあります。ですから、明らかに状況に合わない投資戦略を使うと、なかなか利益を出すことはできません。

相場には、「上昇相場」や「下落相場」、「ボックス相場」といった、いろんな種類があります。それぞれの時期によって、上がりやすい銘柄や、そうでない銘柄は変わります。投資家達の気分も全く違うので、利益を出しやすい投資戦略も全く変わってきます。したがって、私たち投資家は、それに合わせて「一番利益を出せそうな」投資戦略を使うのが自然と言えるでしょう。

以上の点を踏まえると、私は**一番大きな利益を出すには、「相場の特性」や「投資戦略と相場の相性」を意識するのが大切**だと思うのです。

「相場」の理解が重要な理由

○ 気分一致効果：相場の状況が変わると、投資家たちの行動特性も変わる！

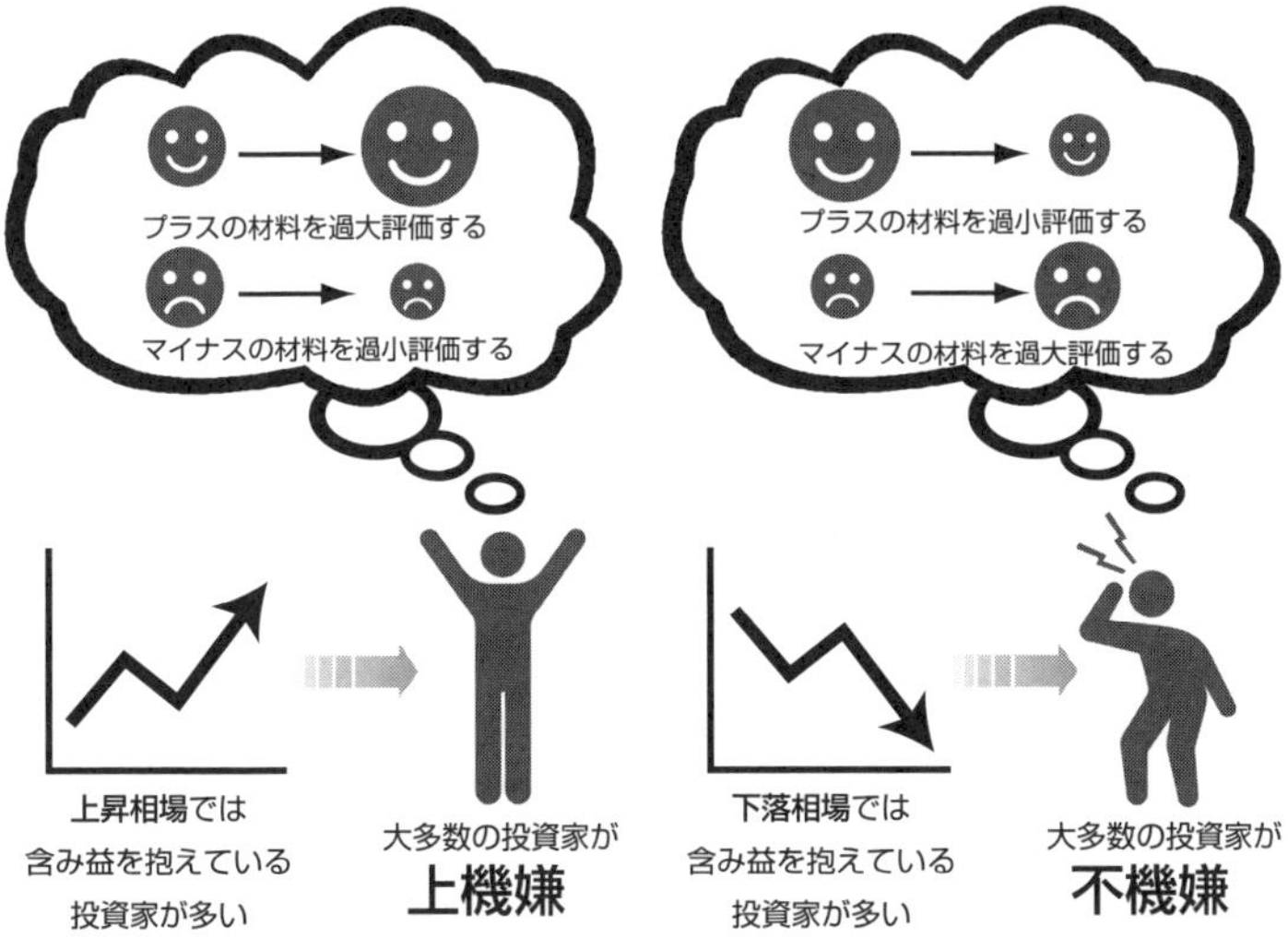

気分一致効果

投資家は、気分によって意思決定の仕方が変わると考えられる。

具体的には、

「気分が良いときには、楽観的になる」

「気分が悪いときには、悲観的になる」

のように偏ると考えられ、これを**気分一致効果** (Mood Congruence Effect) と呼ぶ。

POINT

相場の状況によって、投資家の動きは変わる！

上昇相場、下落相場、ボックス相場。相場には様々な表情があります。たとえば、上昇相場では利益を出している投資家が多いです。さらに利益を出したい彼らは、ハイリスクな株を好み積極的にリスクを取ろうとします。一方下落相場では損失を出している投資家が多く、これ以上傷を広げたくない彼らは低リスクな株を好み、リスクを取ることに消極的になっています。このように、相場の状況によって彼らが好んで買う株も変わってくるのです。

「相場」の代表例

3つの相場環境

相場の種類は、大きく分けると3つの種類があります。

１つ目は、**「上昇相場」**です。上昇相場の代表例としては、２０１３年に始まったアベノミクスが挙げられます。上昇相場では、ほとんどの銘柄が値上がりします。どんな株を買っても値上がりするので、利益を出しやすい時期とも言えるでしょう。こういう相場環境で利益を出すには、**「上昇しやすい銘柄を狙って、利益を伸ばす」**のが大切です。

２つ目は、**「下落相場」**です。下落相場の有名な例としては、２００７年から3年ほど続いた、リーマン・ショック前後の下落相場が挙げられます。下落相場では、ほとんどの銘柄が値下がりします。よって、下手に取引を重ねると、損失ばかりが膨らんでしまいます。大半の投資家が含み損を抱える、辛い時期でもあります。こういう相場環境で利益を出すには、**「利益になるときだけ取引をして、損失を最低限に抑える」**のが大切です。

３つ目は、**「ボックス相場」**です。ボックス相場の代表例としては、２０１０年以降から２０１２年まで続いた横ばいの相場が挙げられるでしょう。相場が上がりも下がりもしないので、一番つまらない相場でもあります。投資家たちも、退屈している時期と言えるでしょう。こういう相場環境で利益を出すには、いろんな銘柄を調べて、**「利益を掘り起こす」**のが大切です。

これら3つの相場では、銘柄の動きも全く変わります。ですから、状況に合わせて、適切な投資戦略を使いましょう。

相場の代表例

○ 上昇相場：アベノミクス (2013年〜2015年)

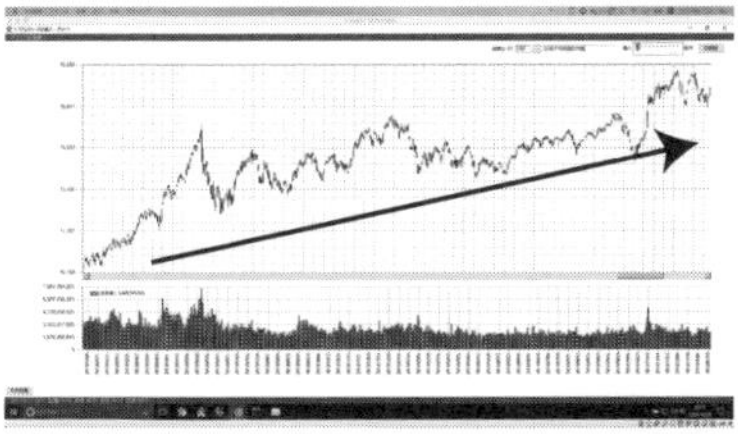

上昇相場では、8割以上の銘柄が値上がりし、「株価が2倍になる」ということも珍しくない。利益を逃さないために、どんな銘柄を選ぶべきかを知っておこう！

○ 下落相場：リーマン・ショック前後 (2007年〜2009年)

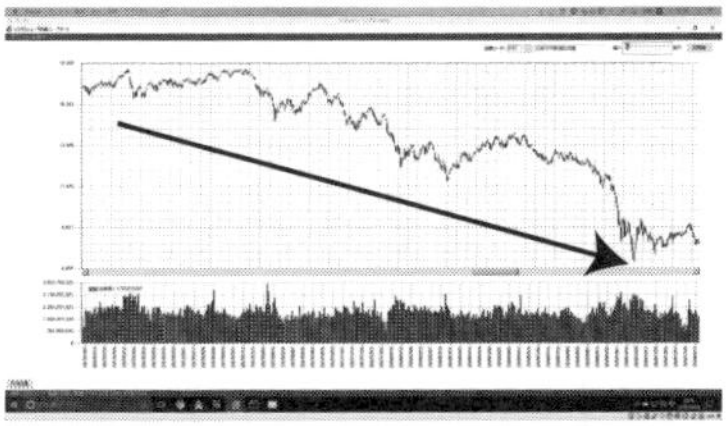

下落相場では、8割以上の銘柄が値下がりし、その多くの株価が半減します。手に入れた利益を吹き飛ばさないために、安全な株を選ぶのが大切です。不用意にリスクを取らないようにしよう！

○ ボックス相場：リーマン・ショック後の凪相場 (2010年〜2012年)

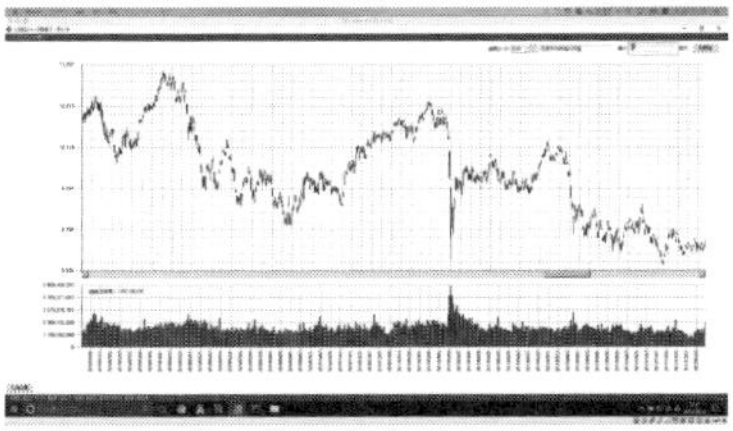

ボックス相場では、相場全体がどっちつかずに動くため、先行きが不透明です。その分利益を出すのも難しいため、銘柄選びだけでなく、注文方法などにも工夫が必要だ。

POINT

その投資戦略はどんな相場で通用したの？

「成功したいなら、投資の神様と言われる人々の話を聞くよりも、歴史を学んだ方が良い」ジム・ロジャースの言葉どおり、過去の代表的な相場を知り、歴史を学ぶのが大切です。この世界に万能な投資戦略は存在しません。どの投資戦略にも向き不向きがあります。それを知るためにも、歴史への理解が不可欠です。「この投資戦略は、どんな相場で通用したのか・通用しなかったのか」を知ることで、自分の投資戦略の長所や短所が見えてくるはずです。

「相場」の分類法

「期間別」と「チャート別」

上昇相場、下落相場、ボックス相場。それぞれの定義は、あいまいです。ですが、簡易的に分類する方法は、いくつかあります。ここでは代表的な2つの方法をご紹介します。

1つ目は、**「期間」**に応じた分類法です。過去の相場を分析するときには、そのときどきの相場の特徴を知るのが大切です。たとえば、「2008年」と聞けば、誰もがリーマン・ショックを思い出すでしょう。これはまさに、代表的な下落相場です。このような時期に利益を出せる投資戦略は、「下落相場に強い」と言えるでしょう。大まかに相場を分類すると、以下のように分類することができます。

- 上昇相場：アベノミクス（2013年～2015年）
- 下落相場：リーマン・ショック前後（2007年～2009年）
- ボックス相場：民主党政権の凪相場（2010年～2012年）

以上が、期間別に相場を分類した結果です。各期間での銘柄の動向を調べることで、各相場で利益を出す方法が見えてくるでしょう。

2つ目は、**「チャート」**を使った分類法です。たとえば、

- **日経平均が高値圏：上昇相場**
- **日経平均が底値圏：下落相場**
- **それ以外：ボックス相場**

という分類法です。このように分類することで、期間別のときよりも、更に客観的な分類が可能です。今この瞬間の相場も分類できるので、オススメです。

「相場」の分類法

○ 時期を区切った相場の分類法
（画像は日経平均株価の 10 年分のチャート）

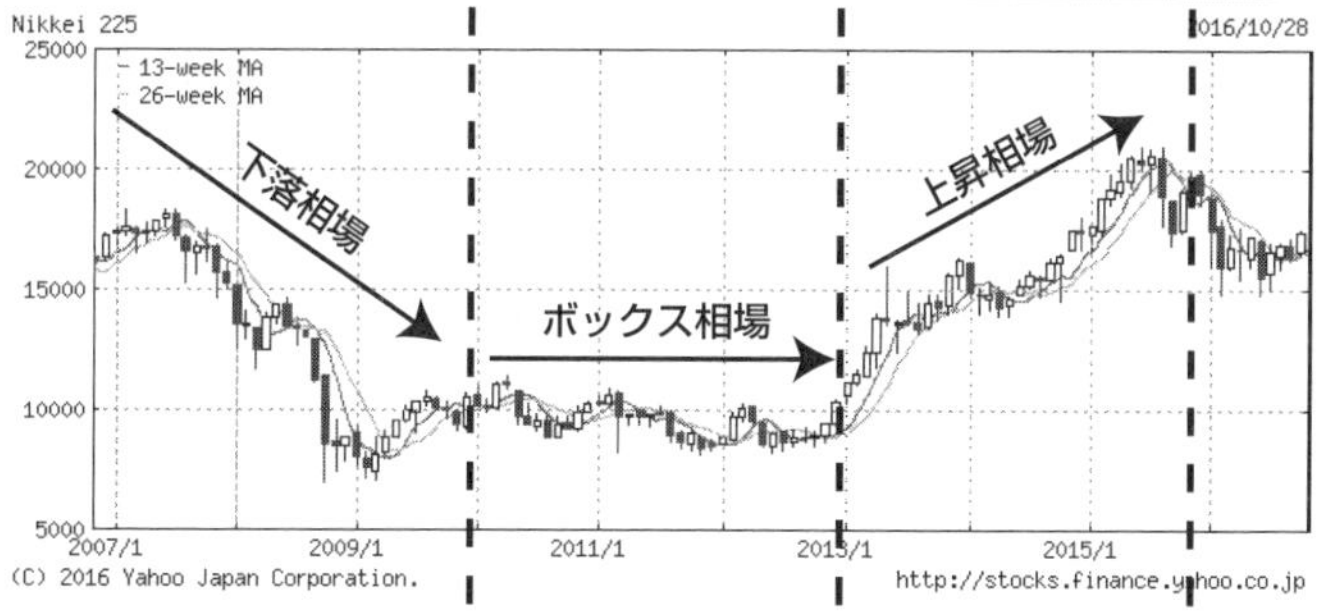

画像の作成元 :Yahoo! ファイナンス
http://stocks.finance.yahoo.co.jp/stocks/chart/?code=998407
2016 年 10 月 28 日時点

○ 時期を区切った相場の分類法
（画像は日経平均株価のチャート）

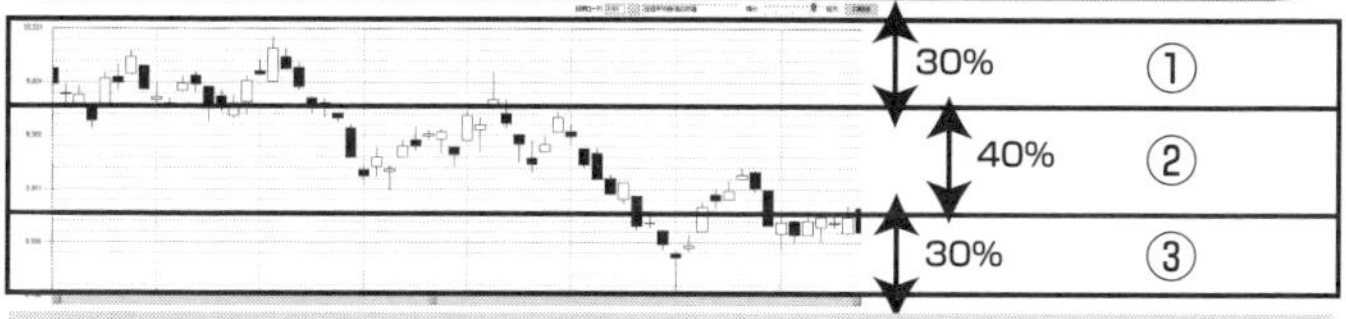

①上昇相場（W%R[75] が 30% 以下）
ここ 75 日間で日経平均が上部 30%に位置している。

②ボックス相場（W%R[75] が 30%～70%）
上昇相場でも下落相場でもない。

③下落相場（W%R[75] が 70% 以上）
ここ 75 日間で日経平均が下部 30%に位置している。

POINT

投資戦略の分析に役立てよう！

過去の相場を分析するときには、「今、自分はどんな相場を分析しているのだろう」と意識する必要があります。もし、あなたが「今すぐ利益を出したい！」と望むのならば、「今の相場と似た、過去の相場」を分析してみましょう。そのときに大きな利益を出した投資法が分かれば、それが今後のヒントになるはずです。

まとめ：「相場」の特性を理解しよう！

今、相場はどんな状況か？

「今、相場はどんな状況か？」
「今、投資家は何を考えているか？」

利益を出すためには、こういったことをきちんと理解するのが大切です。投資家の動きが先読みできれば、これから買われ、値上がりしそうな株も自ずと見つけることができるはずです。

ここまでで、相場には、「上昇相場」「下落相場」「ボックス相場」の3種類があることを学びました。また、それと合わせて、これらの相場を分類する方法をご紹介しました。

次の項目からは、これらの知識を実際に使って、各相場で利益を最大化する方法をご紹介します。具体的には、

- **各相場の値動きの特徴**
- **各相場での投資家心理**
- **各相場に向いた投資戦略**

の3点について、詳しくお話ししていきます。これらの点を知っておくことで、再び似たような相場が来たときも、同じように利益を出せると期待できます。

まずは、上昇相場の特徴や投資家心理、上昇相場に向いた投資戦略についてご紹介します。次の項目へお進み下さい。

相場に合わせた最高の投資戦略

○ いまの相場に合わせて、最も効果的な投資戦略を選ぼう！

今はどんな相場？

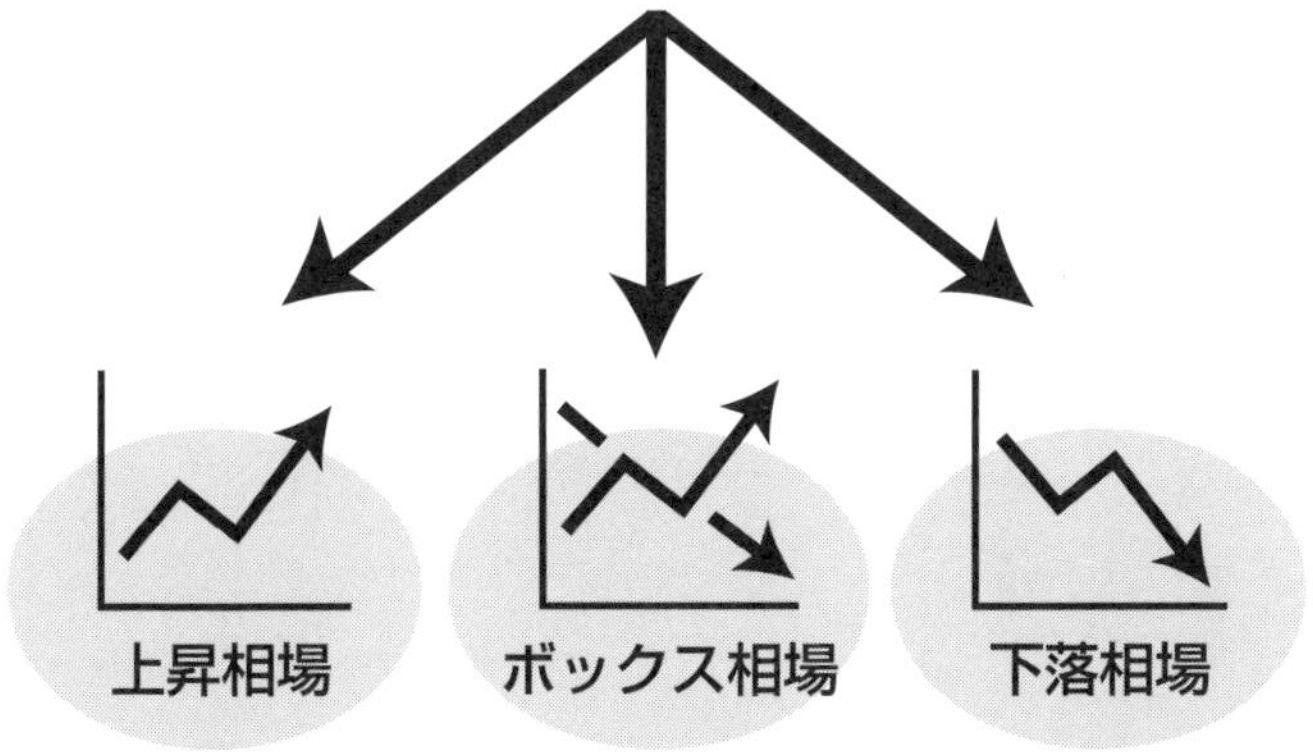

上昇相場	ボックス相場	下落相場
過去、上昇相場で利益を出した投資戦略を使う	過去、ボックス相場で利益を出した投資戦略を使う	過去、下落相場で利益を出した投資戦略を使う
例：新興株を狙った順張り戦略	例：指値注文を使った押し目買い戦略	例：ディフェンシブ株を狙った逆張り戦略

POINT

相場の状況に「自分を合わせる」大切さ

相場は自分の思い通りに動いてはくれません。「上がれ」「下がれ」「動くな」など、いくら願ったところで状況は変わりません。今の状況をありのまま受け入れ、「今の相場に自分を合わせて、地道に投資戦略を改善しよう」と考えるのが大切です。中でも投資戦略（＝４Ｗ２Ｈ）は全てが私たちの制御範囲にあります。これだけは、私たちの思い通りに変えられるのです。周囲の状況に合わせて柔軟に投資戦略を切り替えて、臨機応変に対応しましょう。

「上昇相場」の特徴

約8割の株が上昇

上昇相場とは、相場全体が上昇している相場を指します。本格的な上昇相場では、実に**約8割（!）**の株が値上がりします。2013年からのアベノミクスでは、当時上場していた株の株価が2年の間にほぼ倍増しました。そう考えると、上昇相場の波に乗りさえすれば、着実に利益を出せるはずです。

そう考えると、上昇相場の波に乗って利益を出すことは、私たち投資家にとって醍醐味だと言えるでしょう。

上昇相場では、ほとんど全ての株が値上がりします。ですが、だからといって適当に株を選んで良いわけではありません。銘柄選び1つで、得られる利益の大きさは全く変わるからです。

そこで、以降からは**上昇相場の波に乗り、利益を伸ばすポイント**について詳しく解説していきます。上昇相場で利益を逃さないための知識や、最大限に利益を伸ばすために必要な知識を、ギュッと詰め込みました。上昇相場における投資家の行動特性、上昇相場で利益が期待できる業種ランキングや、上昇相場に向いている投資戦略などを詳しく紹介します。どれも、上昇相場で利益を伸ばすため、あなたの強力な味方になってくれるはずです。ご活用下さい。

「上昇相場」の個別株の動向

○ 過去の上昇相場（アベノミクス）で、個別株はどう動いた？

株を取引するタイミング

アベノミクス
・2013 年初めに株を買う
・2015 年末の株を売る

検証結果

勝率：84.33%

上昇した数：3,400 回
下落した数：632 回
横ばいの数：4 回

平均損益率：+81.13%

上昇相場における日本株の動向

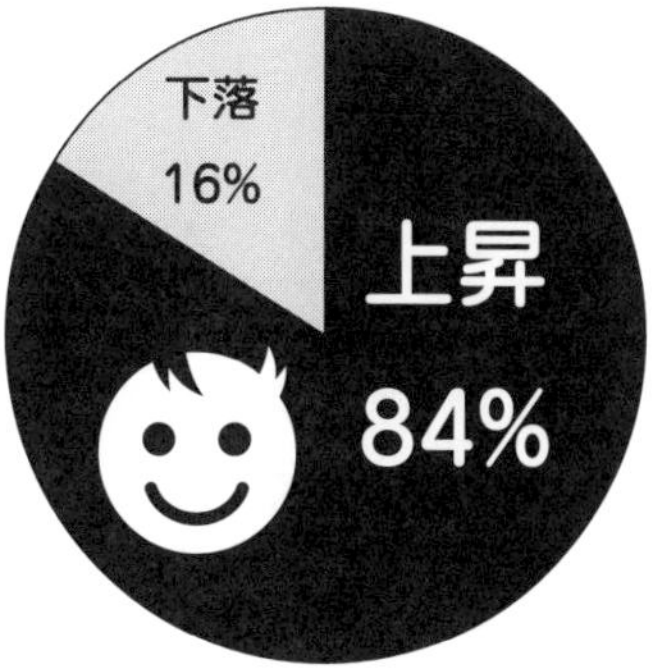

郵政相場やアベノミクスといった上昇相場では、値上がりした銘柄は株価が平均で**約 2 倍**に上昇しました。
タイミングを見極めて上昇相場に上手く乗れば、資産を倍増することも夢ではありません。

利益を取り逃がさないためにも、取引のタイミングに細心の注意を払おう！

POINT

上昇相場に乗るときのポイント

上昇相場が訪れたとき、何より重要なのは「上昇相場に乗り遅れないこと」と「上昇相場が終わったときにちゃんと降りる」ことです。この２点を押さえることで、資産を倍増することも夢ではないでしょう。そしてそのためには、あらかじめ上昇相場の始まり方や終わり方を予習しておく必要があります。今から、上昇相場に対する嗅覚を身につけておきましょう。

「上昇相場」の投資家心理

投資家達は上機嫌！

上昇相場では、どんな株を買ってもほぼ確実に値上がりします。よって、**「株を買うこと＝利益を出すこと」**と考える投資家も増えてきます。着々と利益を出しているため、株を買うことに抵抗を感じなくなるので、投資額を積み増す投資家も続出する時期です。

特に、強力な上昇相場では約8割もの銘柄が値上がりします。ほとんどの投資家が利益を出せるので、**上機嫌な投資家が多いのが特徴です。**

◎気分一致効果

上機嫌な投資家達は、意思決定の仕方も楽観的に偏りがちです。気分が良いので、プラスの材料ばかりを評価し、マイナスの材料を無視するようになります。この思考特性を、気分一致効果と言います。

私たち人間は、上機嫌になると思考が楽観的に偏りがちです。よって、上昇相場で利益を出す投資家が増えてくると、

「良い情報が過大評価される」
「悪い情報が過小評価される」

といった傾向が現れてきます。

上昇相場には夢があります。この時期に利益を出した投資家は、それを使って更に株を買おうとします。これにより、**相場の上昇が更なる上昇を生むようになります。**このとき、割安株や安全な株よりも、（多少割高だったとしても）成長性が高い株や、見た目が豪華な株に資金が流入しやすい傾向があります。そう考えると、上昇相場の波に上手く乗るためには、**成長性の高い新興株**に目を向けるのが効果的だと考えられます。

「上昇相場」における投資家の行動特性

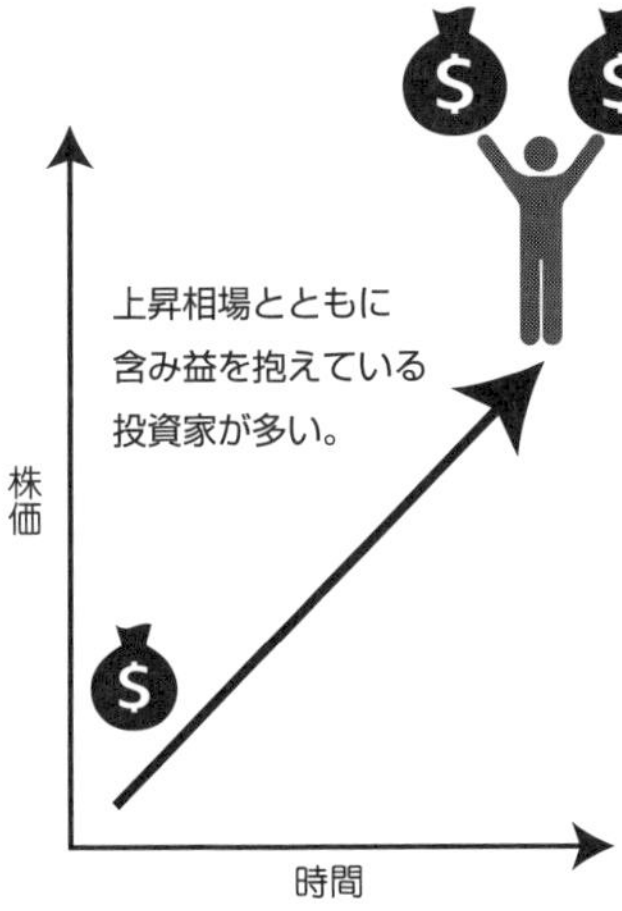

上昇相場では、投資家達は上機嫌！

上昇相場では、持っている株で含み益を出している投資家が多いため、上機嫌の投資家が多いと考えられる。

気分一致効果

投資家は、気分によって意思決定の仕方が変わると考えられる。具体的には、

「気分が良いときには楽観的になる」

「気分が悪いときには悲観的になる」

のように偏ると考えられる。この傾向は、気分一致効果（Mood Congruence Effect）と呼ばれる。

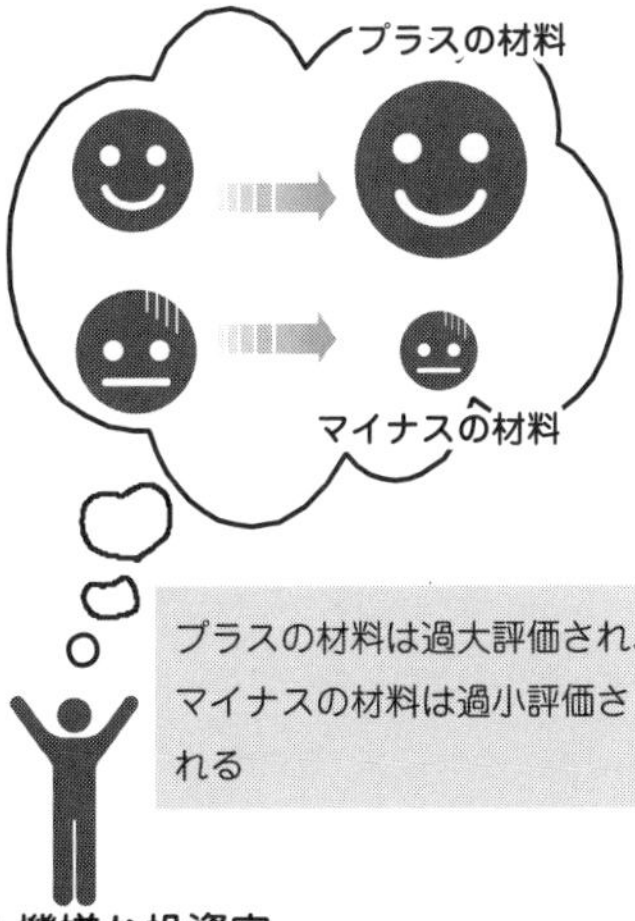

プラスの材料は過大評価され、マイナスの材料は過小評価される

上機嫌な投資家

POINT 周りの投資家の心理を察知しよう！

上昇相場が始まったばかりの頃は「上昇しそうなのはなんとなく分かっているけど、投資するのはちょっと怖いなぁ……」と思ってしまうものです。少し遠回りかもしれませんが、自信を持って株式投資を続けるには、投資家の心理を深く理解することが必要不可欠です。「ここだ！」というタイミングで確実に株を買えるようになるには、投資家心理を深く読むことで、「今から買えば高確率で利益を出せる！」と言い切れるようになるでしょう。

「上昇相場」で狙うべき市場

新興株がドカンと上がる

上昇相場の醍醐味と言えば、新興株を狙った成長株投資です。中でも、JASDAQやマザーズに上場している銘柄は先進的なものが多く、夢があります。こういった銘柄は、特に上昇しやすい傾向があるのです。

上昇相場での本命は、「成長性の高い新興株」です。これは、過去の統計データ上にも如実に傾向が現れています。アベノミクス（2013～2015）における、個別株の動向を調べたところ、**大型株よりも新興株の方が上昇相場に大きく株価が上昇する傾向が掴めた**のです。具体的には、アベノミクスの3年間で、新興株の上昇率は、平均＋一〇〇・七五%となりました。つまり、ほとんどの銘柄が倍増したということになります。一方、東証一部に上場している大型株の上昇率は、平均＋六五・二三%にとどまりました。新興株での成績とくらべてしまうと、見劣りする成績です。

よって、上昇相場で誰よりも大きな利益を出すには、新興株に注目するのが有効だと期待できます。一方、「そこまで大きい利益はいらないけど、安全に投資したい」と考えている方は、あえて大型株を狙うのも良いかもしれません。

過去の相場をきちんと分析した上で、自分に合った銘柄を選ぶようにしましょう。

「上昇相場」で狙うべき市場

○ アベノミクスでの市場別の動向

株を買うタイミング

アベノミクス
・2013年初めに株を買う
・2015年末に株を売る

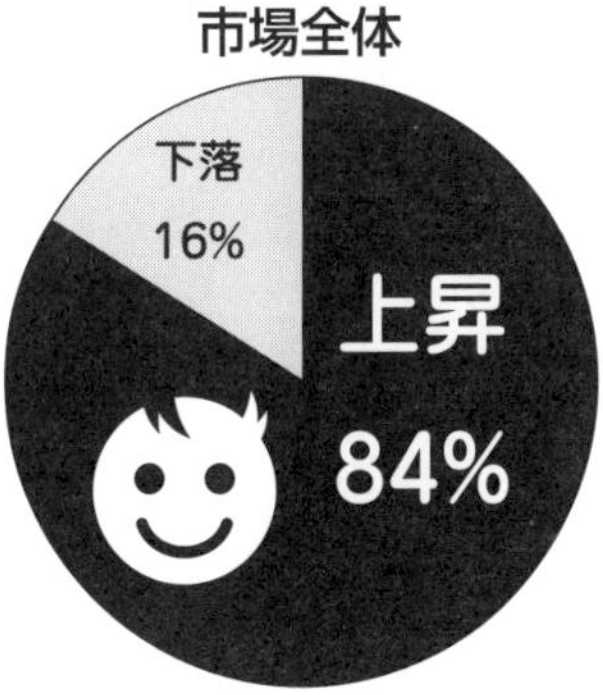

図：上昇相場における日本株の動向

勝ち	負け
3,400回	362回

平均上昇率	平均下落率	平均騰落率
101.22%	-26.46%	81.13%

	大型株 vs 新興株	
大型株［東証一部］		新興株［JASDAQ、マザーズ］
82.71%	勝率	79.58%
65.23%	平均騰落率	100.75%
18.854倍	プロフィット・ファクター	15.385倍

POINT

新興株こそ、順張り投資の醍醐味！

順張り相場では、新興株狙いの投資こそ醍醐味です。これらの銘柄は一気に上昇する可能性が高いため、順張り投資法とも相性が良いと期待できます。中でも、上昇相場で上昇傾向の強いIT関連株が狙い目です。これらに着目することで、大きな利益が期待できるでしょう。一方、銘柄の中にはほとんど上昇しないものもちらほらあります。大きな利益を狙うなら、そういった銘柄・業種は避けた方が無難でしょう。

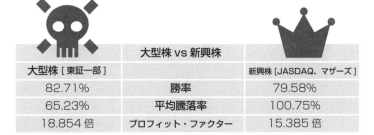

「上昇相場」の傾向と対策

IT関連株に注目!

上昇相場では、それこそほとんどの株が値上がりします。しかし、投資先を誤れば、出せるはずの利益も、取り逃がしています。これでは、勿体ありません。

そこで本ページでは、**上昇相場で特に上昇傾向の強い業種・銘柄**についてご紹介します。事前に知っておくことで、あなたは上昇相場で大きな利益を出せると期待できます。また上昇相場が訪れたときには、ぜひこのページを読み返して下さい。それだけでも、かなり利益を出せるはずです。

◎狙い目の業種はどれ?

上昇相場では、**①輸送用機器、②小売業、③精密機器、④情報・通信、⑤その他製造といった業種の上昇傾向が強かった**ことが分かりました。

中でも④情報・通信業は、新興株にも多く見られ、上値が軽くなりやすい傾向があります。他の業種と比べて、上昇しやすい傾向があるので、注目の価値があるでしょう。

◎注目の銘柄は?

上述した業種の中でも、特に上昇傾向が強かったのは、以下の3銘柄でした。

①輸送用機器：ジャムコ <7408>
②小売業：GDO <3319>
③精密機器：島津製作所 <7701>

これらの銘柄は、上昇相場で特に強い動きが目立ちました。再び上昇相場が来たときには、ぜひ注目したいところです。

「上昇相場」の傾向と対策

○ アベノミクスでの業種別・銘柄別の動向

株を買うタイミング

アベノミクス：2013 年初めに株を買う→2015 年末に株を売る

上昇傾向の強かった５業種

業種別指数	騰落率
輸送用機器	132.42%
小売業	132.21%
精密機器	131.34%
情報・通信	130.70%
その他製造	115.90%

上昇傾向の弱かった５業種

業種別指数	騰落率
鉱業	1.12%
石油	24.95%
海運	28.57%
倉庫	34.07%
パルプ・紙	34.10%

上昇傾向の強かった 10 銘柄 ［日経平均採用銘柄］

銘柄コード	銘柄名	騰落率
6770	アルプス電気	519.63%
2269	明治ホールディングス	425.63%
7270	富士重工業	329.66%
4507	塩野義製薬	269.58%
1332	日本水産	267.03%
6952	カシオ計算機	255.88%
6479	ミネベア	233.02%
2801	キッコーマン	232.68%
1808	長谷工コーポレーション	228.78%
5332	TOTO	220.25%

下落傾向の強かった 10 銘柄 ［日経平均採用銘柄］

銘柄コード	銘柄名	騰落率
7731	ニコン	-39.70%
2432	ディー・エヌ・エー	-34.15%
1963	日揮	-31.56%
6502	東芝	-29.46%
5707	東邦亜鉛	-29.04%
6857	アドバンテスト	-27.46%
3289	東急不動産ホールディングス	-26.73%
5631	日本製鋼所	-25.74%
6366	千代田化工建設	-25.68%
5541	大平洋金属	-18.90%

POINT

素材関連株が弱い

上昇相場の動向を調べてみると「素材関連株」が上昇しづらかったという傾向が掴めました。業種別の動向を見ると、①鉱業、②石油、③パルプ・紙といった業種は、特に少々傾向が弱くなりました。一方、普段はハイリスクな IT 関連株（情報・通信業）は上昇傾向が強いことが分かりました。利益を出しやすい上昇相場。せっかくの大チャンスですので投資先をきちんと見極めて、一番大きな利益を出せそうな株を買いたいところです。

「上昇相場」における順張り戦略

順張りの好機！

上昇相場は、順張り戦略を使うには絶好の環境です。過去25年の検証結果を確認すると、上昇相場における順張り戦略の勝率は五二・三八％となり、50％を上回りました。また、平均損益はプラス二・四五％となり、下落相場やボックス相場のときと比べて、最も良好な数値となりました。勝率が高く、平均損益もプラスとなったため、**「年初来高値更新銘柄を狙った順張り戦略は上昇相場で利益を出しやすい」**と言えるでしょう。この投資戦略を使うことで、上昇相場で着実に利益を出せると期待できます。

順張り戦略の良いところは、なんと言っても**「上昇相場で魅力的な銘柄が沢山見つかる」**ことです。相場全体が上昇する上昇相場では、高値更新銘柄が続出するので、順張りで利益を出しやすいのです。しかも、順張り戦略は上昇相場で最も良好な成績を出しています。

また、上昇相場では、「大型株よりも新興株の方が上昇しやすい」という傾向が掴めています（86ページ参照）。これを応用すると、順張り戦略を使うときにも、新興株を狙うことで、もっと利益を出せると期待できます。

あとは、あなたの腕次第です。この検証結果に満足せず、創意工夫を重ねてみて下さい。

「上昇相場」における順張り戦略

○ 順張り戦略の運用成績

株を買うタイミング

終値が直近 250 営業日の終値の最高値を更新したら、翌日に株を買う

株を売るタイミング

エントリーした日から 30 日以上経過したら、翌日に株を売る

投資をする相場環境

[全相場] 日経平均の W%R(75 日) が 0〜100%

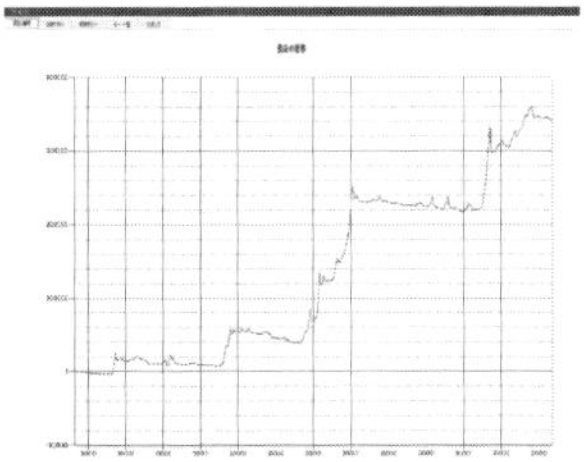

検証結果

順張りの運用成績（全相場）

期間：1990 年 3 月 1 日〜2016 年 8 月 31 日

勝率：50.44%

勝ち数：44,174 回

負け数：43,399 回

引き分け数：1,139 回

平均損益率：+1.92%

プロフィット・ファクター：1.436 倍

平均保持日数：34.42 日

投資をする相場環境

[上昇相場] 日経平均の W%R(75 日) が 30% 以下

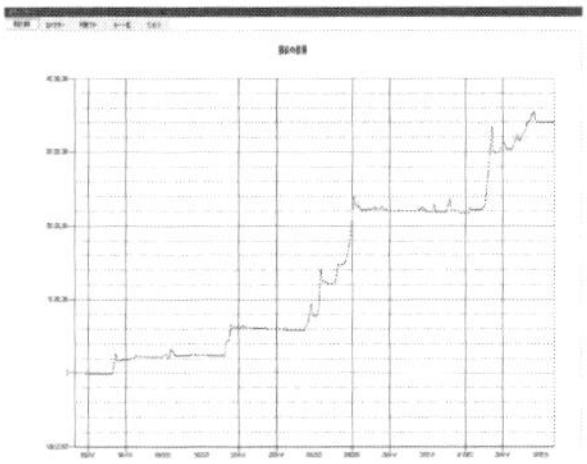

検証結果

順張りの運用成績（上昇相場）

期間：1990 年 3 月 1 日〜2016 年 8 月 31 日

勝率：52.38%（精度アップ！）

勝ち数：35,776 回

負け数：32,535 回

引き分け数：867 回

平均損益率：+2.45%（成績アップ！）

プロフィット・ファクター：1.599 倍

平均保持日数：32.34 日

上昇相場は平均よりも成績が良好
順張り戦略は上昇相場で利益を出しやすい

POINT

上昇相場で利益を出すチャンス！

順張り戦略は上昇相場でその真価を発揮します。強気一辺倒の相場では、高値更新中の銘柄ほど注目を浴びやすく、その後の続伸を狙えます。上昇相場では、小さな値上がりが更なる値上がりを呼びやすい時期なため、順張り戦略がピッタリなのです。

「上昇相場」における逆張り戦略

逆張りは使いづらい？

上昇相場では、逆張り戦略は機能しづらい傾向があります。過去25年間の検証結果を確認すると、上昇相場における逆張り戦略は、勝率が五九・二六％、平均損益率は二・七二％となりました。

逆張り戦略は、上昇相場でも利益を出せるでしょう。しかし、他の相場状況と比べると、検証結果は芳しくないことも分かりました。ボックス相場や下落相場での成績と比べると、勝率も平均損益率も、どちらも低いからです。

上昇相場で逆張り戦略が機能しづらい要因はさまざま考えられます。私の見解では、**「上昇相場中に下落する銘柄の特性」**に関係があるのではないかと踏んでいます。上昇相場では黙っていてもほとんど全ての株が値上がりします。それこそ、決算が良くても悪くても、関係なく市場全体が値上がりします。しかし、逆張り戦略では、そんな状況下でも値下がりした銘柄にのみ投資をします。そう考えると、投資先の銘柄は、「よほど悪い決算を発表した会社」か「よほど大きな不祥事をやらかした会社」ぐらいしか思いつきません。上昇相場で無理矢理に逆張り戦略を使おうとすると、こういった銘柄にも投資してしまうのだと考えられます。

急激に採算が悪化した銘柄や、不祥事のあった銘柄は、その分大きなリスクがつきまといます。利益が出れば良いですが、失敗したときには大きな損失につながるおそれがあるのです。逆張り戦略を使うときには、こういった点に注意しておく必要があるでしょう。

「上昇相場」における逆張り戦略

◯ 逆張り戦略の運用成績

株を買うタイミング

・終値が移動平均（75 日）×0.80 以下
・終値が移動平均（25 日）×0.90 以下
上記を満たしたら、翌日に株を買う

株を売るタイミング

・エントリーした日から 30 日以上が経過
・終値時点で含み益が 10%以上
上記いずれかを満たしたら、翌日に売却

投資をする相場環境

［全相場］日経平均の W%R(75 日）が 0～100%

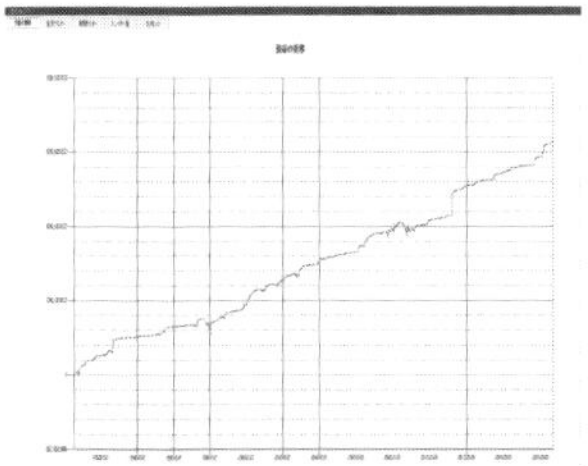

検証結果
逆張りの運用成績（全相場）

期間：1990 年 3 月 1 日～2016 年 8 月 31 日
勝率：64.00%
勝ち数：57.021 回
負け数：32.081 回
引き分け数：1,522 回

平均損益率：+3.46%

プロフィット・ファクター：1.688 倍
平均保持日数：21.99 日

投資をする相場環境

［上昇相場］日経平均の W%R(75 日）が 30% 以下

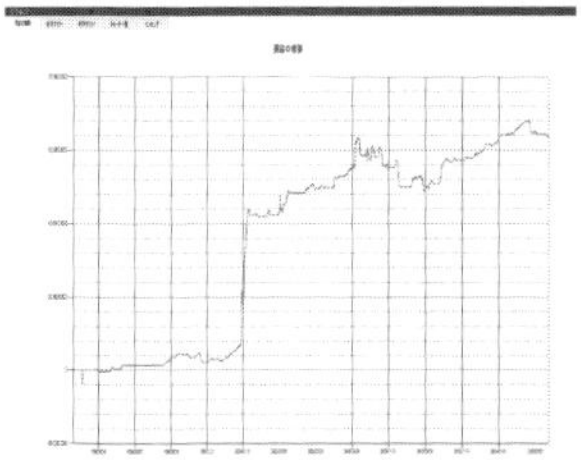

検証結果
逆張りの運用成績（上昇相場）

期間：1990 年 3 月 1 日～2016 年 8 月 31 日
勝率：59.26%（精度ダウン…）
勝ち数：6,764 回
負け数：4,651 回
引き分け数：274 回

平均損益率：+2.72%（成績ダウン…）

プロフィット・ファクター：1.440 倍
平均保持日数：22.23 日

上昇相場は平均よりも成績が悪化
逆張り戦略は上昇相場で利益を出しづらい

POINT

上昇相場で下落する銘柄は…

上昇相場で逆張り戦略を使うのは、あまりオススメできません。なぜなら、「相場が良好な時期に下落する株には、根深い理由がある」と考えられるからです。上昇相場でも株価が下がるということは、よっぽど根が深い、不安材料があるということです。こういう銘柄を狙うと、続落を被りやすいと考えられます。そう考えると、上昇相場で逆張り戦略を使うのは、あまり得策ではないかもしれません。

「上昇相場」における押し目買い戦略

上昇相場で大活躍？

押し目買い戦略は、他の相場とくらべて、上昇相場で最も利益を出しやすい傾向があります。過去25年間の検証結果を確認すると、上昇相場における押し目買い戦略は、勝率が六〇・五五％と50％を大きく上回りました。また、平均損益率が一・九七％となり、他の相場状況での検証結果よりも良好な成績となりました。

これまでの検証結果を確認した限り、上昇相場では、「順張り戦略」と「押し目買い戦略」の2つが利益を出しやすいと言えるでしょう。よって、上昇相場では、順張り戦略と押し目買い戦略を組み合わせて使うことで、利益を最大化できると期待できます。

なお、押し目買い戦略を使うときには、1つ注意点があります。それは、**「急騰株を狙うと、損をすることが多い」**という点です。上昇相場では、株価が急騰する銘柄が頻発します。こういった急騰株は、今まで上昇していた反動で、急に株価が暴落することが多いのです。それこそ、「1ヶ月で株価が2倍になった」株を買ったとして、それが逆戻りすれば資産が半減してしまいます。これが現実となれば、ひとたまりもありません。

よって、押し目買い戦略を使って取引をするときには、急騰株を避けた方が、安全かつ着実に利益を出せます。押し目買い戦略を使って株を買うときには、ぜひ意識してみて下さい。

「上昇相場」における押し目買い戦略

○ 押し目買い戦略の運用成績

株を買うタイミング

・終値が移動平均（75 日）より大きく、
・終値が移動平均（25 日）より小さい
上記を満たしたら、終値 -5% の位置に指値買い注文

株を売るタイミング

・エントリーした日から 10 日以上が経過
・終値が移動平均（25 日）より小さい
上記いずれかを満たしたら、翌日に売却

投資をする相場環境

[全相場] 日経平均の W%R(75 日) が 0〜100%

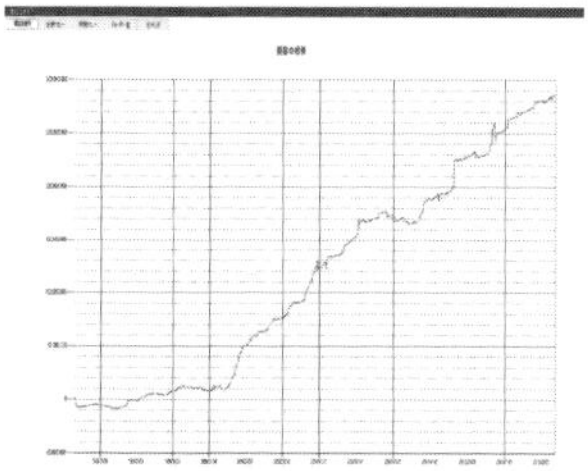

検証結果
逆張りの運用成績（全相場）

期間：1990 年 3 月 1 日〜2016 年 8 月 31 日
勝率：59.43%
勝ち数：46,580 回
負け数：31,793 回
引き分け数：1,875 回

平均損益率：＋1.78%

プロフィット・ファクター：1.642 倍
平均保持日数：11.17 日

投資をする相場環境

[上昇相場] 日経平均の W%R(75 日) が 30% 以下

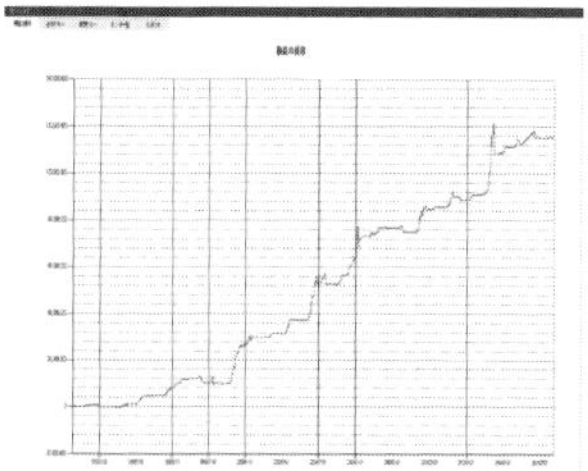

検証結果
逆張りの運用成績（上昇相場）

期間：1990 年 3 月 1 日〜2016 年 8 月 31 日
勝率：60.55%（精度アップ！）
勝ち数：17,364 回
負け数：11,315 回
引き分け数：645 回

平均損益率：＋1.97%（成績アップ！）

プロフィット・ファクター：1.725 倍
平均保持日数：11.07 日

上昇相場は平均よりも成績が良好
押し目買い戦略は上昇相場で利益を出しやすい

POINT

急騰株に注意しつつどん欲に利益を狙おう！

検証結果を確認すると、押し目買い戦略は上昇相場で有効に機能しやすいことが分かりました。よって、上昇相場では、順張り戦略と押し目買い戦略を組み合わせて、どん欲に利益を狙いに行きたいところです。一方、押し目買い戦略は、急騰株への投資に不向きという弱点があります。この点に気をつけながら、着実に利益を積み上げていきましょう。

「上昇相場」の注意点

ミニバブルが大量発生

上昇相場では、上機嫌な投資家が多く、「上昇が上昇を生む」値動きをするケースが多く見られます。これが拡大すると、過剰に値上がりが進むことも少なくありません。つまり、**小さなバブル相場（＝ミニバブル）**が、ポツポツと現れるのです。

ミニバブルは、テーマ性のある銘柄や業種で多く見られます。1999年辺りに始まったITバブルや、2003年からの不動産バブル、石油バブルといった大きなものは有名です。もっと小さな規模のミニバブルとしては、スマホバブル、オリンピックバブル、人工知能バブル、フィンテックバブル、VRバブルなど。数え上げればきりがありません。こと上昇相場では、成長性の高い新興株は注目されやすい傾向があります。効果的に利益を出すためにはテーマ性を意識するのが大事と言えるでしょう。

◎過熱株も続出！

一方、ミニバブルでは、過熱株が続出しやすいという問題があります。よって、むやみに大きな利益を狙いに行くのは得策ではありません。テーマ株に手を出したり、十分に利益が出ている株を深追いしたりすることは、常にリスクと隣り合わせです。高値掴みや反動安によって、今まで得た利益を吹き飛ばしてしまう可能性もあります。考えると、上昇相場では、ほどほどの利益で満足する慎ましさも大事だと言えるでしょう。

上昇トレンドには３つの段階がある

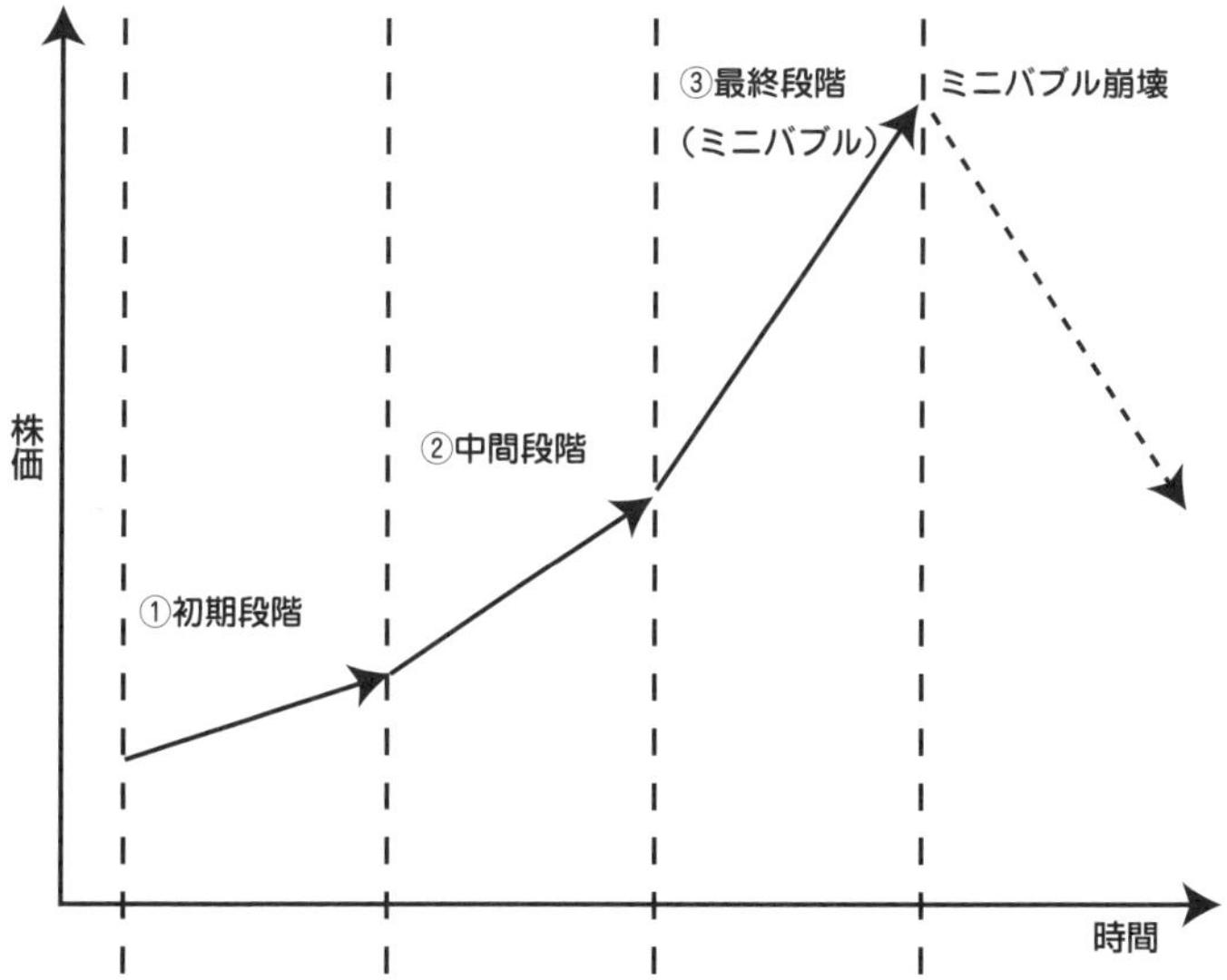

①…初期段階

企業価値に有望性を見いだした投資家たちが、株を仕込んでいる時期。ほとんどの投資家は有望性に気づいておらず、「知る人ぞ知る優良株」という状態。

②…中間段階

順張り投資家が人気化の気配を察する時期。好材料がちらほら出てくる。「今が旬の期待株」という状態。

③…最終段階

世間でもてはやされ、値上がりが値上がりを呼ぶ状況。根拠もなく飛びつく投資家が増え、「ミニバブル」を形成する。売りどき。ここで買うのはもう手遅れ。

POINT

警告：ミニバブルに飛びつかないように

一般的に、強い上昇トレンドは３つの段階を辿って、終焉を迎えます。中でも危険なのが、③最終段階の「ミニバブル」です。この状態の株は過熱気味なことが多く、「誰が高値づかみをするか?」というババ抜き状態となります。飛びつくと大きな損失を被ることがあるため、手を出さないのが無難でしょう。

まとめ：「上昇相場」で利益を伸ばそう！

利益を伸ばそう！

これまで、上昇相場で利益を伸ばすのに大事なポイントをお話ししてきました。最後に、重要なポイントをおさらいしておきましょう。

◎新興株VS大型株

アベノミクスによる上昇相場について分析してみたところ、**上昇相場では大型株よりも新興株の方が値上がりしやすい**ことが分かりました。

上昇相場では、投資家が積極的にリスクを取ります。新興株は個人投資家に好まれやすい傾向があるため、こういった銘柄ほど値上がりしやすいのだと期待できます。再び上昇相場が訪れた場合は、マザーズやＪＡＳＤＡＱに上場している新興株に着目するのが良いでしょう。

◎上昇相場向きの投資戦略

過去25年間の上昇相場において、順張り戦略と押し目買い戦略の２つが利益を出しやすいことが分かりました。再び上昇相場が訪れた際は、この２つの投資戦略を併用するのが、利益を伸ばすための近道となるでしょう。一方、逆張り戦略の成績は、利益こそ見込めるものの、他の相場状況と比べると成績が芳しくありませんでした。よって、上昇相場では逆張り戦略を使うのは、控えておいた方が良さそうです。

以上のポイントを押さえることで、あなたも再び上昇相場が来たときは上手く利益を伸ばせると期待できます。

まとめ：上昇相場で利益を伸ばそう

○ 上昇相場の攻略法 その1：新興株を狙おう

素材関連株は特に上昇しづらい…

大型株は上昇相場で上昇しづらく、利益を伸ばしづらい。特に、素材関連株は伸び悩みやすい傾向があるので、こういった株は避けた方が無難でしょう。

新興株ほど利益を出しやすい！

上昇相場では、新興株ほど値上がりしやすく、大きな利益を出しやすい。特に順張り投資は新興株との相性が良い。新興株を狙って順張り投資をすることで、大きな利益が期待できる。

○ 上昇相場の攻略法 その2：順張り戦略が絶好調！

	順張り	押し目買い	逆張り
上昇相場	良好◎ 平均損益＋2.45%	良好◎ 平均損益＋1.97%	苦戦△ 平均損益＋2.72%

順張り戦略と押し目買い戦略の
２つを組み合わせて
どん欲に利益を伸ばしていこう！

POINT

新興株を狙った順張り戦略が吉？

上昇相場が来た時は、ほとんど勉強していない人でも、運良く大儲けしている方もいます。そういう人を見ると、なおさら悔しくなるものです。そうならないように、私たちは過去の上昇相場を深く分析して、利益を出す方法を研究しておきましょう。過去の統計上では、上昇相場では「新興株」を狙った「順張り戦略」が最も効果的です。この知恵を活かして、来たるべき上昇相場では、一気に利益を出してやりましょう！

「下落相場」の特徴

利益が吹き飛ばされる

下落相場とは、相場全体が下落している相場を指します。本格的な下落相場では、普通に株を買って持ち続けるだけではほとんど利益を出せません。とても辛い時期だと言えるでしょう。リーマン・ショック前後の相場では、**9割超**の株が値下がりしました。しかも、たとえ株価が上がったとしても、大した値上がりが期待できません。まさに**「高リスク・低リターン」**の時期だと言えるでしょう。

下落相場では、多少割安な株を買うだけでは利益は出せません。投資家全体の投資意欲が衰えているので、銘柄選びだけではどうしようもないのです。利益を出すのが困難なので、基本的には、株を買えば買うほど損をします。よって、この期間は**「不必要な取引や塩漬け控えて、損失を最小限に抑える」**のが大切です。

特に大事なのは、**「塩漬けをやめる」**という点です。下落相場では、2年から3年の期間を経て、相場全体が下落していきます。つまり、むやみに株を持つと、損ばかりが膨らむ時期なのです。このような時期に、無意味に株を持ち続けるのは、自殺行為なのです。むしろ、塩漬けを止めて資金を現金化してしまった方が、よっぽど安全です。

このように、下落相場を乗り切るには、損失を抑えるところから始めるのが有効です。次ページからは、下落相場で損失を最小限に抑える方法や、利益を出す時のポイントを詳しく解説していきます。下落相場でも一人勝ちするための知恵を凝縮しましたので、存分に活用して下さい。

徹底的に資産を守ろう！

○ 過去の下落相場（リーマン・ショック前後）で、相場はどう動いた？

株を買うタイミング

リーマン・ショック前後
・2007 年初めに株を買う
・2009 年末に株を売る

検証結果

勝率：9.10%

上昇した数：381 回
下落した数：3,808 回
横ばいの数：8 回

平均損益率：－41.49%

下落相場における日本株の動向

IT バブル崩壊や 2007 年前後の下落相場では、値下がりした銘柄は株価が平均で約 **40%** も下落しました。乱暴に表現すれば、株価がおよそ半減した計算です。とても危険な時期なので、「**守り**」の姿勢を徹底する必要があります。

稼いだ利益を吹き飛ばさないためにも、不必要な取引を控えたり、リスク管理を徹底したりして、損失を抑えよう！

POINT

まずは、損失を抑えるところから始めよう

下落相場が訪れたとき、何より重要なのは「不必要な取引を控えて、損失を最小限に抑える」ことです。上昇相場の時とは違い、この時期は大きな利益を出すのは難しいです。それこそ、上昇相場の時と同じように振る舞っていては、稼いでもあっという間に吹き飛ばされ、つらい含み損を抱えることになります。まずは、損失を抑えることから。そこがきちんとできてから、下落相場での利益の出し方を学んでいきましょう。

「下落相場」の投資家心理

含み損地獄…

下落相場では、ほとんどの投資家が損をしています。含み損を抱えたまま塩漬けしているのです。彼らは、「含み損が無くなったら、すぐに株を売ろう」と考えています。下落相場ではこういった投資家が多いので、株価が上がった銘柄はすぐに塩漬け解消のために売られると考えられます。つまり、上がった株は塩漬け解消の絶好のチャンスなのです。このような時期には、上がった株はすぐに売られてしまうため、株価がなかなか上昇しない傾向があります。

◎資金の移動先は…？

下落相場では、株式などの高リスクな投資商品ほど嫌われやすい傾向があります。その代わり、投資家はより安全な投資商品を探します。その好例が、国債や社債といった債券や、貴金属などの現物資産です。

下落相場は**「リスク・オフ」**の時期とも呼ばれており、低リスクな投資商品ほど好まれます。つまり、「あまりお金は増えなくて良いから、安全なものを買いたい！」と考える投資家が増えるのです。よって、下落相場が始まりそうな時期には、こういった「低リスク」なものにこそ注目するのが賢明でしょう。低リスクな投資商品の代表としては、**「ディフェンシブ株」**や**「現物資産」**などが挙げられます。最近は金のＥＴＦなども流通するようになりました。貯金代わりに投資するだけでも、十分なリスクヘッジとなるでしょう。

このように、下落相場での投資家心理を知っておけば、それだけでも利益のチャンスに化けます。これを活かして、下落相場でも一人勝ちできる投資家を目指しましょう。

「下落相場」の投資家心理

リスク・オフ

「利回りが高くてもリスクをとりたくない」
という投資家が多数派

下落相場

相場全体が弱気
→ 安定性のある株が
好まれやすい

底が堅い株を買う
→ 逆張り投資
→ 割安株投資

下落相場の特徴→投資家たちは弱気一辺倒

投資家たちの頭の中
…リスクをとるなんて怖いことはしたくない
…下がってしまう前に株を売りたい
…下がっているうちは、株を買いたくない

好まれる株
…必要以上に下落した割安株や、
決算が安定しているディフェンシブ株など
…相場全体の下落により、「割安株」の数が
増えてきている
…底値の固い下落中の株や、十分に株価が下がり
きった割安株が狙い目

POINT

下落相場に巻き込まれないために…

下落相場に巻き込まれないためには、下落相場に巻き込まれづらい投資法を知っておく必要があります。下落相場では投資家全体が弱気で、「株を買わないこと」が普通だと思っているため、よほど割安な株や、急落している株がないかぎり、利益が出しづらいと考えられています。

「下落相場」で狙うべき市場

下落相場には手を出すな

下落相場では、ほとんど全ての銘柄が値下がりします。極論を言えば、「どんな株も、買わない方が良い時期」とも言えるでしょう。その証拠に、大型株を狙った場合と、新興株を狙った場合のいずれもが、下落相場で大きく下落したことが分かっています。

リーマン・ショック前後の下落相場では、上場企業の約9割が値下がりしました。その下落率は凄まじく、平均で40%近くも下落しています。およそ、株価が半減した計算です。中でも、新興株の下落率は平均で四二・五%にのぼりました。急落したのは大型株も同様で、こちらは平均で三八・九八%も下落しました。いずれを選んでも、大きく損をした計算になります。

大型株と新興株。強いてどちらかを選ぶとするならば、私は大型株を選びます。なぜなら、その方が損をしなさそうだからです。どちらも損失につながっていますが、大型株のほうが多少は損失幅が小さいのです。

弱気一辺倒な下落相場ですが、実はこんな状況でも着実に利益を出した投資戦略があります。

以降のページでは、具体的な対策について言及していきますので、ぜひご活用下さい。

「下落相場」で狙うべき市場

○ リーマン・ショック前後での市場別の動向

株を取引するタイミング

リーマン・ショック前後
・2007年初めに株を買う
・2009年末に株を売る

市場全体

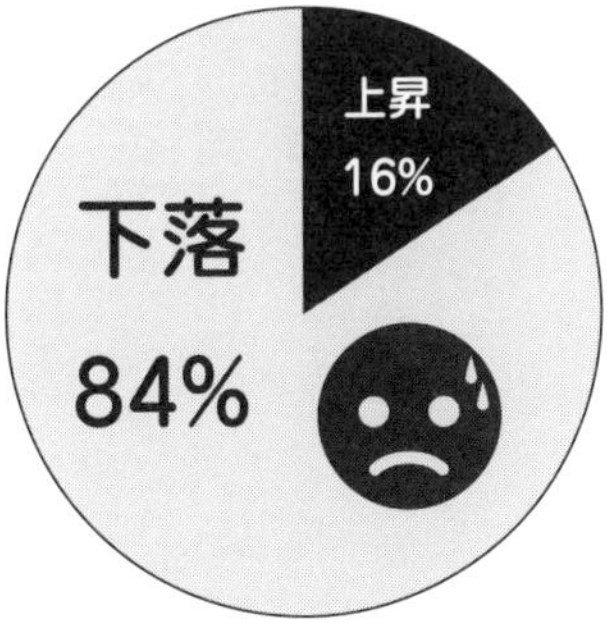

図：下落相場における日本株の動向

勝ち	負け
381回	3,808回

平均上昇率	平均下落率	平均騰落率
42.29%	-49.96%	-41.49%

	大型株 vs 新興株	
大型株［東証一部］		新興株［JASDAQ、マザーズ］
8.34%	勝率	11.01%
-38.98%	平均騰落率	-42.05%
0.054倍	プロフィット・ファクター	0.140倍

POINT

新興株への新規投資はご法度？

下落相場では、相場全体が冷え込みます。特に下落しやすいのが、JASDAQやマザーズに上場している「新興株」です。こういった株は上昇相場でこそ大きく上昇しますが、下落相場では特に下落しやすい傾向が見られます。下落相場が始まったら、こういった銘柄からは一刻も早く手を引くのが無難です。

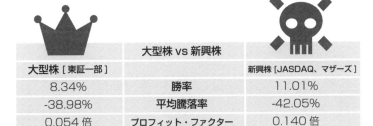

「下落相場」の傾向と対策

ディフェンシブ株に注目

下落相場では、ほとんどの株が値下がりします。損失を小さく抑えるためにも、銘柄選びには細心の注意を払いましょう。

そこで本ページでは、**下落相場でほとんど下落しなかった銘柄、つまり、下落相場にも強い傾向や銘柄**についてご紹介します。事前にこれを知っておくことで、あなたは下落相場も損失を小さく抑えられると期待できます。再び下落相場が訪れたときには、ぜひこのページを読み返して下さい。少し意識を変えるだけで、危険な銘柄を避けることができるはずです。

◎安全な業種はこれだ！

下落相場では、**①輸送用機器、②小売業、③商社、④食品、⑤ガスといった業種が下落しづらかった**ことが分かりました。中でも④食品、⑤ガスは、「ディフェンシブ株」とも呼ばれています。これらの業種は株価が急落しづらいことから、安全性の高い株としても知られています。損をあまりしたくないという方は、注目してみると良いでしょう。

◎危険な業種はどれ？

一方、**①その他金融、②不動産、③海運、④銀行、⑤証券といった業種は特に下落傾向が強かった**ことが分かりました。特に、①その他金融、④銀行、⑤証券は金融系の業種です。これらの業種は下落相場では特に下落しやすいことから、投資するのはやめておいた方が良いかもしれません。

「下落相場」の傾向と対策

○ リーマン・ショック前後での業種別・銘柄別の動向

株を買うタイミング

リーマン・ショック前後：2007 年初めに株を買う→2009 年末に株を売る

下落しづらかった５業種

業種別指数	騰落率
輸送用機器	-18.38%
小売業	-26.87%
商社	-27.84%
食品	-28.88%
ガス	-29.82%

大幅に下落した５業種

業種別指数	騰落率
その他金融	-75.33%
不動産	-66.71%
海運	-61.53%
銀行	-53.79%
証券	-53.16%

上昇傾向の強かった 10 銘柄 ［日経平均採用銘柄］

銘柄コード	銘柄名	騰落率
6674	GS ユアサコーポレーション	152.22%
9983	ファーストリテイリング	51.78%
2432	ディー・エヌ・エー	37.15%
5631	日本製鋼所	27.46%
4543	テルモ	20.17%
7004	日立造船	10.53%
5333	日本ガイシ	8.31%
8058	三菱商事	4.77%
6508	明電舎	3.48%
2269	明治ホールディングス	2.04%

下落傾向の強かった 10 銘柄 ［日経平均採用銘柄］

銘柄コード	銘柄名	騰落率
8303	新生銀行	-85.85%
1808	長谷工コーポレーション	-84.83%
6773	パイオニア	-82.60%
8411	みずほ FG	-80.56%
8304	あおぞら銀行	-78.88%
8316	三井住友 FG	-78.14%
8309	三井住友トラスト	-77.63%
5233	太平洋セメント	-77.35%
8795	T&D ホールディングス	-76.68%
6504	富士電工	-75.61%

POINT

「ディフェンシブ銘柄」を要確認！

8 割超の株が下落する下落相場。こういった時期に損失を抑えるには、「ディフェンシブ銘柄」に着目するのが効果的です。その好例が、下落しづらい業種トップの上位にランクインした、④食品、⑤ガスといった業種です。下落相場では、投資家達はリスクを毛嫌いします。その結果として、「より安全な株へ」と資金を移す傾向があるのです。ディフェンシブ銘柄 は、まさにその避難先です。上昇期待もできるので、相場下落時にはぜひ注目したいところ。

「下落相場」における順張り戦略

順張りはやめておけ！

下落相場では、順張り戦略が機能しません。過去の相場でこの投資戦略を使った場合、勝率は四三・四〇%にとどまり、50%を下回りました。また、平均損益がマイナス〇・二一%となり、損失が膨らんでいました。利益を出すどころか、損失になったことが確認できました。この結果を見る限り、下落相場では**「年初来高値更新銘柄を狙った順張り戦略は機能しない」**と言えるでしょう。

正直なところ、この理由は誰にも分かりません。あえて理由を推測するならば、**「下落相場は含み損を抱えている投資家が多い」**のが要因だと考えています。

下落相場では、約9割の銘柄が値下がりします。この波に飲まれ、含み損を抱えている投資家が多いと考えられます。そのような中で年初来高値を超えた株は、「損を補填する」には恰好の的です。今まで抱えていた含み損を少しでも取り返すために、投資家達は早々に利益確定したくなるのだと想像できます。そう考えると、下落相場中に高値を更新している銘柄は売られやすく、反落しやすいと考えられます。

これは、あくまで私の予想です。ですが、こうやって考えてみると、「なるほど、一理あるな」と、そう思えるのではないでしょうか。

何にせよ、「下落相場では順張り戦略では利益を出しづらい」というのは、検証結果を見れば明らかです。むやみに上昇中の株に手を出すのはやめ、ほかの機会を探した方が良さそうです。

「下落相場」における順張り戦略

○ 順張り戦略の運用成績

株を買うタイミング

終値が直近 250 営業日の終値の最高値を更新したら、翌日に株を買う

株を売るタイミング

エントリーした日から 30 日以上経過したら、翌日に株を売る

投資をする相場環境

[全相場] 日経平均の W%R(75 日) が 0～100%

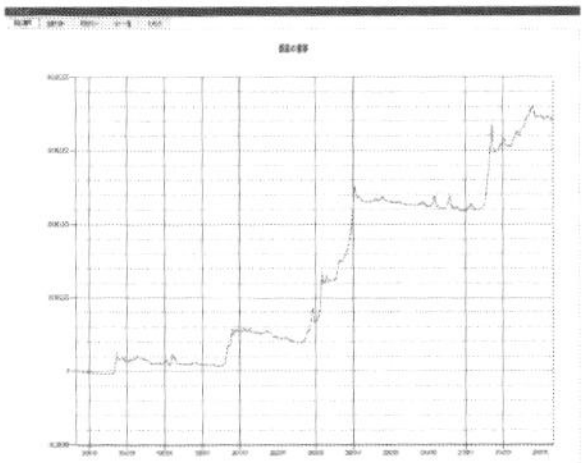

検証結果
順張りの運用成績（全相場）

期間：1990 年 3 月 1 日～2016 年 8 月 31 日

勝率：50.44%
勝ち数：44,174 回
負け数：43,399 回
引き分け数：1,139 回

平均損益率：+1.92%

プロフィット・ファクター：1.436 倍
平均保持日数：34.42 日

投資をする相場環境

[下落相場] 日経平均の W%R(75 日) が 70% 以上

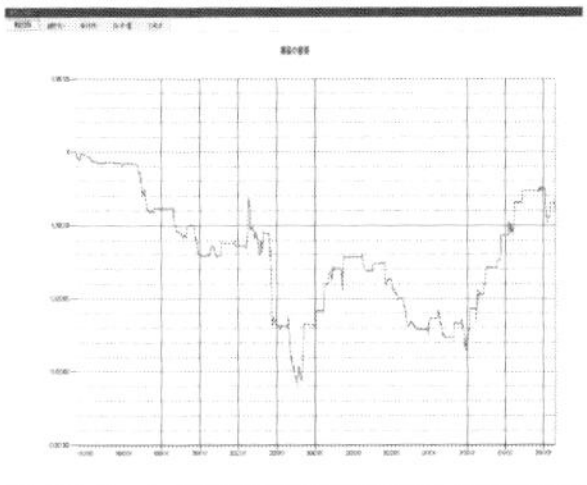

検証結果
順張りの運用成績（下落相場）

期間：1990 年 3 月 1 日～2016 年 8 月 31 日

勝率：43.40%（精度ダウン…）
勝ち数：3,920 回
負け数：5,113 回
引き分け数：120 回

平均損益率：-0.22%（成績ダウン…）

プロフィット・ファクター：0.961 倍
平均保持日数：32.57 日

下落相場は平均よりも成績が悪化
順張り戦略は下落相場で利益を出しづらい

POINT
相場が下落し始めたら、順張り投資をやめよう

上昇相場のとき、順張りで大きく利益を出せた方も、同じ方法を続けていては下落相場で利益を吹き飛ばしてしまいます。順張り戦略は、上昇相場では利益を出しやすく、下落相場では利益を出しづらい傾向があります。順張りが上手く機能しない理由としては、「相場が極端に悲観的」なことが挙げられます。たとえ値上がり中の株があったとしても、含み損の補填のためなどに利益確定されやすく、すぐに反落してしまうのです。

「下落相場」における逆張り戦略

逆張りの好機！

下落相場は、逆張り戦略を使う絶好のチャンスです。過去25年の検証結果を確認すると、下落相場における逆張り戦略の勝率は六四・六七％となり、50％を上回りました。また、平均損益はプラス三・五〇％となり、上昇相場やボックス相場のときと比べて、最も良好な数値となりました。勝率が高く、平均損益もプラスとなったため、**「逆張り戦略は下落相場で利益を出しやすい」**と言えるでしょう。この投資戦略を使うことで、下落相場で着実に利益を出せると期待できます。

また、下落相場では急落する銘柄が頻繁に現れます。これはつまり、下落株を狙う逆張り戦略でも、利益を出すチャンスが多いということです。成績が良好なうえ、チャンスも多いので、逆張り戦略は下落相場で活躍してくれると期待できるでしょう。

なお、逆張り戦略を実践で使うときには、コツがあります。それは、**「大型株を狙った方が、大きな利益が狙える」**という点です。逆張り戦略は新興株より大型株との相性が良く、大きな利益を出せる傾向があります。過去の検証結果上でも、そういった傾向が表れています（左ページ参照）。これを踏まえると、逆張り戦略を使うときには、東証一部に上場している大型株を狙った方が良いと言えるでしょう。

「下落相場」における逆張り戦略

◯ 逆張り戦略の運用成績

株を買うタイミング

・終値が移動平均（75 日）×0.80 以下
・終値が移動平均（25 日）×0.90 以下
上記を満たしたら、翌日に株を買う

株を売るタイミング

・エントリーした日から 30 日以上が経過
・終値時点で含み益が 10%以上
上記いずれかを満たしたら、翌日に売却

投資をする相場環境

[全相場] 日経平均の W%R(75 日) が 0〜100%

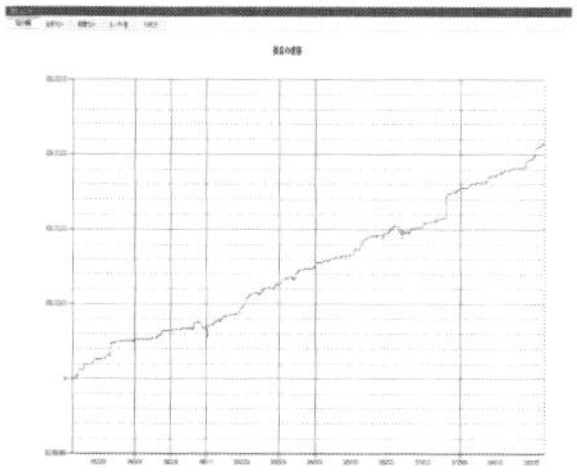

検証結果
逆張りの運用成績（全相場）

期間：1990 年 3 月 1 日〜2016 年 8 月 31 日
勝率：64.00%
勝ち数：57.021 回
負け数：32.081 回
引き分け数：1,522 回

平均損益率：+3.46%

プロフィット・ファクター：1.688 倍
平均保持日数：21.99 日

投資をする相場環境

[下落相場] 日経平均の W%R(75 日) が 30% 以下

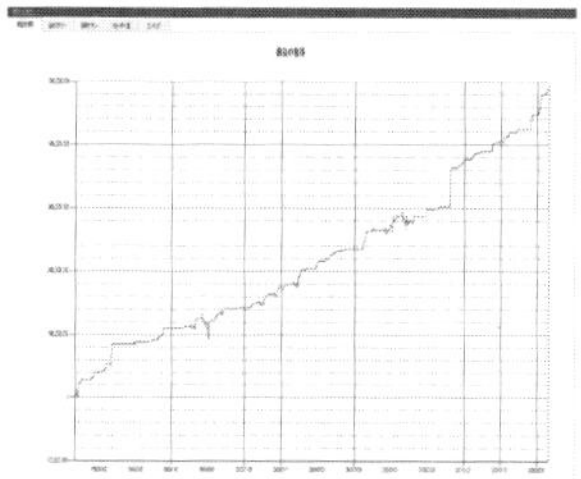

検証結果
逆張りの運用成績（上昇相場）

期間：1990 年 3 月 1 日〜2016 年 8 月 31 日
勝率：64.67%（ほぼ変化なし）
勝ち数：44,421 回
負け数：24,272 回
引き分け数：1,088 回

平均損益率：+3.50%（ほぼ変化なし）

プロフィット・ファクター：1.716 倍
平均保持日数：21.96 日

上昇相場は平均よりも成績がほぼ同じ
逆張り戦略は下落相場で上々

POINT

逆張り戦略は下落相場で大きく利益を出した

下落相場では、8 割近くの銘柄が値下がりします。その中には、好業績なものもあれば配当利回りが 3% を超える割安株も多く見られるでしょう。どんなに下落相場が強烈でも、株価はいずれ底打ちします。その時期を見極めて逆張り戦略を使えば、きっと大きな成果につながるはずです。統計的にも有効な上、下落相場では特に大きな成績を出しています。下落相場で大きな利益を出したい方は、ぜひ逆張りに着目してみましょう。

「下落相場」における押し目買い戦略

下落相場にも強い

押し目買い戦略は、他の相場とくらべて、下落相場でも利益を出しやすい傾向があります。過去25年間の検証結果を確認すると、下落相場における押し目買い戦略は、勝率が五九・七七％と50％を大きく上回りました。また、平均損益率が一・九一％となり、良好な成績となりました。

これまでの話をまとめると、**下落相場では、「逆張り戦略」と「押し目買い戦略」の2つが利益を出しやすい**と言えるでしょう。よって、下落相場では、逆張り戦略と押し目買い戦略を組み合わせて使うことで、より大きな利益を出せると期待できるでしょう。

なお、押し目買い戦略を使うときには、**「大型株よりも新興株を狙った方が、大きな利益を出せた」**ことが分かっています。よって、押し目買い戦略を使うときには、新興株を狙った方が大きな利益が狙えるでしょう。

ちなみに、前ページでは、「逆張り戦略は大型株の方が利益を出しやすい」とご紹介しました。そう考えると、

- **大型株は逆張りで利益を狙う**
- **新興株は押し目買いで利益を狙う**

といったように、銘柄に応じて投資戦略を使い分けるのも良いでしょう。これにより、更に大きな利益を出せると期待できるでしょう。

「下落相場」における押し目買い戦略

○ 押し目買い戦略の運用成績

株を買うタイミング
・終値が移動平均（75 日）より大きく、
・終値が移動平均（25 日）より小さい
上記を満たしたら、終値 -5% の位置に指値買い注文

株を売るタイミング
・エントリーした日から 10 日以上が経過
・終値が移動平均（25 日）より小さい
上記いずれかを満たしたら、翌日に売却

投資をする相場環境
[全相場] 日経平均の W%R(75 日) が 0〜100%

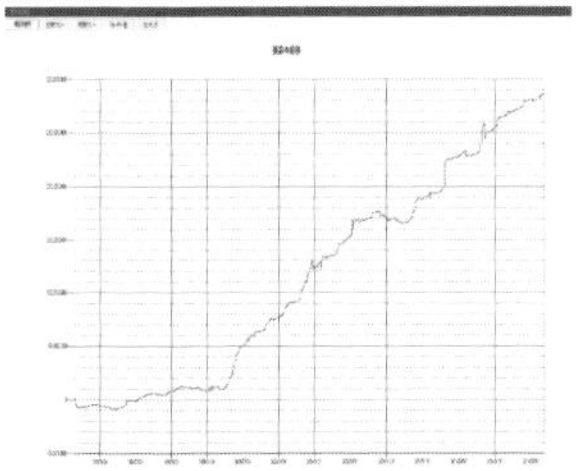

検証結果
逆張りの運用成績（全相場）
期間：1990 年 3 月 1 日〜2016 年 8 月 31 日
勝率：59.43%
勝ち数：46,580 回
負け数：31,793 回
引き分け数：1,875 回

平均損益率：+1.78%

プロフィット・ファクター：1.642 倍
平均保持日数：11.17 日

投資をする相場環境
[下落相場] 日経平均の W%R(75 日) が 70% 以上

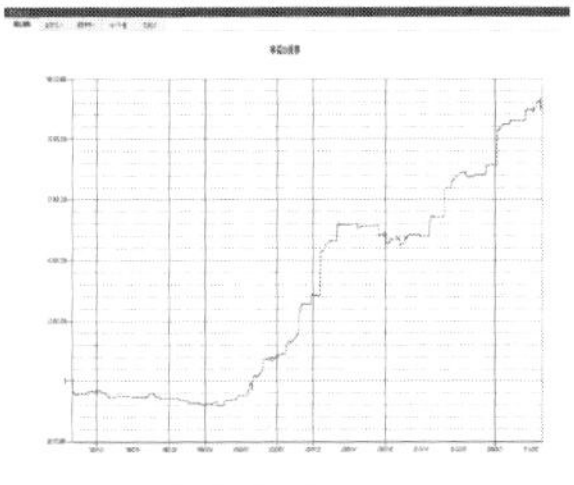

検証結果
逆張りの運用成績（上昇相場）
期間：1990 年 3 月 1 日〜2016 年 8 月 31 日
勝率：59.77%（精度アップ！）
勝ち数：13,901 回
負け数：9,355 回
引き分け数：563 回

平均損益率：+1.91%（成績アップ！）

プロフィット・ファクター：1.658 倍
平均保持日数：11.31 日

上昇相場は平均よりも成績が良好
押し目買い戦略は下落相場で利益を出しやすい

POINT
新興株の押し目を狙おう！

押し目買い戦略は、下落相場でも有効に機能します。中でも、新興株を狙った押し目買い戦略は、1 トレードあたりの利益も大きくなりやすいです。よって、大きな利益を狙いたい方は、新興株を狙うのが有効でしょう。ちなみに、逆張り戦略は大型株向きの投資戦略なので、下落相場で最大限利益を出したい方は、「大型株は逆張り」「新興株は押し目買い」のように、銘柄に応じて投資戦略を使い分けてみるのも良いかもしれません。

「下落相場」の注意点

バリュートラップの嵐

下落相場では、割安な株ですら次々に下落していきます。通常ならバーゲンセールに見える株ですら、なかなか上昇しません。安易に割安株を買うと続落に遭い、含み損を抱えてしまいます。このような現象を、**「バリュー・トラップ」**と言います。

下落相場ではバリュー・トラップが起きがちです。よって、安易に「割安だ」という理由だけで株を買わないのが無難です。株を買うにしても、「利益を出すまでに2～3年かかってもやむを得ない」「下落相場が終わるまでは、含み損を抱えても仕方がない」と考えておいた方が、無難でしょう。

◎欲張りは禁物

株価が下がっていく以上、下落相場では大きな利益を狙いづらいものです。一度上昇相場を経験した方からすれば、下落相場はつまらない時期と言えるでしょう。

ですが、ここで慌てたり、欲張ってしまったりしては逆効果です。上昇相場のときと同じように「もっと利益を出したい！」と欲張ってしまうと、下落相場ではたちまち多大な被害を被ります。下落相場では文字通り8割近くの株が値下がりします。このような時期にむやみに株を購入するのは、まさに自殺行為と言えるでしょう。

よって、下落相場が訪れたときには、**「必要最低限の投資を心がける」「勝てると分かっているときだけ、投資する」**といった心がけが必要不可欠なのです。

「下落相場」でやってはいけない3つのこと

下落相場で絶対にやってはいけないこと①

安直な割安株投資

相場下落時は、ちょっとした割安株なら 簡単に見つかります。それほどのバーゲン状態です。しかし、「それでも株が売られる」のが下落相場なのです。よって、割安株投資で本格的に利益を出せるのは、下落相場が終わった後からです。割安株投資で利益を狙う場合は、2 ～3 年の待機期間があると思って、長い目で計画を立てましょう。

下落相場で絶対にやってはいけないこと②

無計画な塩漬け

あなたもご存知の通り、下落相場ではほとんどの株が下落します。割安でも関係ありません。下落相場が終わるまでは、下落が続きます。無計画な塩漬けは、むやみに損失を膨らませてしまいます。塩漬けする場合は、あらかじめ「〇ヶ月以内に反発しなかったら、損切りする」というように期限を設けておくのが賢明です。

下落相場で絶対にやってはいけないこと③

利益の深追い

繰り返しとなりますが、下落相場では原則的に「株価が下がる」ものです。ですから、利益を深追いして保有期間を伸ばすと、あっという間に損を膨らませてしまいます。従っ て、逆張り投資などで含み益が出たら、ほどほどの利益で満足するのが大切です。目安としては、「半値戻し」「3 分の 1 戻し」という投資格言がよく使われています。つまり、下落幅の「半分」または「3 分の 1」程度の利益で満足しようという考え方です。この点を知っておくだけでも、確実に利益確定できるはずです。ぜひ、覚えておきましょう。

POINT

「もう少し待てば…」に気をつけろ！

下落相場では、ちょっとした油断が命取りになります。特に、「もう少し待てば、利益が増えるかも ...」「もう少し待てば、含み損が帳消しになるかもしれない ...」などは、とても危険な行為なので注意しましょう。根拠も無しに大きな利益を期待したり、含み損の解消を夢見ることは危険です。大事なお金を守るためにも、上記の 3 つの点については、特 に意識しておきましょう。

まとめ：「下落相場」で一人勝ちしよう！

損失を抑えよう！

これまで、下落相場で一人勝ちするのに大事なポイントをお話ししてきました。最後に、重要なポイントをおさらいしておきましょう。

◎新興株VS大型株

リーマン・ショック前後の下落相場について分析したところ、**下落相場では大型株よりも新興株の方が値下がりしやすく、リスクが大きいこ**とが分かりました。下落相場では投資家心理が冷え込んでおり、リスクの大きな株ほど敬遠される傾向があります。こんな時期は、安全性の高い大型株やディフェンシブ株に注目するのが得策です。再び下落相場が訪れた場合は、こういった銘柄に着目してみると良いでしょう。これにより、損失を最小限に抑えられると期待できます。

◎下落相場向きの投資戦略

過去25年間の下落相場においては、逆張り戦略と押し目買い戦略の2つが利益を出しやすいことが分かりました。再び下落相場が訪れた際は、この2つの投資戦略を併用するのが、利益を伸ばすための近道となるでしょう。一方、順張り戦略は成績が悪く、利益を出せませんでした。過去の相場でも利益を出せていないため、下落相場で順張り戦略を使うのは賢明とは言えないでしょう。

以上の点を押さえることで、あなたも再び下落相場が来たときは損失を抑え、利益を伸ばすことができるでしょう。

「下落相場」で一人勝ちしよう！

○ 下落相場の攻略法 その1：ディフェンシブ株が狙い目！

ディフェンシブ株が狙い目！

大型株は、下落相場でも値下がりしづらく、損を抑えやすい。食品業やガス業と いったディフェンシブ株は下落しづらい ため、その分安全度が高いと期待できま す。逆張り戦略を使う時には、ぜひ注目したい銘柄です。

新興株ほどリスクが大きい！

下落相場では、新興株ほど値下がりしやすく、危険です。特に、金融関連株は下落傾向が強いので、こういった株は避けた方が無難でしょう。むやみにリスクを 取らず、安全着実に利益を積み上げていきましょう。

○ 下落相場の攻略法 その2：逆張り投資が絶好調！

	順張り	押し目買い	逆張り
下落相場	マイナス× 平均損益 -0.22%	良好◎ 平均損益＋1.91%	良好◎ 平均損益＋3.50%

逆張り戦略と押し目買い戦略の
２つを組み合わせて
下落相場で一人勝ちしよう！

POINT

ディフェンシブ株を狙った逆張り戦略が理想的

下落相場では、むやみやたらに株を買うと、損失が膨らむおそれがあります。そう考え ると、できるだけ安全なディフェンシブ株を中心を狙うのが有効でしょう。また、下落相場では逆張り戦略の成績が良好です。この２点を踏まえると、「ディフェンシブ株狙い」の「逆張り戦略」を使うのが、最も安全かつ着実に利益を狙えると期待できます。下落相場に 苦手意識をお持ちの方は、この組み合わせに着目してみてはいかがでしょうか。

「ボックス相場」の特徴

凪相場

ボックス相場とは、「上昇せず、下落もしない相場」のことを指します。 ほとんど値動きしないので、「凪（なぎ）相場」と表現されることもあります。

ボックス相場は、利益を出すのが難しい時期でもあります。それこそ、熟練の投資家でも振る舞い方に悩むほどです。そのせいか、私の周りの投資家には、「ボックス相場が嫌いだ」という方も大勢います。

ボックス相場では極端な値動きをする銘柄が、ほとんどありません。そのせいもあり、これまでご紹介した「順張り戦略」や「逆張り戦略」といった投資戦略では、なかなか利益を出せません。

◎忍耐力が求められる

ボックス相場では、ミスプライスが起きづらいです。 つまり、「買われ過ぎ」「売られすぎ」といった株があまりありません。私たち投資家にとって、ミスプライスは利益の源泉です。これが無ければ、利益を出すことは不可能でしょう。そんなボックス相場を乗り切るためには、**丹念に相場を観察して、一つひとつの利益のチャンスを掘り起こす必要があります。** これには根気がいるので、人一倍の忍耐力が必要です。

本項では、ボックス相場で利益を掘り起こす具体的な方法を紹介します。また、注目すべき銘柄の特徴などもご紹介します。存分にご活用下さい！

「ボックス相場」は最も先行きが不透明

○ 過去のボックス相場（リーマン・ショック後の凪相場）で、相場はどう動いた？

株を買うタイミング

リーマン・ショック後の凪相場
・2010 年初めに株を買う
・2012 年末に株を売る

検証結果

勝率：54.47%

上昇した数：2,292 回
下落した数：1,696 回
横ばいの数：16 回

平均損益率：+21.45%

ボックス相場における日本株の動向

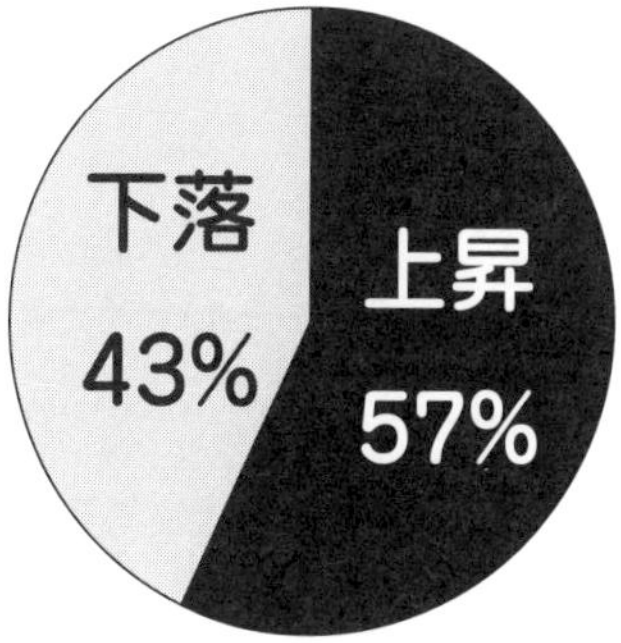

ボックス相場では、程度に差はあれど、上昇株と下落株の比率が大体 1:1 に分かれます。このような時期は目立った値動きをする銘柄も少なく、逆張りや順張りのチャンスも少ない傾向があります。その分先行きも不透明で、利益を出しづらい時期だと言えるでしょう。

なかなか利益を出しづらい時期なので、普段から市場イベントなどにアンテナを張り、利益の機会を掘り起こす必要がある。

POINT

ボックス相場を乗り切るポイント

ボックス相場では、投資家の実力差がはっきりしてきます。普段から何もしていない投資家は、おそらくほとんど利益を出せないでしょう。一方、普段から利益を出すために勉強・分析を怠らない方は、それ相応の利益を出しています。この差は何から生まれるのかというと、「普段からどん欲に利益のチャンスを見つけ出す姿勢」なのだと思います。忍耐力や、日常的な相場分析が、この時期には不可欠なのです。

「ボックス相場」の投資家心理

投資家の動きが読みづらい

他の相場状況とは異なり、**ボックス相場での投資家の動きには、これといった傾向が見られません**。相場の動きが曖昧な分、個人個人の状況がバラバラだからです。よって、ボックス相場は投資家の動きを先読みしづらく、もっとも利益を出しづらい時期だと言えるでしょう。

◎退屈する投資家も多い

ボックス相場では、相場が閑散としがちです。どっちつかずの値動きを見て、イライラする投資家も多いと考えられます。特に、せっかちな投資家や欲張りな投資家は、ボックス相場を毛嫌いしている方も少なくありません。

ボックス相場では目立ったイベントも少ないので、退屈している投資家が大勢います。つまり、**「材料に飢えている」**投資家がわんさかいると言えるでしょう。

◎イベントへの反応が強まる

目立ったイベントが少ないボックス相場では、ちょっとしたイベントも目立ちやすくなります。その結果、**テーマ株や好決算株、優待銘柄など、注目材料がある銘柄は値上がりしやすい**ので、注目する価値があるでしょう。

「ボックス相場」の投資家心理

○ ボックス相場では、投資家の行動を先読みしづらい

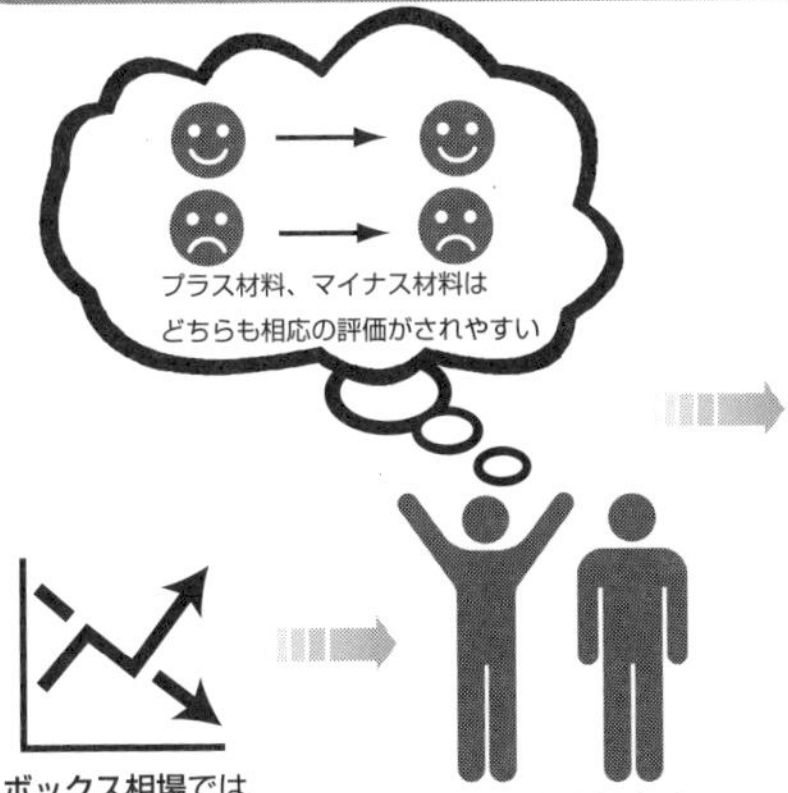
プラス材料、マイナス材料は
どちらも相応の評価がされやすい

ボックス相場では
含み益や含み損など
投資家によって状況が
バラバラ

投資家の心理傾向が
見られづらい

ボックス相場では、相場全体に方向性が見られないため、人によって成績が全く異なります。個人個人の状況がばらばらなので、彼らの行動にも一貫性が乏しく、先読みするのが難しい時期とも言えるでしょう。

○ イベントが少ない分、恒例行事が注目されやすい

決算発表

2月、5月、8月、11月は、3月決算企業の決算発表が活発化します。
こういった時期に動意づく企業も多いため、注目度が高いイベント。

株主優待・配当金

3月末や9月末には、多くの企業の株主優待や配当金の権利確定が控えています。これを目的とした資金流入も見込めるため、ボックス相場では見逃せない。

時期ごとの注目銘柄を知りたい方は、前作「株2年生の教科書」の投資カレンダーを参照！

POINT

投資家たちは「退屈」が大嫌い！

ボックス相場は、値動きがほとんど起こらず閑散としています。市場イベントが少なく、なかなか大きな利益を出せません。それもあり、ボックス相場に苦手意識を抱いている方も多いです。私たち投資家にとっての一番の大敵は、「退屈な相場」なのかもしれません。

「ボックス相場」で狙うべき市場

先行きが不透明

ボックス相場では、相場が上昇も下落もしないため、投資のチャンスも少ない傾向があります。

リーマン・ショック後のボックス相場の動向を確認してみると、2010年から2012年の3年間において、相場は緩やかな上昇となりました。その上昇率は平均で二一・四五%となりました。1年あたり、平均で6~7%上昇したことになります。この時期は、若干ながら強めのボックス相場だったと言えるでしょう。このとき、大型株の上昇率は、平均で一一・一〇%にとどまり、、全体よりも低くなりました。新興株の上昇率は平均で三四・七二%になり、全体よりも大きく上昇しました。この結果をみる限り、ボックス相場では新興株の方が利益を出しやすいのかもしれません。

ボックス相場では目立った値動きをする株が少なく、投資家も退屈しがちです。相場全体が穏やかで、リスクもリターンも小さな時期と言えるでしょう。よって、意識的にリスクを取らないと、大きな利益は狙えません。それもあり、投資家達は少しでも大きな利益を出せるよう、値動きの軽い新興株へと投資しやすいのではないかと考えられます。

以上を踏まえると、ボックス相場では新興株を狙った方が大きな利益が見込めるでしょう。もちろん、その分リスクも大きくなりますので、**リスク管理にも気を配る必要があります。**併せて対策しておくことで、安全かつ着実に利益を出せるようになるでしょう。

「ボックス相場」で狙うべき市場

○ リーマン・ショック後の凪相場での市場別の動向

株を買うタイミング

リーマン・ショック後の凪相場
・2010年初めに株を買う
・2012年末に株を売る

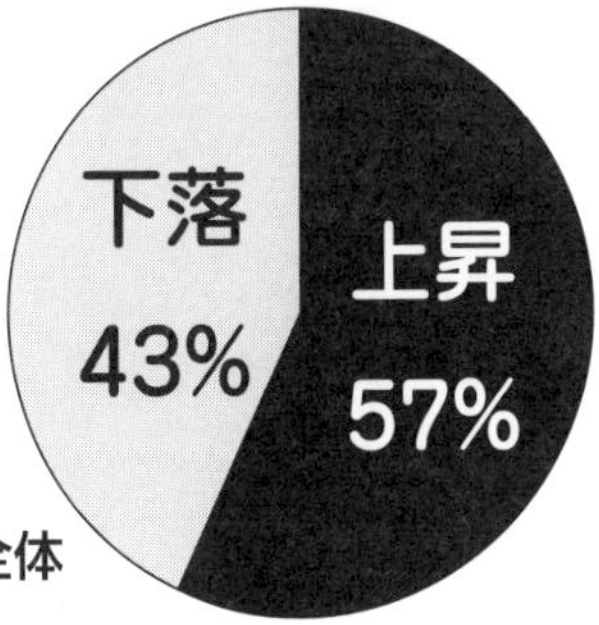

市場全体

図：ボックス相場における日本株の動向

勝ち	負け
2,292回	1,696回

平均上昇率	平均下落率	平均騰落率
56.20%	-25.32%	21.45%

大型株［東証一部］	大型株 vs 新興株	新興株［JASDAQ、マザーズ］
52.60%	勝率	62.49%
11.10%	平均騰落率	34.72%
2.046倍	プロフィット・ファクター	4.074倍

POINT

動きのない相場では、新興株が好まれる？

ボックス相場では、相場は上がりも下がりもしません。目立った動きが無い分、利益を出しづらい相場です。そのような相場環境で無理矢理利益を出すには、「あえてリスクの大きな新興株を買う」のも一つの選択肢です。リーマン・ショック後の凪相場では、大型株よりも新興株の方が強い上昇傾向が見られました。イベントの少ないボックス相場。暇を持て余している投資家は、少しでも動きが派手な新興市場に目を向けたがるものなのかもしれません。

「ボックス相場」の傾向と対策

イベントに注目！

ボックス相場では、上昇する銘柄もあれば、下落する銘柄もあります。これはつまり、投資先の銘柄によって、運用成績が千差万別であるということです。そう考えると、ボックス相場でも銘柄選びは慎重に行う必要があるでしょう。

そこで本ページでは、**ボックス相場で上昇しやすかった銘柄や、下落しやすかった銘柄**について確認していきます。過去の動向を押さえておくことで、再びボックス相場が訪れたときにも、利益を出しやすくなると期待できます。

◎上昇傾向の強い業種

ボックス相場では、**①その他金融、②建設、③ゴム、④不動産、⑤情報・通信といった業種が上昇しやすかった**ことが分かりました。ここで注目すべきは⑤情報・通信です。２０１２年あたりから、日本市場ではスマホゲームの関連株が賑わいました。その皮切りが、パズドラを開発したガンホーです。目立ったイベントの少ないボックス相場では、こういう新しいものへの注目が集まりやすい傾向があります。ニュースやイベントをヒントに、戦略を立てるのも良いでしょう。

◎下落傾向の強い業種

一方、**①海運、②電力、③空運、④窯業、⑤その他製造といった業種は特に下落傾向が強かった**ことが分かりました。中でも②電力は、２０１１年3月の震災の影響で大幅下落しました。ボックス相場では、マイナス材料への反応も大きくなります。この点には、あらかじめ注意しておきましょう。

「ボックス相場」の傾向と対策

○ リーマン・ショック後の凪相場での業種別・銘柄別の動向

株を買うタイミング

リーマン・ショック後の凪相場：2010 年初めに株を買う→2012 年末に株を売る

上昇傾向の強かった５業種

業種別指数	騰落率
その他金融	52.48%
建設	42.61%
ゴム	32.84%
不動産	32.36%
情報・通信	23.85%

下落傾向の強かった５業種

業種別指数	騰落率
海運	-49.61%
電力	-47.65%
空運	-46.46%
窯業	-41.85%
その他製造	-38.72%

上昇傾向の強かった 10 銘柄［日経平均採用銘柄］

銘柄コード	銘柄名	騰落率
7202	いすゞ自動車	180.77%
8304	あおぞら銀行	164.00%
7205	日野自動車	137.12%
7270	富士重工	134.93%
5233	太平洋セメント	116.51%
5232	住友大阪セメント	108.67%
8253	クレディセゾン	101.50%
6954	ファナック	78.28%
1801	大成建設	75.46%
6501	日立製作所	73.79%

下落傾向の強かった 10 銘柄［日経平均採用銘柄］

銘柄コード	銘柄名	騰落率
9501	東京電力ホールディングス	-91.34%
6767	ミツミ電機	-70.61%
6758	ソニー	-65.55%
4043	トクヤマ	-64.00%
5214	日本電気硝子	-63.87%
6752	パナソニック	-61.84%
8308	りそなホールディングス	-58.25%
9503	関西電力	-57.62%
5202	日本板硝子	-57.36%
5411	JFE ホールディングス	-56.64%

POINT

相場はイベントに左右されやすい

閑散としたボックス相場では、目立った銘柄も無ければ、目立ったイベントもありません。その反動で、何かしらのイベントが発生した分は、相場は一気にそのイベントに注目が集まります。相場が静かな分、普段は気にしない些細なイベントにも、注目が集まるのです。それだけ、投資家は「イベント」に飢えている時期とも言えるでしょう。決算発表や、株主優待、配当金。ボックス相場では、こういった年中行事には特に気を配るようにしましょう。

「ボックス相場」における順張り戦略

順張りは休みどき？

ボックス相場においては、順張り戦略の成績は芳しくありませんでした。過去25年間の検証結果を確認すると、ボックス相場における順張り戦略は勝率が四五・四五％と50％を下回りました。また、平均損益率は〇・六二％となり、上昇相場のときと比べると成績が芳しくありませんでした。

平均損益率はわずかにプラスでした。これはつまり、過去の相場ではかろうじて利益を出せたということになります。結果を見る限り、ボックス相場において順張り戦略は利益を出せる可能性はあるでしょう。

ボックス相場で順張り戦略を使うのは、得策ではありません。左ページの**「損益の推移」**という画像をご確認下さい。これは、順張り戦略をボックス相場で利用したと仮定したときの資産の推移です。２００６年あたりまでの成績は良好でしたが、リーマン・ショック以降は成績が芳しくありません。負け越しの年も続いています。数年も負け越しが続くと、おそらく精神的な負担も大きいことでしょう。そう考えると、実運用では使いづらいと言えるでしょう。

ボックス相場では、無理に順張り戦略を使う必要はありません。こういうときは、「逆張り」や「押し目買い」といった他の戦略を使った方が、利益を出しやすいと期待できるでしょう。

「ボックス相場」における順張り戦略

○ 順張り投資法の内容

株を買うタイミング
終値が直近250営業日の終値の最高値を更新したら、翌日に株を買う

株を売るタイミング
エントリーした日から30日以上経過したら、翌日に株を売る

投資をする相場環境
[全相場]日経平均のW%R(75日)が0〜100%

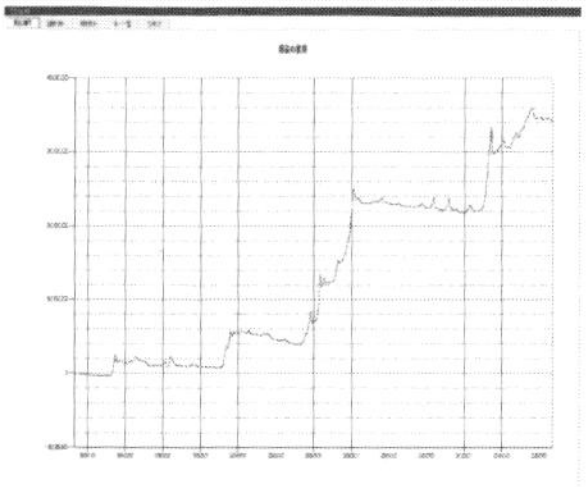

検証結果
順張りの運用成績(全相場)
期間:1990年3月1日〜2016年8月31日

勝率:50.44%
勝ち数:44,174回
負け数:43,399回
引き分け数:1,139回

平均損益率:+1.92%

プロフィット・ファクター:1.436倍
平均保持日数:34.42日

投資をする相場環境
[ボックス相場]日経平均のW%R(75日)が30%〜70%の範囲内

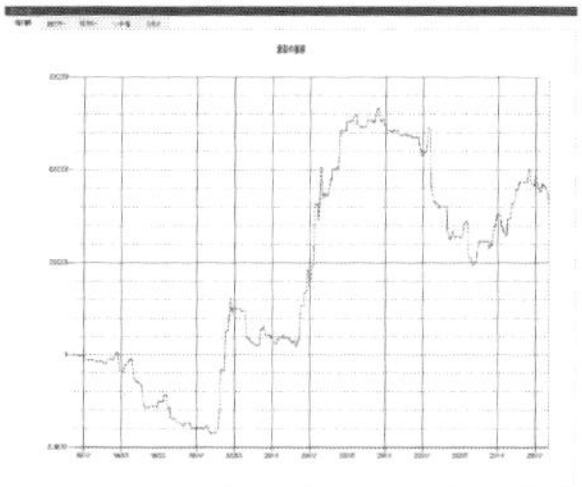

検証結果
順張りの運用成績(ボックス相場)
期間:1990年3月1日〜2016年8月31日

勝率:45.45%(精度ダウン…)
勝ち数:11,832回
負け数:14,201回
引き分け数:355回

平均損益率:+0.62%(成績ダウン…)

プロフィット・ファクター:1.117倍
平均保持日数:32.43日

ボックス相場は平均よりも成績が悪化
順張り戦略はボックス相場で利益を出しにくい

POINT
直近の成績が悪く、あまり使いたくない

順張り戦略は、ボックス相場で機能しづらい傾向があります。その証拠に、勝率や平均損益は、ボックス相場はその他の相場状況よりも成績が悪化しました。勝率が50%を割り込んでいる上、平均損益率も1%を割っています。おまけに、2006年以降の成績は芳しくないため、運用してもなかなか利益を出しづらいと考えられるでしょう。安易に順張りに頼らず、他の投資戦略を使った方が、利益を伸ばせそうです。

「ボックス相場」に置ける逆張り戦略

ストレスに注意

逆張り戦略は、ボックス相場でも利益を出しやすい傾向があります。

過去25年の検証結果を確認すると、ボックス相場における逆張り戦略の勝率は六一・三八％となり、50％を上回りました。また、平均損益はプラス三・二〇％となり、平均よりはわずかに劣るものの、良好な数値となりました。勝率が高く、平均損益もプラスとなったため、**「逆張り戦略はボックス相場で利益を出しやすい」**と言えるでしょう。この投資戦略を使うことで、ボックス相場で着実に利益を出せると期待できます。

しかし、問題が1つあります。理解を深めるため、左ページの損益の推移グラフをご覧下さい。曲線を見てみると**2008年から2010年までの期間は、利益がほとんど出ていない**ことが確認できます。

「頑張ったのに、結局トントンだったか……」

と。たとえ損をしていなくても、利益を出せないことはストレスにつながるものです。したがって、ボックス相場で逆張り戦略を使うと、短気な方は、ストレス過多になるおそれがあります。そういう方には、使いづらいかもしれません。

以上の点を踏まえて、それでもどん欲に利益を狙いたいという方は、ボックス相場で逆張り戦略を使うのも一つの手ではあります。ただし、そのときは、それなりのストレスがかかることを覚悟しておきましょう。

「ボックス相場」における逆張り戦略

○ 逆張り投資法の内容

株を買うタイミング

・終値が移動平均（75 日）×0.80 以下
・終値が移動平均（25 日）×0.90 以下
上記を満たしたら、翌日に株を買う

株を売るタイミング

・エントリーした日から 30 日以上が経過
・終値時点で含み益が 10%以上
上記いずれかを満たしたら、翌日に売却

投資をする相場環境

［全相場］日経平均の W%R(75 日) が 0〜100%

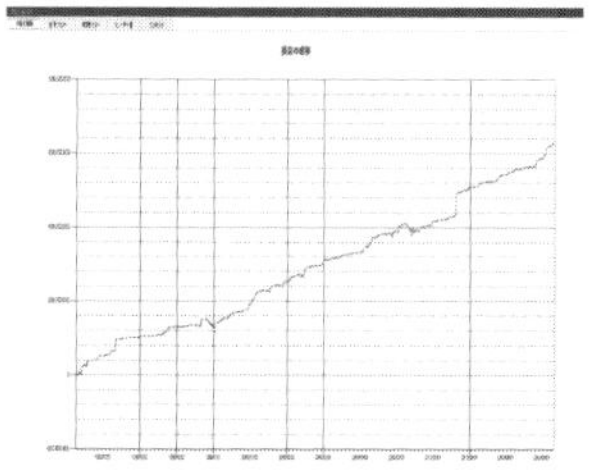

検証結果
逆張りの運用成績（全相場）

期間：1990 年 3 月 1 日〜2016 年 8 月 31 日
勝率：64.00%
勝ち数：57.021 回
負け数：32.081 回
引き分け数：1,522 回

平均損益率：+3.46%

プロフィット・ファクター：1.688 倍
平均保持日数：21.99 日

投資をする相場環境

［ボックス相場］日経平均の W%R(75 日) が 30%〜70%の範囲内

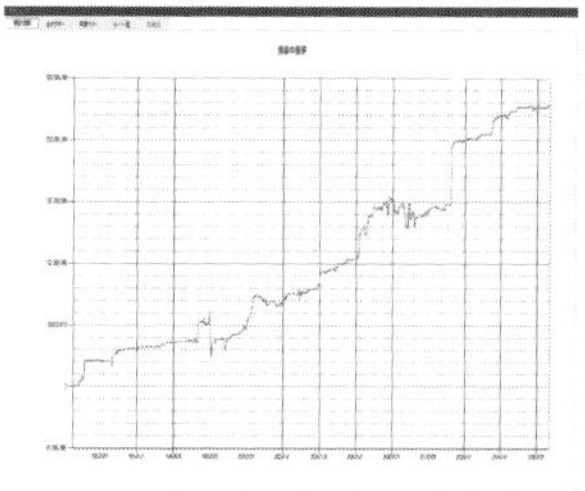

検証結果
逆張りの運用成績（ボックス相場）

期間：1990 年 3 月 1 日〜2016 年 8 月 31 日
勝率：61.38%（精度ダウン…）
勝ち数：21,505 回
負け数：13,531 回
引き分け数：595 回

平均損益率：+3.20%（成績ダウン…）

プロフィット・ファクター：1.552 倍
平均保持日数：21.70 日

ボックス相場は平均よりも成績が悪化
逆張り戦略はボックス相場で利益を出しづらい

POINT

利益は見込めるが、成績は不安定…

逆張り戦略は、ボックス相場でもそこそこの利益が見込めます。過去の統計上では、平均損益率が 3% を上回っています。100 万円分の株を買えば、1 トレードあたりに 3 万円の利益が見込めるため、十分な水準です。一方、検証結果の資産推移曲線を確認すると、一部の年で成績にガタツキが見られます。この結果を見る限り、逆張り戦略はボックス相場で成績があまり安定しないようです。慎重に使う必要があるでしょう。

「ボックス相場」における押し目買い戦略

押し目買い戦略は万能？

押し目買い戦略は、ボックス相場でも利益を出しやすい傾向があります。過去25年間の検証結果を確認すると、下落相場における押し目買い戦略は、勝率が五八・五四％と50％を大きく上回りました。また、平均損益率が一・七五％となり、良好な成績となりました。押し目買い戦略は、どのような相場環境でも安定した成績が確認できました。そういう意味では、汎用性の高い投資戦略だと言えるでしょう。

これまでの話をまとめると、**ボックス相場では、「押し目買い戦略」が利益を出しやすい**と言えるでしょう。この投資戦略を活用することによって、ボックス相場でも利益を掘り起こせると期待できます。

順張り戦略と逆張り戦略は、成績がプラスでした。しかし、成績が不安な時期があったため、精神的な負担が大きくなるおそれがありました。そう考えると、これら2つの投資戦略では運用をせず、「押し目買い戦略」のみで運用した方が、精神的な負担を小さく運用できるでしょう。

もちろん、あなたがどん欲に利益を出したいという方ならば、「順張り」「逆張り」「押し目買い」の全ての投資戦略を使って、利益を最大化するという選択もあります。多少損失があっても耐えられる自信のある方は、そういった運用をするのも一つ選択でしょう。

「ボックス相場」における押し目買い戦略

○ 押し目買い投資法の内容

株を買うタイミング

・終値が移動平均（75 日）より大きく、
・終値が移動平均（25 日）より小さい
上記を満たしたら、終値 -5% の位置に指値買い注文

株を売るタイミング

・エントリーした日から 10 日以上が経過
・終値が移動平均（25 日）より小さい
上記いずれかを満たしたら、翌日に売却

全ての相場で運用した場合

[全相場] 日経平均の W%R(75 日) が 0～100%

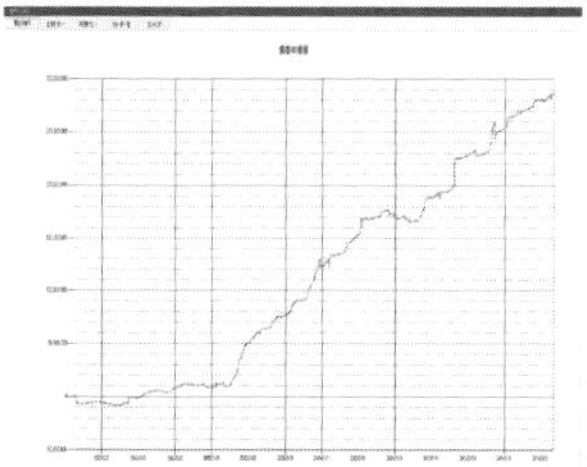

検証結果
逆張りの運用成績（全相場）

期間：1990 年 3 月 1 日～2016 年 8 月 31 日
勝率：59.43%
勝ち数：46,580 回
負け数：31,793 回
引き分け数：1,875 回

平均損益率：+1.78%

プロフィット・ファクター：1.642 倍
平均保持日数：11.17 日

ボックス相場でのみ運用した場合

[ボックス相場] 日経平均の W%R(75 日) が 30%～70% の範囲内

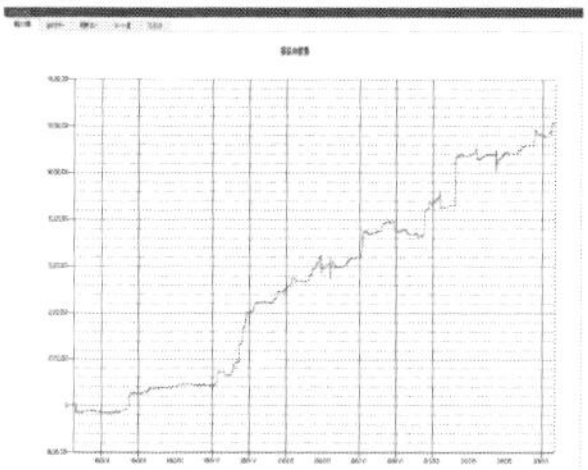

検証結果
逆張りの運用成績（上昇相場）

期間：1990 年 3 月 1 日～2016 年 8 月 31 日
勝率：58.54%（ほぼ変化なし）
勝ち数：19,801 回
負け数：14,022 回
引き分け数：823 回

平均損益率：+1.75%（ほぼ変化なし）

プロフィット・ファクター：1.624 倍
平均保持日数：11.16 日

ボックス相場は平均よりも成績がほぼ同じ
押し目買い戦略はボックス相場でも上々

POINT

ボックス相場で利益を掘り起こそう

上昇相場とや下落相場と比べて、押し目買い戦略はボックス相場で利益を出しづらい傾向があります。しかし全体の平均と比べてみると、その成績には遜色がありません。押し目買い戦略はボックス相場でも安定的に利益を出しています。ボックス相場では目立った動きの銘柄が少ないです。逆張りや順張りといった極端な値動きをした株を狙う投資戦略よりも、中間的な値動きをした株を狙う押し目買い戦略の方が相性が良いのかもしれません。

「ボックス相場」の注意点

短期は損気

ボックス相場では、目立った値動きをする銘柄が少ないです。利益を出しづらい時期でもあるため、投資家達にとってはつまらない時期かもしれません。

ですが、だからといってヤケになってはいけません。むやみやたらに株を取引して、損をしまっては目も当てられません。これでは、ギャンブラーと同じです。

利益を出しづらいのなら、「辛抱強く待つ」というのも、投資家としての立派な仕事です。勝算のあるときにだけ株を買い、無駄な取引をしないように心掛けましょう。それだけで、運用成績は全く違ったものになるはずです。

◎愚痴ではなく工夫を出そう

現時点で魅力的な株が無くても、「安くなったら買いたい銘柄」は山ほどあります。ですから、こういう銘柄に対して、「とりあえず指値注文を発注しておく」というのも、立派な投資戦略です。これだけで、急に株価が安くなった株を、バーゲン価格で株を買えるはずです。

「面白い株もないし、つまらないなぁ」と愚痴をこぼしても、チャンスはやってきません。利益が出せないのは、「実力不足」の結果なのです。**そういう方は、ひたすら勉強を繰り返し、利益を出す方法を練り上げましょう。利益のチャンスが無いのであれば、自分で創り出すしか無いのです。**

「ボックス相場」の注意点

○ ボックス相場での注意点 その1：短気は損気！

なかなか良い株が
見つからないなぁ…
もう適当でいいや！
これを買っちゃえ！
良い株もないし、
今は静観しておくか

「暇だから適当に株を買う」というのでは、ギャンブルと同じです。

利益の見込みが立たないであれば手を出さない。投資家ならば、それだけの忍耐力を持ちましょう。

○ ボックス相場での注意点 その2：愚痴ではなく工夫を出そう！

なかなか良い株が
見つからないなぁ…
利益を出せないのは
全て相場のせいだ
相場を分析して新しい
投資戦略を考えよう

この考え方をしている限り、生涯利益は増えません。愚痴をこぼしても、お金は降ってきません。

利益出せないのは、全て自分の実力不足が原因です。現実を受け止め、腕を磨きましょう！

POINT

「ボックス相場」は勉強するのに最高の時期

ボックス相場で大きな利益を出すのは難しいです。私たちにとっては、この上なくむず痒い時期でしょう。ですが、短気を起こしたり、愚痴をこぼしたりしていても何も進みません。短気は損気、愚痴ではなく工夫が大事です。幸い、ボックス相場では相場が落ち着いていますので、来るべき上昇相場や下落相場に備えて、相場を研究するのには最高の時期です。ボックス相場が来た時には、「勉強できる！」と、プラスに捉えるくらいがいいのです。

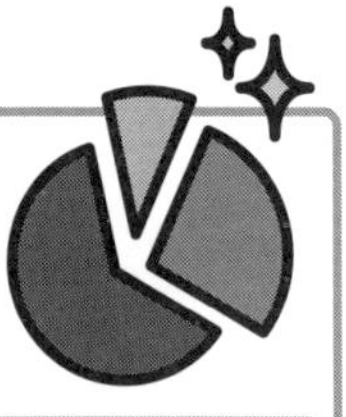

まとめ：「ボックス相場」から利益を掘り起こそう！

利益を掘り起こそう！

これまで、ボックス相場で利益を掘り起こすのに大事なポイントをお話ししてきました。最後に、要点をおさらいしておきましょう。

◎新興株VS大型株

リーマン・ショック後のボックス相場について分析したところ、**ボックス相場では大型株よりも新興株の方が値上がりしやすく、大きな利益が期待できる**ことが分かりました。

ボックス相場では目立った材料が少なく、多くの投資家が退屈している可能性が高いです。利益を出しづらい時期でもあるので、夢のある新興株ほど魅力的に見えるのかもしれません。こんな時期は、情報・通信業やサービス業といったＩＴ関連株が注目しどころでしょう。これにより、ボックス相場で利益を出せると期待できます。

◎ボックス相場向きの戦略

過去25年間のボックス相場においては、押し目買い戦略が利益を出しやすいことが分かりました。これを使うことで、ボックス相場でも利益を出せると期待できます。一方、順張り戦略や逆張り戦略は成績が安定せず、ストレスのたまりやすい時期だったと考えられます。よほどタフでなければ、使いこなすことはできないでしょう。そう考えると、ボックス相場の時期には押し目買い戦略のみで運用するのが、最も安全だと言えるでしょう。

利益を掘り起こそう！

○ ボックス相場の攻略法 その1：あえてリスクを取るのも一策

大型株を狙うなら、優待狙いが効果的

相場が穏やかな分、大型株投資では大きな利益を出せません。あえて大型株を狙うのであれば、高配当株や優待銘柄などを狙うのが効果的です。これらの株を権利確定の数ヶ月前に先回りして買うことで、配当や優待目当ての投資家が、そのまま株価を押し上げてくれると期待できます。

退屈な相場では、新興株が目立つ

ボックス相場は、目立った値動きをする銘柄が少なく、退屈な時期です。退屈さに耐えかねた投資家は、値動きの軽い新興株に注目しやすいでしょう。相場が穏やかである分、多少リスクを取ってでも、こういった銘柄に注目する価値があるでしょう。

○ ボックス相場の攻略法 その2：押し目買い戦略が絶好調！

	順張り	押し目買い	逆張り
ボックス相場	苦戦△ 平均損益 -0.62%	上々○ 平均損益＋1.75%	不安定△ 平均損益＋3.20%

押し目買い戦略を使って着実に利益を積み上げていくのが効果的

POINT

地道な努力が成功の秘訣

ボックス相場では、「ドカンと一発、大きな利益を出す！」といったチャンスは、なかなか訪れません。相場イベントを見越した先回り投資や、指値注文を使った押し目買い戦略。こういったものを使って、忍耐強くこつこつと利益を積み上げましょう。ボックス相場では、それが一番の攻略法だと思います。

PART3のまとめ

○ PART3の2つの要点

要点1：相場状況によって、最適な投資戦略が変わる

	順張り	押し目買い	逆張り
上昇相場	良好◎ 平均損益 +2.45%	良好◎ 平均損益＋1.97%	苦戦△ 平均損益＋2.72%
ボックス相場	苦戦△ 平均損益 -0.62%	上々○ 平均損益＋1.75%	不安定△ 平均損益＋3.20%
下落相場	マイナス × 平均損益 -0.22%	良好◎ 平均損益＋1.91%	良好◎ 平均損益＋3.50%

要点2：複数の投資戦略を組み合わせることで、あらゆる相場で利益を出せる

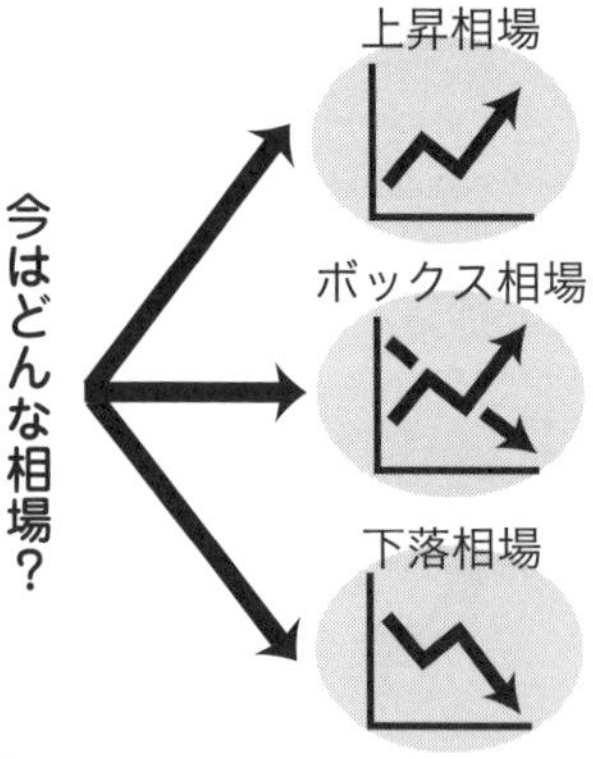

過去、上昇相場で利益を出した投資戦略を使う
例：新興株を狙った順張り戦略＋押し目買い

過去、ボックス相場で利益を出した投資戦略を使う
例：指値注文を使った押し目買い戦略

過去、下落相場で利益を出した投資戦略を使う
例：ディフェンシブ株を狙った逆張り戦略＋押し目買い

POINT

あらゆる相場で利益を出すための最短ルート

あらゆる相場で利益を出す。このためには、「複数の投資戦略を習得する」「状況に応じて投資戦略を使い分ける」という2点を実践する必要があります。1つの投資戦略を深く研究するのも大切ですが、それだけで無理矢理利益を出そうとすると、必ずどこかで無理が生じます。1つの投資戦略だけでは、生涯利益を最大化できません。複数の投資戦略を臨機応変に使い分けて、適材適所で運用するのが大切です。

PART 4 実践編

続けやすい環境を作る「習慣化」

PART4の目的「習慣化」＝「続けやすい環境づくり」

習慣化に必要なもの

どんなに素晴らしい投資戦略を手に入れても、継続できなければ大きな成果は残せません。世界一の投資家ウォーレン・バフェットですら、一朝一夕で資産を築き上げた訳ではありません。実際、彼は40年以上も投資を繰り返した結果、今の資産を築き上げました。このように、大きな利益を出すには、それ相応の時間が必要です。僕らの投資も、一朝一夕で成り立つものではないのです。

ですが、投資家だって人間です。プライベートの時間を削って投資するは、それなりの負担です。

「せっかくの休日は、株の分析なんてやらずに飲みに行きたい。」

「仕事終わりの疲れた時間に銘柄分析するのも大変だから、続かなそう。」

このような欲に負けてしまうことも、ときにはあるでしょう。忙しい私たちにとっては、1日30分の時間を確保するだけでも、本当に大変なことなのです。

そこで大事なのが**「習慣化」**です。株で成功するためには、意識的に「利益を出す習慣」を身につける必要があるからです。そして、習慣化で何よりも大事なのが、**「継続しやすい環境づくり」**だと思うのです。

習慣化に必要なのは、ほんの少しの先行投資と、ちょっとした工夫だけです。それだけで、十分な環境が手に入るはずです。次ページからは、「習慣化」に必要な要素について、1つずつご紹介していきます。早速、次へ進みましょう。

習慣化＝続けやすい環境作り

◯ 継続は力なり

複利運用においては、「継続」の長さによって生涯利益の大きさは劇的に変わる。

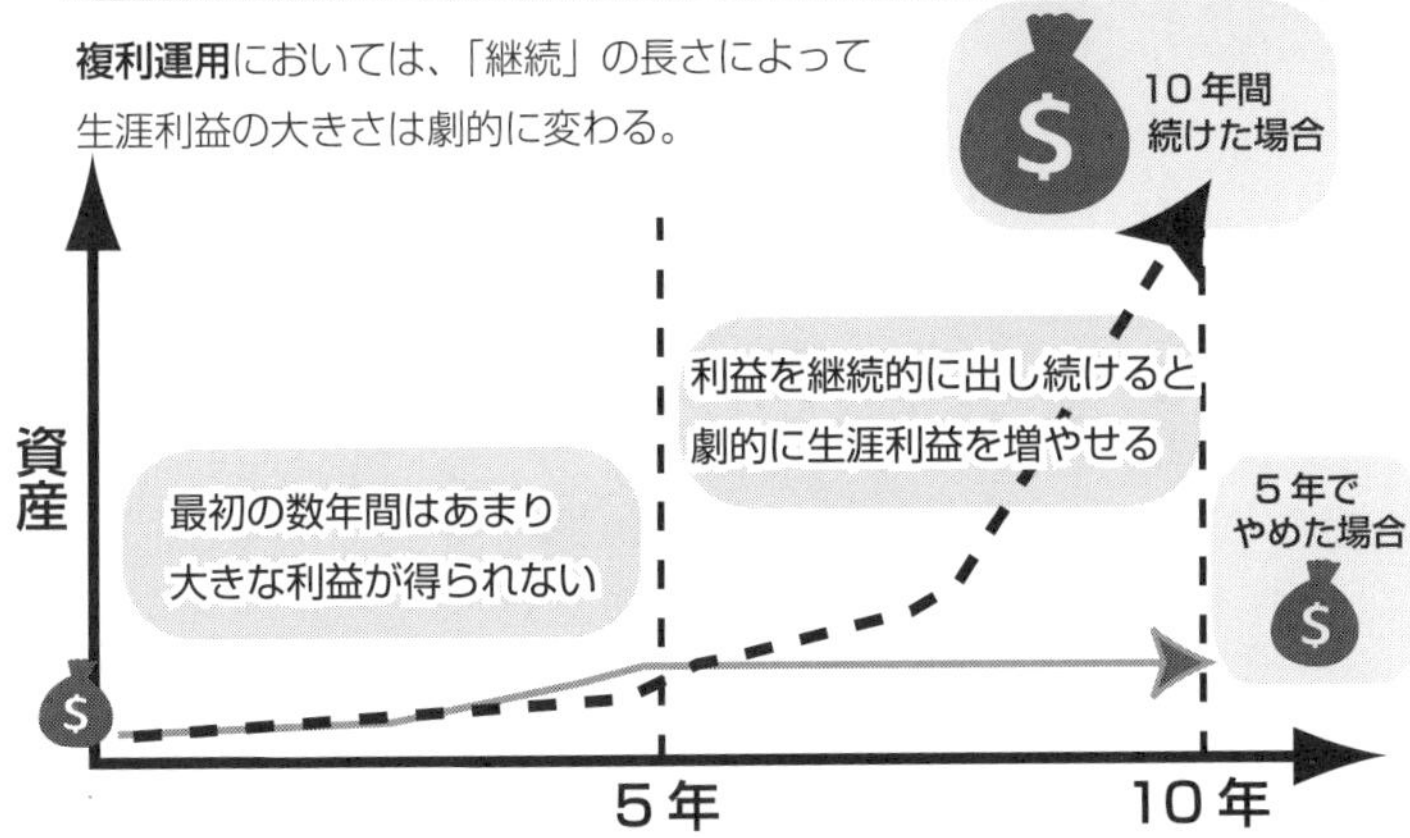

◯ 習慣化の効果

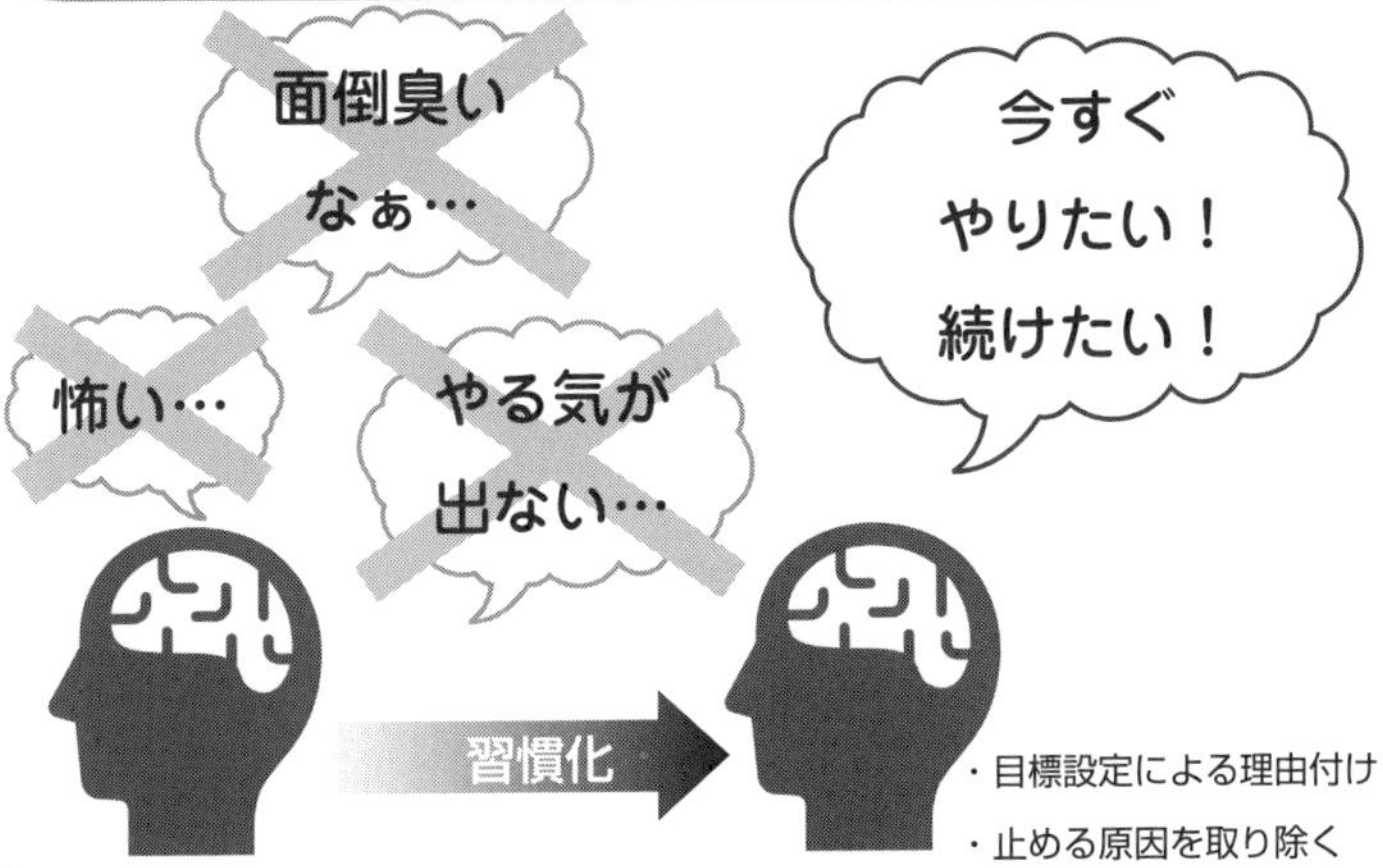

・目標設定による理由付け

・止める原因を取り除く

POINT

楽しく投資を続けるための工夫

どんなに素晴らしい投資法を持っていても、継続できなければ大した利益は出せません。継続する事で、初めて大きな利益が得られるのです。継続のために大きな役割を担っている1つの要素が「習慣化」です。この技術を習得すれば、あなたは手軽かつ楽しく投資を続ける事ができるでしょう。ちょっとした事前準備や気の持ちよう、そんな些細な工夫で、生涯利益は大きく変化します。

「習慣化」が重要である理由

半永久的な利益

習慣化の良い所は、**「利益につながる良い習慣」を一度身に付けてしまえば、半永久的な利益が見込める**という点です。良い習慣を身に付けてしまえば、あとはそれを繰り返すだけです。投資家として優れた習慣を持つことは、それだけ有利なことなのです。もちろん、これは逆も言えます。つまり、「損失につながる悪い習慣」を身につけると、半永久的な損失をもたらします。こういった習慣を持っている場合は、一刻も早くやめなければなりません。

既に良い投資戦略をお持ちのあなたの場合、**「この投資戦略を使い続ける」**ための方法を考える必要があります。どんなに良い投資戦略でも、「時間がかかり過ぎる」「ストレスが大きい」「目標が達成できない」などといった理由で習慣化ができなければ、大きな成果は得られないからです。

「お風呂に入る」「寝る前に歯磨きをする」など、私たちは、数多くの習慣を持っています。そして、その多くは無意識のうちに繰り返し行っているものです。むしろ、「そうしないと気持ちが悪い」と思ってしまうものすらあるほどです。

私は、株で利益を出すことそのものも、「習慣化」できると考えています。いちど習慣化に成功できれば、あなたはほぼストレスフリーな状態で、利益を出し続けられるはずです。

次ページからは、具体的な方法について解説していきます。

良い習慣を身につけよう！

収益が出たときの4W2Hを考え抜く

利益が出たときは、自分の投資法が適切だったということ。もう1度同じように利益を得るために、「どうして成功できたのか？」を考え、利益の法則を見極めます。

そして、**利益につながる投資だけを繰り返すのです。**

損失が出たときの4W2Hを考え抜く

損失が出たときは、自分の投資法が不適切だったということ。二度と同じ過ちを繰り返さないために、「どうして損してしまったのか？」を考え、損失の根拠を見極めます。

そして、**損失につながる投資は二度と繰り返さないのです。**

POINT
「利益が大きく」「損失が小さな」投資を繰り返す

生涯利益を最大化するには、「利益につながる投資」だけを繰り返し、それ以外の投資には一切手を出さないことが大切です。ですから、収益につながる可能性の高いときにだけ、投資することができるのです。生涯利益を高めるには「過去に利益を出せた投資戦略（4W2H)」に基づいて投資を繰り返すことが効果的です。着実に利益を出した投資戦略を実践することで、将来も安定した利益が得られると期待できます。

「習慣化」＝「目標設定」＋「障壁の排除」

目標設定と障壁の排除

「利益を出す習慣」を身に付けるためにも、大事な点が2つあります。それは、**「目標設定」**と**「障壁の排除」**です。

1つ目は、**「目標設定」**です。「目標」は、車でいうガソリンの役割を担っています。目標なくして、私たち人間は努力できません。「なんとなく、お金が欲しいから」という理由だけでは、私たちの心には火がつかないのです。情熱もないので、勉強も進みませんし、実力も向上しません。実力が付かなければ、利益も出せないでしょう。結局、ガソリンがなければ車は進まないのです。したがって、心のガソリンとも言える、目標はとても大切です。別に、目標はたいそうなものである必要はありません。「年に1度旅行に行きたい」「月に一回、美味しいものを食べに行きたい」とか、そういった身近なもので良いのです。私たちが心底努力するためには、「頑張るための動機」が必要です。

2つ目は、**「障壁の排除」**です。株式投資では、「投資をやめたくなる罠」がそこら中に隠れています。この罠にはまると、精神的に参ってしまいます。ひどい場合は胃けいれんや、悪夢を引き起こす可能性さえあります。こうなっては、株を続けることはできません。こうならないためにも、ストレスの原因ともなる障壁を一つひとつ取り除いていく必要があるのです。習慣化を妨げる「障壁」には大まかに3つの種類があります。本項では、この全てについて解説していきます。

まずは、1つ目の「目標設定」についてから考えていきましょう。次のページへお進み下さい。

習慣化＝目標の設定＋障壁の排除

○ 習慣化の二大要素

モチベーションを上げる ＋ モチベーションを下げない

具体的な目標を設定し**「頑張る理由」**を作る

株をやめたくなる原因（障壁）を１つずつ取り除く

目標設定

目標設定理論（goal-setting theory）：
エドウィン・ロックらによると、人のモチベーションを引き上げるためには、①目標が具体的で明確であること、②一定以上の困難度を伴うことの２点が必要であるとされています。また、ロチェスター大学のエドワード・デシらによると、人が働く主な動機は、「楽しみ」「意義」「可能性」「感情的圧力」「経済的圧力」「惰性」の６種類という説もあります。こういった研究成果をうまく取り入れ、うまくモチベーションを引き上げましょう。

障壁の排除

人が働く動機：
目標達成には、「障壁」がつきまとうもの。目標達成がうまくいかず、努力できなくなる可能性があります。動機づけがブレれば、その分やる気も落ち込み、投資も続けられなくなってしまうでしょう。そういった障壁に負けないため、私たちはその大もとを排除しておく必要があるのです。

POINT

株式投資を習慣化しよう

習慣化の技術は、多くの心理学者や経営学者によって、その方法が研究されてきました。その知恵をうまく組み合わせることで、楽しく株式投資うを続けることができます。小難しい事を考える必要はありません。これからお伝えする「習慣化」の技術は、すぐ使える簡単なものばかりです。気構えることなく気楽に取り入れてみてください。些細な工夫一つで、株式投資がかなり楽になると思います。

「目標」が重要な理由

「目標設定」のメリット

・普段は絶対に定時で帰れない
・いつもは残業して終わらせる仕事

こんな仕事も、「20時から飲み会に行く」という目標があると、案外終わらせられることがあります。不思議ですが、よくある話です。

このように、**「目標」には人間を頑張らせる力があります。**上手に目標を立てられると、ときに強力なモチベーションが手に入ります。目標設定がうまくいけば、短期間で、株で利益を出せるようになるはずです。「目標」が大事な理由は、大きく3つあります。

1つ目は、**「努力が楽しくなる」**という理由です。そもそも目標とは、自分のために立てるものです。目標が魅力的であれば、達成のために努力するのは、苦にはなりません。むしろ、「努力が楽しい」と思えるようになるのです。

2つ目は、**「勉強熱心になる」**という理由です。目標を達成するためには、数々の困難を乗り越えなければいけません。おそらく、今の自分のままでは達成できないでしょう。だからこそ、新たな技術を勉強し、挑戦するようになります。

3つ目は、**「余計なことをしなくなる」**という理由です。目標を達成するために、「ついつい、勝てる見込みがないのに株を買ってしまう」といった、余計なことをしなくなります。これにより、時間やお金を浪費しなくなると期待できます。

「目標」が重要な理由

○「目標」がないとどうなるか

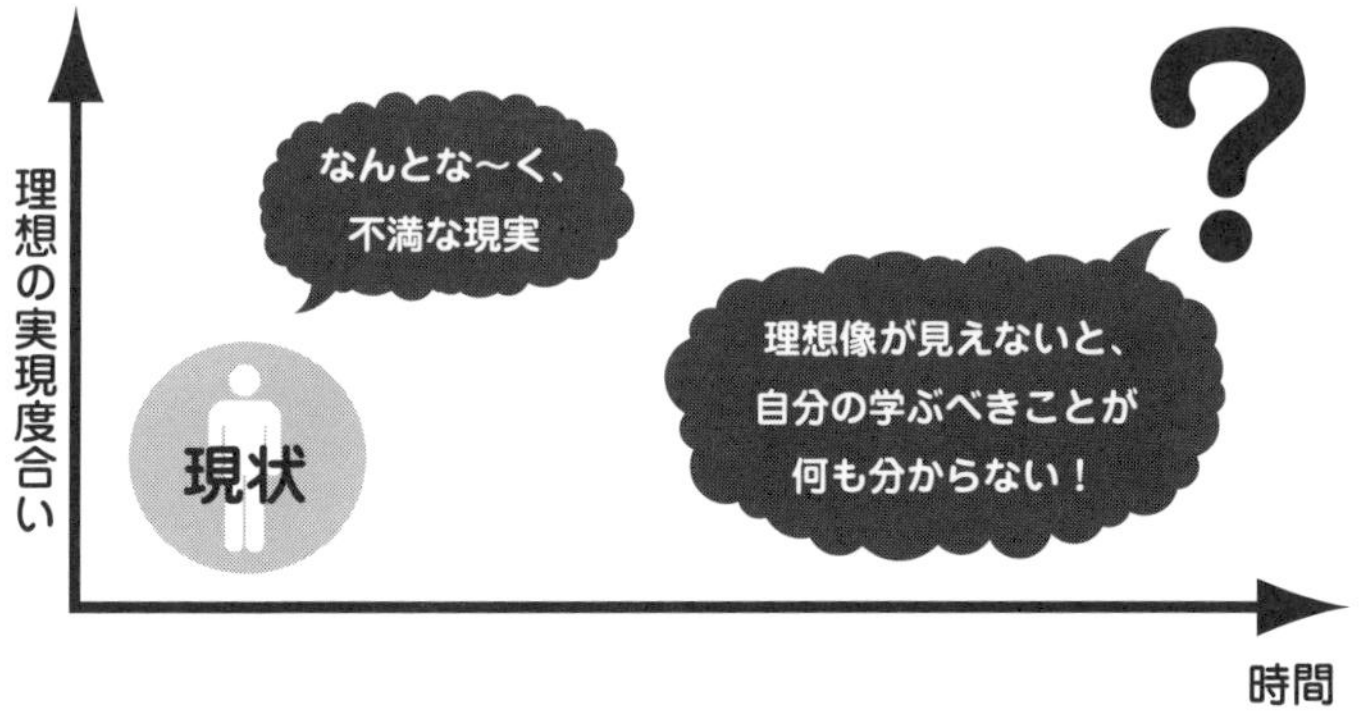

○「目標」をうまく設定できると

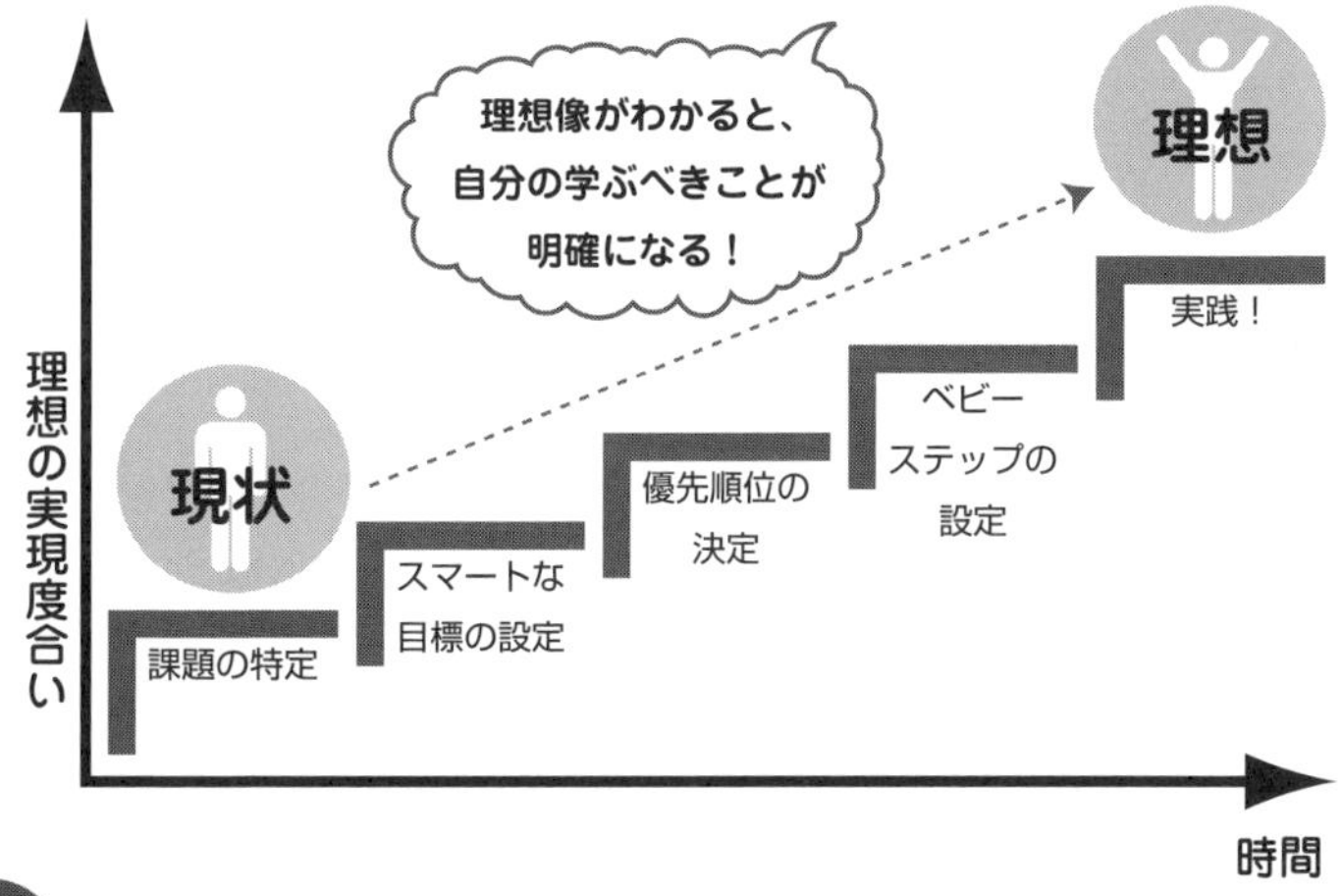

POINT

目標は今後の「めじるし」

軽視されがちですが、目標の設定は大切です。仕事をしている方からすれば、常識中の常識でしょう。目標を立てると、自分のすべきことが明確になります。裏を返すと、目標を立てない限り私たちは「何をすればいいのかわからない」状態が続くのです。モチベーションも上がりません。現状に愚痴をこぼし、何の改善もないまま生活が続くことになります。これではもったいないありません。うまく目標を設定し、楽しく株を学びましょう。

「目標」を立てよう

「目標設定」の3つの要点

本項では、目標設定で大事な3つの要点をご紹介します。

1つ目は、**「スマートの法則」**です。スマートの法則とは、目標を立てるときに大事なポイントをまとめたものです。これに従うと、「目標設定にありがちな失敗」を避けることができるでしょう。

2つ目は、**「優先順位」**です。私たちの時間とお金は限られています。全てのことを完璧にこなすことはできません。優先順位とはつまり、「何を選び」「何を捨てるか」を決めることとも言えます。目標達成のためには、最も重要な要素の一つです。明確な優先順位を持てば、「遊びたい」「無駄遣いしたい」などといった、甘い誘惑も断つことができるでしょう。

3つ目は、**「ベビーステップ」**です。目標を設定しても、一気にそれが実現できる訳ではありません。失敗してしまえば、それこそ意気消沈してしまいます。それでは、続くものも続かなくなってしまいます。ベビーステップでは、「小さな成功」を積み重ねて、自信をつけながら徐々に大きなことを成し遂げる計画を立てていきます。これを上手く使いこなすことで、挫折しづらい行動計画を立てられるのです。

「やる気が出なかった」「時間的に無理があった」など。目標設定での失敗は山ほどあります。しかし、何度も試行錯誤を重ねるうちに、目標設定も上達します。極論を言えば、これからの人生の中で、今が一番下手で当然なのです。これから上達すれば良いのですから、一度の失敗で諦めず、何度でも目標を立ててみましょう。

目標設定の3ステップ

目標設定の3ステップ

ステップ1 スマートの法則

「スマートの法則」を使うと、良い目標が立てられます。

- ☑ **S**pecific ＝ 具体的である
- ☑ **M**easurablec ＝ 数値化できる
- ☑ **A**chievable ＝ 達成可能である
- ☑ **R**elevant ＝ 自分にとって重要である
- ☑ **T**imely ＝ 期日が明確である

ステップ2 優先順位の決定

目標を決めたら、次はすべきことを調べ、一つ一ひとつに優先順位を付けていきましょう。優先順位付けは、「時間の使い方を決める」作業でもあります。これを間違えると目標が達成できませんので、重要な要素と言えます。優先順位を決めるときには、「時間管理のマトリックス」を使うのが有効です。

（詳しくは、151 ページを参照）

ステップ3 ベビーステップ

大きな目標を立てたは良いが、「達成の仕方が分からない！」と悩んだことはありませんか。その悩みは、ベビーステップを導入することで解決できます。ベビーステップは、あらゆる作業を「今すぐできる小さな作業」に落とし込んでいきます。

計画はできても、なかなか実践に落とし込めないという方は、この考え方を覚えておきましょう。

POINT

がむしゃらな目標は逆効果！？

心理学者 John Atkinson の「達成動機理論」や目標設定理論の第一人者 Edwin Locke、成功哲学の第一人者 Steven Covey など目標設定には幾多の科学的な方法論が考案されています。がむしゃらに目標を立てると、「こんなの無理だよ…」と、むしろ逆効果なことがあります。これでは本末転倒です。どうせやるなら、効果実証済みのものを使ってみてはいかがでしょうか。

「スマート」な目標の立て方

スマートの法則

突然ですが、質問です。とある目標を持つAさんとBさん。一年後に成功しそうなのは、どちらだと思いますか？

Aさん「毎日、一銘柄を分析する」
Bさん「なんとなく株を眺める」

2人の目標を読んだとき、あなたはきっと「Aさん」と答えるでしょう。誰の目から見ても、この2人の中ではAさんの方が目標設定が上手に見えます。

実は、目標設定にはコツがあります。それは、**「スマートの法則」**とも呼ばれるものです。定義は様々ありますが、私個人は、以下の定義が気に入っています。

Specific＝具体的である
Measurable＝数値化できる
Achievable＝達成可能である
Relevant＝自分にとって重要である
Timely＝期日が明確である

この5つのポイントを押さえることで、魅力的・現実的・具体的な目標を立てられるようになるハズです。

目標設定が上手な方は、成長が早く、モチベーションも高い傾向があると思います。何より、成功しているイメージが持てるのです。スマートの法則を身につけることで、あなたもうまく目標設定できるはずです。

参考までに、左ページに目標設定の一例を示しました。この例を参考に、あなたも一緒に目標を立ててみましょう！

「スマート」な目標を立てよう！

○ スマートの法則

- ☑ **S**pecific ＝ 具体的である
- ☑ **M**easurablec ＝ 数値化できる
- ☑ **A**chievable ＝ 達成可能である
- ☑ **R**elevant ＝ 自分にとって重要である
- ☑ **T**imely ＝ 期日が明確である

目標設定理論の第一人者 Edwin Locke によると、「明瞭性と困難度」が人間のモチベーションを大きく左右することが分かっ ている。目標設定の時には、この 2 点には特に気を配る必要がある。また、心理学者の John Atkinson によるとモチベーションは「本当に成功したい」「失敗したくない」という 2 つの気持ちによって起こり得ると言われている。

○ 目標の設定例

「1 年後のあなたの姿」達成シート （記入例）

	各期間を終えるときまでに、「あなたをどのような姿」にしたいですか？	あなたの「したい姿」を実現するには、この期間に何を目標に行動しますか？	あなたの目標に対して、どれくらい行動でき、何％ぐらい達成できましたか？
12 ヶ月	フェンダーとコラボの車を買って嫁とドライブ！目標「350 万円」	シグナル通りに売買していく。何が起きても動じない。	
9 ヶ月	お店で注文！納車待ち！オプションに 50 万円…目標上方修正＋50 万円	資金管理強化月間。マインド強化月間。	
6 ヶ月	お店で試乗！早く欲しい！あと「200 万円」頑張ろう！	「順張り」をマスターする！	
3 ヶ月	カタログで我慢。この時点で「100 万」はないと…稼ぐぞ！	「逆張り」をマスターする！	
1 ヶ月	ネットで見て我慢。まだまだだけど、何とか 10 万円歌詞でみよう！	「押し目買い」をマスターする！	「押し目買い」のルールは 80％マスター！

POINT

「達成したい！」と心の底から思えるか？

達成したいことがある。そんなとき、私たち人間は初めて「我慢する」「つらいことに取り組む」といった、困難に立ち向かえるようになります。目標はそのための促進剤です。スマートの法則を使って、「なんとしてでも達成したい！」と思える目標を定めましょう。目指すべき方向がわかると、人間は一気に成長できるものです。良い目標をつくり、モチベーションを高く保ちましょう。

「優先順位」を決めよう

優先順位＝命の使い方

「何かをする」ということは、「それ以外の全て」を切り捨てることと同義です。そう考えると、優先順位があなたにとって、どれほど重大なものかが想像できるでしょう。

「○○を一番に実現したいから、それ以外の全てを後回しにしよう」など。目標設定をするときは、優先順位を決めるのが大切です。私たち投資家の時間とお金は常に限られています。優先順位は、「命をどうやって使うか」「大事なお金をどうやって使うか」を決めることと同じだと言えるでしょう。そう考えると、**「優先順位」**の決定が、目標設定の中でも何よりも重要だと思うのです。

「優先順位」を決めると、今すぐすべきことと、今はまだ手を付けずにおくべきことの区別がつきます。それによって、「何から手をつければ良いのか分からない」という悩みも、一気に解決できるはずです。

優先順位を決めるときに、よく使われる考え方としては、**時間管理マトリックス**が挙げられます。これを使うと、今すぐ取り掛かるべき本当に大事な課題が浮き彫りになります。具体的には、課題を**「重要度」**と**「緊急度」**の2つの側面から4つの象限に分類します（詳しくは左ページを参照）。時間管理マトリックスを使い、重要度の高い物事に時間やお金を割きましょう。優先順位をきちんと定めることで、あなたは効果的に実力を向上できるでしょう。

「優先順位」を決めよう

○ 時間管理のマトリックス（提唱者：Steven R. Covey）

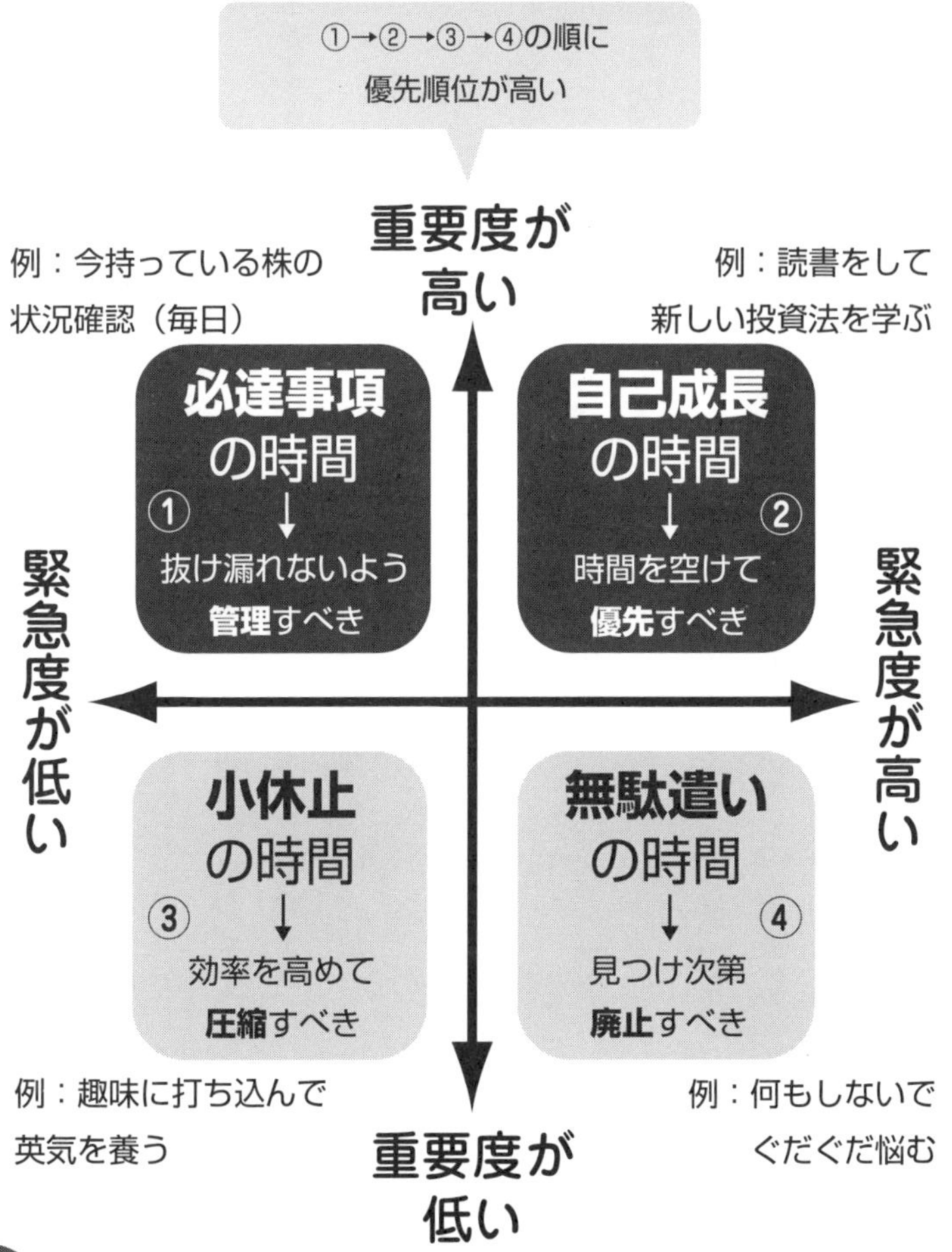

POINT

時間の使い方で、全てが決まる

私たちの時間は限られています。短期間で投資の技術を身につけるためには、使い方に気をつける必要があります。そこで大切なのが「優先順位」です。これを間違えると、「なんでも中途半端に終わらせてしまう」「完璧主義すぎて作業が終わらない」といったことが起こってしまうのです。目標がうまく達成できない人は、優先順位の付け方を意識し「目標達成のために自分は何をどこまで終わらせれば良いのだろう？」と常に考えるようにしましょう。

「ベビーステップ」を設定しよう

今から何ができる？

「立派な目標ができた！　あとは、実践あるのみ！」

計画を立てた後は、誰もがこのように意気込むものです。わくわくする目標が立てば、それだけでも良い気分になりますよね。

ですが、その1週間後。ふたを開けてみると既に挫折していた……なんてことが、よくあります。目標が立派でも、自分がそれに追いつけない。「何から始めれば良いかわからない！」と悩んでいるうちに、挫折してしまうのです。そして、せっかく立てた計画が三日坊主で終わってしまう。「夢」と「現実」があまりに離れすぎていて、「無理だ」と思ってしまうのです。目標設定でありがちなのが、このような失敗です。

三日坊主にならないためには、**「ベビーステップ」**という考え方が役に立ちます。ベビーステップとは、**「どんなに小さくても良いから、確実に目標達成に近づく行動」**のことを指します。株の場合は、「本屋に行って株のコーナーを見て回ってみる」「2～3冊、立ち読みしてみる」といったものが挙げられます。

ポイントは、目標を「今すぐできる」行動にまで、ちいさく小分けにすることです。ほんの小さな行動でも構いません。小さな一歩が踏み出したら、また次の一歩を進める。更に、もう一歩を踏み出す。これだけです。どんな大きな目標でも、小さな一歩を積み重ねて近づくしかありません。1ミリでも前に進めれば、それで良いのです。方向さえ間違えてなければ、遅かれ早かれ、夢を実現できるはずです。

「ベビーステップ」を設定しよう

◯ ベビーステップが無いと……

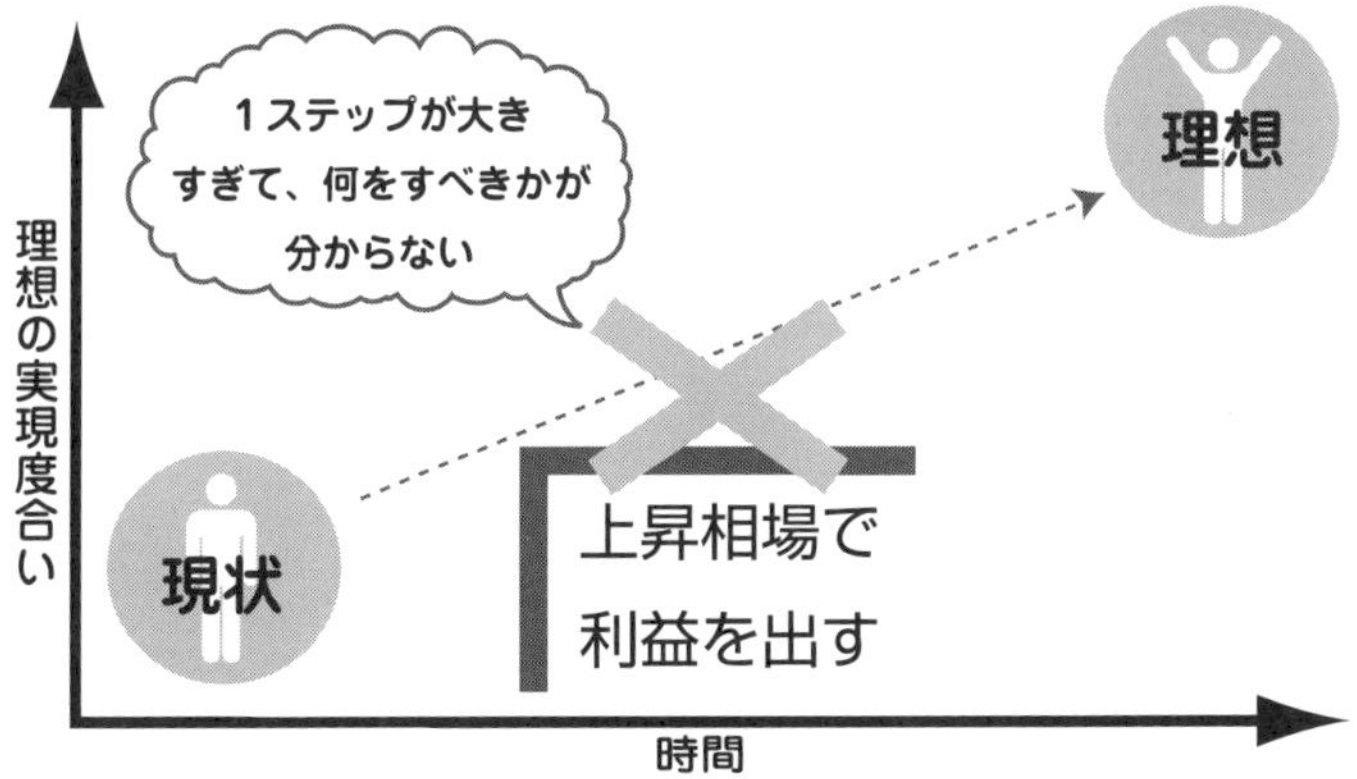

◯ ベビーステップを導入すると……

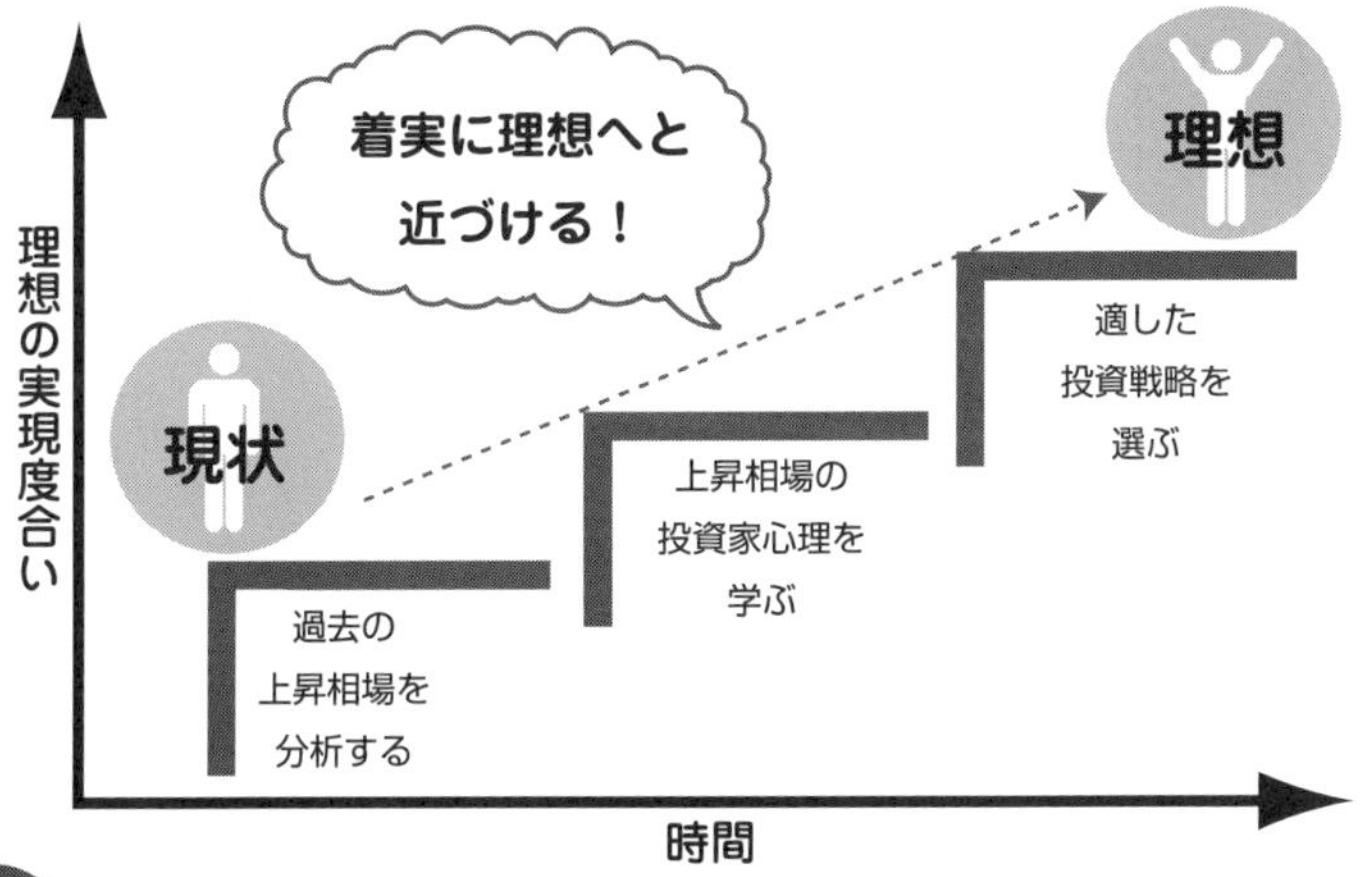

POINT

塵も積もれば山となる

株を始めると、すべきことが多すぎて「もう無理！」と諦めたくなることもあるでしょう。そういうときは、ベビーステップを導入してみましょう。大きな成功は、一朝一夕の努力で手に入るものではありません。何年も努力を続けて、初めて手に入るものです。千里の道も一歩から、塵も積もれば山となる。大きな結果を残すためには、小さな一歩を繰り返す必要があります。作業を小さく分けて、一つひとつ、着実にこなしていきましょう。

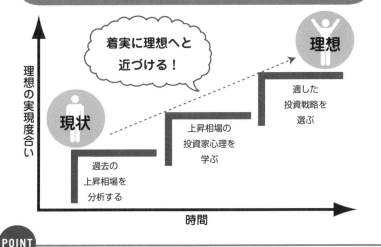

まとめ：「目標」を立てよう

目標を立てよう！

これまで、株式投資を続けるためには、**「目標を立てるのが大切」**という話をしてきました。最後に、今まで学んだことの要点をまとめておきます。これを使って、今すぐ目標を立ててみましょう！

◎スマートの法則

「達成したい！」と心底思える目標を立てるためには、**スマートの法則**を使うのが効果的です。スマートの法則とは、

Specific ＝具体的である
Measurable ＝数値化できる
Achievable ＝達成可能である
Relevant ＝自分にとって重要である
Timely ＝期日が明確である

の各頭文字をとった目標の立て方です。この5点を意識すると良い目標が立てやすいです。ぜひ使ってみて下さい。

◎時間管理のマトリックス

目標を立てた後は、課題を細かく書き出し、優先順位をつけていきます。このときに便利なのが**時間管理のマトリックス**です。これは、課題を「重要度」「緊急度」の2つの観点から重み付けする方法です。これを使えば、初めに取り組むべき大事な課題を見つけられるでしょう。

◎ベビーステップ

最後に大事なのが、**ベビーステップ**という考え方です。優先度の一番高い課題をちいさく小分けして、1つ1つ片付けていきましょう。地道に繰り返していくうちに、あなたの実力は確実に向上するはずです。

理想を実現化するまでの道のり

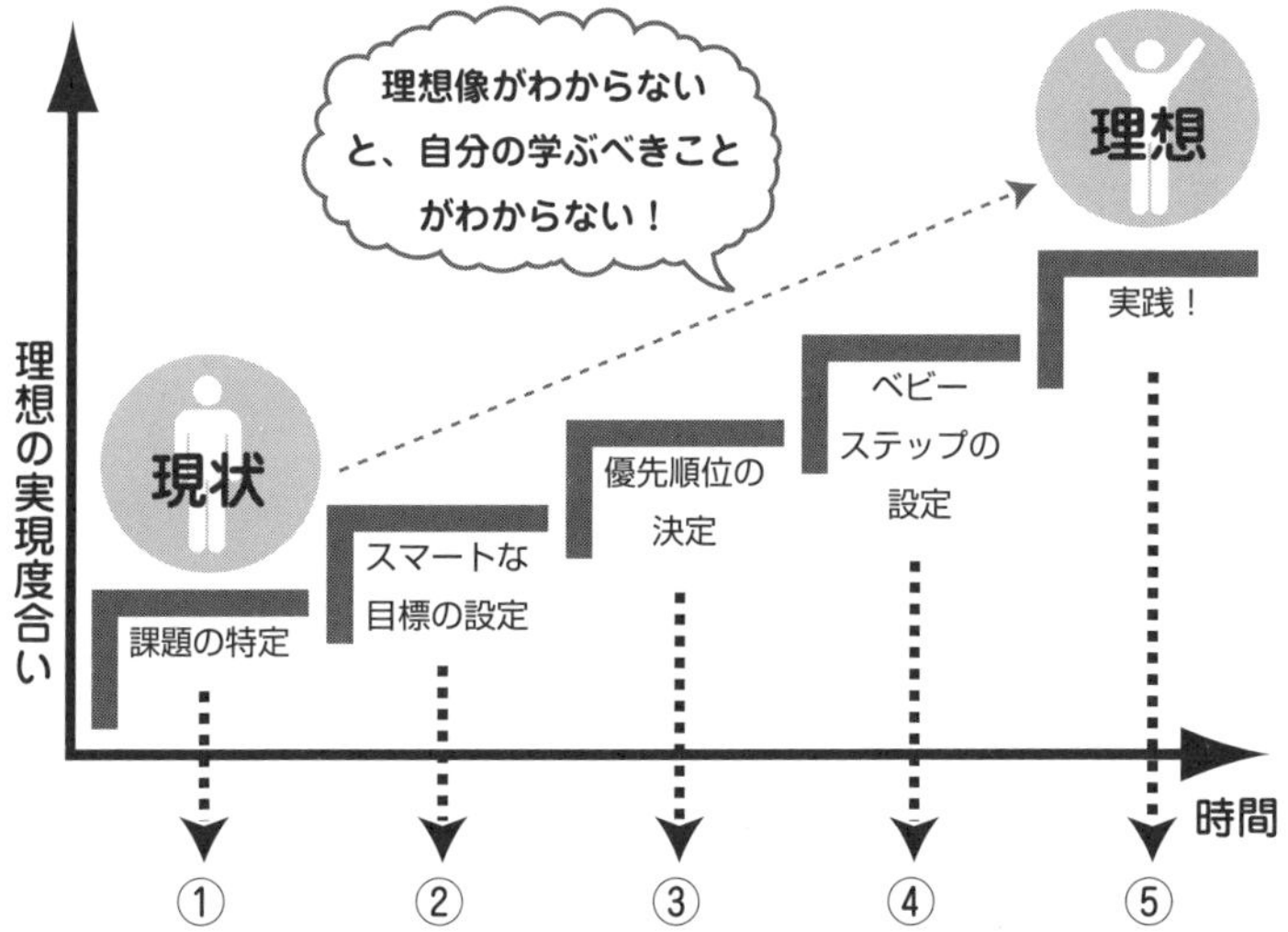

①**課題の特定**…現状に満足できない、本当の原因を特定する。ここを間違えると、どんなに努力しても意味がない。**自分の投資戦略（4W2H）**を確認しながら、原因を確認しましょう。

②**スマートな目標設定**…課題が特定できたら、その解決のために、いくつかの目標を立てていきましょう。目標設定では「**スマートの法則**」を使うのが効果的です。

③**優先順位の決定**…目標が設定できたら、次はすべきことに優先順位をつけていきます。「**時間管理のマトリックス**」を使いながら、効率的に目標を達成していきましょう。

④**ベビーステップの設定**…優先順位が決まったら、目標を小さな一歩一歩に落とし込みます。どんなに小さな一歩でも、それをこなしていくことで、理想に近づけるはずです。

⑤**実践！**…どんな目標も、実践を怠れば達成することはできません。試行錯誤を繰り返しながら、自分の能力を伸ばしていきましょう。

POINT

科学的にも効果実証済み

Hull.C.L. や Edwin A.Locke らの研究によると、「目標が明確になり、期限が近づくほど人間のパフォーマンスは向上する」という傾向がつかめています。学校の宿題や仕事の締切りなどを考えてみても、共感できる方が多いのではないでしょうか。目標設定を実践し、諦めずに日々努力を続けることで、理想を現実化できます。上記の５つのステップを踏襲することで、効果的な目標を立てられるはずです。

「障壁の排除」が重要な理由

「ストレス」を減らす

どんなに「良い投資戦略」や「良い目標」を持っていても、株をやめてしまう人が大勢います。不思議かもしれませんが、これだけでは続けられないのです。なぜなら、「株をやめたい！」と思わされる、ストレスの要因がそこら中に潜んでいるからです。

株にストレスはつきものです。特に、含み損を抱えた時のイライラは、誰もが経験するものでしょう。できることならば、避けたいものです。

しかし、株を続ける限り、このイライラから逃げることができません。どんな投資家も、百発百中で利益を出すのは不可能です。したがって、私たちは自分でストレスを溜めづらい環境を作っていく必要があります。つまり、根本から正していく必要あるのです。これを怠ると、寝不足になったり、プライベートに支障をきたすこともあります。これが理由で、株をやめた方も居るのです。

もともと幸せを目指して株をはじめたのに、**「株のせいでイライラして、やめざるをえなくなった」**というのでは本末転倒です。ストレスを抱えないためにも、投資を始める前から、その原因を知ることが大切です。ストレスの原因を知り、「株をやめたくなる障壁」を取り除いていくことで、長く利益を出し続けられます。

そこで次ページからは、**「株をやめたくなる障壁」**を取り除く、３つの方法をご紹介します。既に株でイライラしている方には、すぐ実践できる技術を詰め込みました。ご活用下さい。

「障壁の排除」が重要な理由

◯ 障壁を取り除く

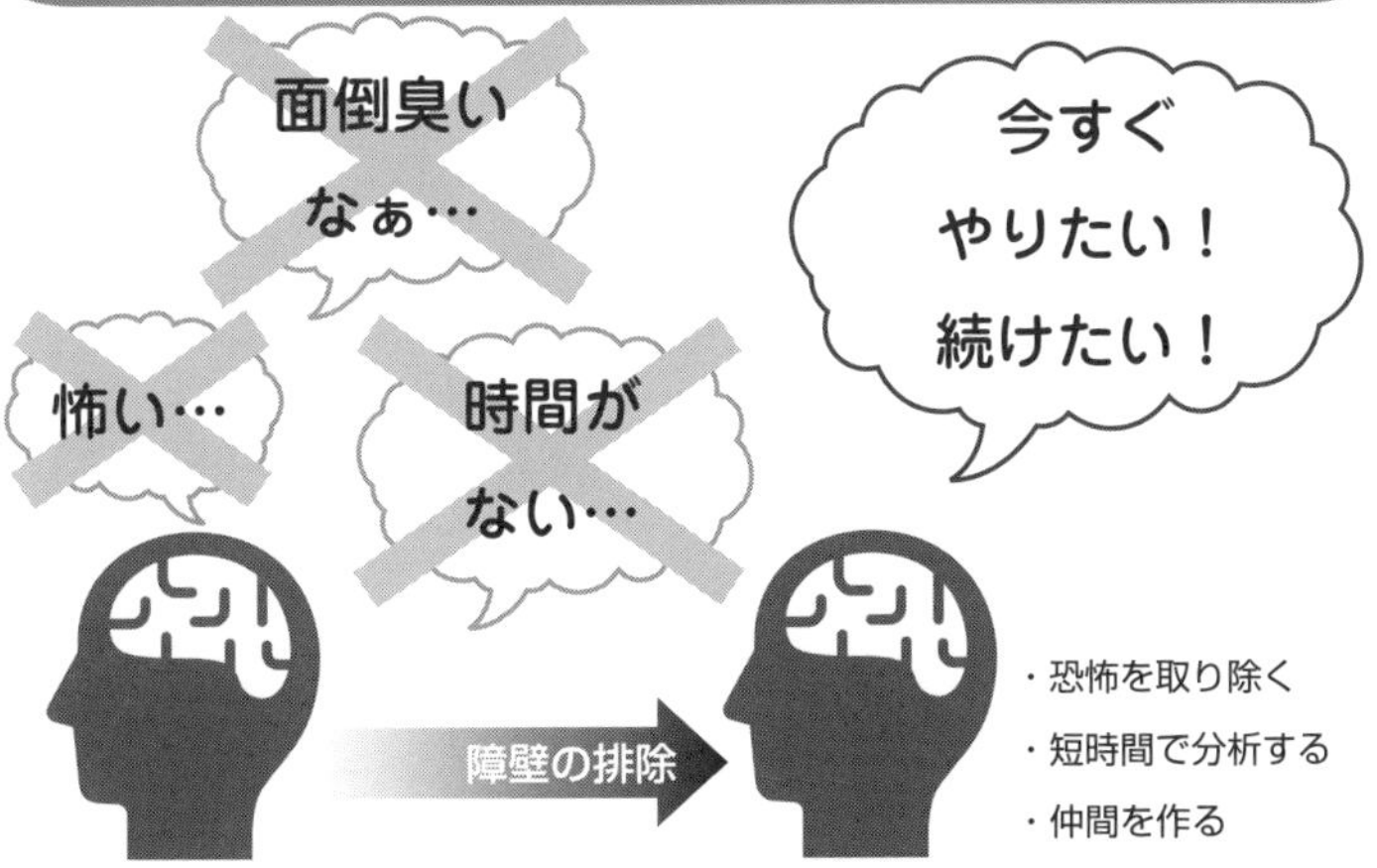
面倒臭いなぁ…
怖い…
時間がない…
今すぐやりたい！続けたい！
障壁の排除
・恐怖を取り除く
・短時間で分析する
・仲間を作る

◯ 挫折してしまう主な理由

理由その１：「スマートの法則」が機能しなくなったとき。（148 ページ参照）

- ☑ Not **S**pecific ＝ 目標が具体的でない、抽象的すぎる。
- ☑ Not **M**easurablec ＝ 数値化できない、成果を定量できない。
- ☑ Not **A**chievable ＝ 達成不可能、無理なのだから頑張っても意味がないと思う。
- ☑ Not **R**elevant ＝ 自分にとって無関係。そもそも興味がないから達成しない。
- ☑ Not **T**imely ＝ 期日が不明確。今やらなくてもいいと思う。

理由その２：「やめたくなる」材料が欠けているとき。（次ページ以降解説）

- ☑ **恐怖**による挫折…自信が持てない。怖い。
- ☑ **非効率**による挫折 … 時間がかかって面倒くさい。続けられない。
- ☑ **孤独**による挫折 … 共感してくれる人がいない。寂しい。

POINT

なぜ、投資家の多くは挫折してしまうのか

なぜ、投資家の多くは、ごく短期間で挫折してしまうのか？　ちまたでは「３年間で９割の投資家が相場を去る」なんてことがまことしやかに囁かれています。真偽のほどは定かではありませんが、たしかに投資を続けるのは簡単ではありません。投資家が株をやめてしまう理由は、主に３つあります。それは「恐怖」「非効率」「孤独」の３つです。裏を返せば、この課題さえ解決できれば楽しく投資が続けられるはずです。

「障壁」＝「恐怖」＋「非効率」＋「孤独」

株をやめてしまう理由

投資をやめる方は、大勢います。これには、それ相応の理由があります。投資家が株を止める要因は、大きく分けると3つあります。

1つ目は、**「恐怖」**による場合です。投資を長く続けていると、時には大きな失敗をすることがあります。これは、どんな投資家も避けられません。そのせいで、「自分に自信を持てない」「仕事に集中できない」など、精神衛生が悪化してしまうのです。これを理由に投資をやめてしまう方が本当に多いので、既に恐怖で悩んでいる方は、ぜひ対処法を知っておきましょう。

2つ目は、**「非効率」**による場合です。これはつまり、「時間が無い」「面倒くさい」といったことが原因で、投資をやめてしまう場合です。株で利益を出すには、普段からそれなりに時間をかけなければなりません。ですが、毎日数時間も時間をかける必要はありません。きちんと環境さえ整えれば、1日数分の時間だけでも、それなりの銘柄を見つけることができます。時間の浪費を避けるためにも、その方法を知っておきましょう。

3つ目は、**「孤独」**による障壁です。投資家は孤独です。大抵の方は、相談相手すらいないでしょう。特に日本には投資家が多くありません。投資家を理解してくれる人が少ないので、相談できる相手も少ないのです。これも、なんとかして避ける必要があります。

次ページからは、これらの障壁を取り除くため、私たちにできることをご紹介します。少しでもお役に立てば幸いです。

障壁＝恐怖＋非効率＋孤独

投資家が株をやめてしまう3大要因

恐怖

感情が恐怖に飲み込まれると、私たちは冷静な判断ができなくなります。株で利益を出すことはおろか、日常生活にも支障をきたします。このような状態に陥る前に、その原因を取り除いておきましょう。特に「良好な投資戦略を手に入れる」ことと「自分の損失許容額を知る」ことの２点は、恐怖の感情を克服するのに有効です。恐怖に飲まれてしまう前に、意識してみて下さい。(160ページ参照)

非効率

兼業投資家にとっては「効率」はとても大事な要素です。「面倒臭い」「時間が無い」「疲れる」など。投資そのものが負担となっている方も少なくありません。これを解決するには、市販の分析ソフトを購入するのが最も効果的です。初期投資こそかかりますが、効率は劇的に向上します。まずは無料のものから試してみて、その効果を確かめてみては。(162ページ参照)

孤独

投資を楽しく続けるには、仲間を作るのも大切な要素です。「話題を共有できる相手が居ない、信頼できる相談相手が居ない」など。思いのほか、孤独に悩んでいる投資家は多いです。特に損を抱えているときは、励まし合える仲間が欲しいと思うものです。やはり、一人で何かを続けるのは、それだけでも負担なのです。切磋琢磨できる仲間を作り、モチベーションを高めるきっかけを作ってみては。(164ページ参照)

POINT

モチベーション低下の３つの要因

エドワード・デシらの研究によると、人のやる気を下げる要因として、以下の３点を挙げています。これらの要因を意識的に排除することで、ストレスなく株を続けられます。

・意義が感じられない（無駄な作業が多い、非効率）
・感情的圧力（恐怖・同調圧力・恥など）
・楽しくない（相談相手がいない、仲間がいない）

「恐怖」から解放される方法

恐怖への対処法

投資が怖くなる理由は、大きく分けると2つあります。

1つ目は、**「自分の投資戦略に自信を持てない」**場合です。この状況に陥ると、株を売買する前に「本当に買って良いのか?」「売っても良いのか?」と不安になってしまうのです。ひどい場合は、株価が気になり仕事中に気が散ってしまうこともあります。これを避けるには、自信を持てるだけの「良好な投資戦略」を身につける必要があります。そして、小さな金額でも良いので、少しずつ利益を出してみるのが良いでしょう。小さな成功を積み重ねていくことで、少しずつ自信がつくはずです。

2つ目は、**「投資をして、含み損を抱えた」**場合です。私たち投資家は、損を避けることはできません。ですが、口座を開くたびに、青文字で「マイナス5万円」といった含み損を見るのは、嫌なものです。そこで大事なのが、**自分の「損失許容額」を知って、その範囲で投資する**ことです。たとえば、投資を繰り返すうちに、「自分は○円以上含み損が膨らむと、他のことが手につかなくなる」などの傾向が見えてくるはずです。私がオススメしたいのは、投資をしながら、損失許容額を掴むことです。それに合わせて、負担にならないリスクだけを取るように心がけましょう。

恐怖に感情が飲みこまれると、正常な判断を下せなくなります。これでは、株で利益を出すことはおろか、仕事にも支障をきたしてしまいます。このような状態に陥る前に、「優れた投資戦略」を手に入れ、「自分の許容量に合わせてリスク管理する」のがオススメです。

恐怖による２つの負の連鎖

◯ やる気低下につながる「負の連鎖」

損を出す → 恐怖 → どうせ自分なんて（自信の喪失） → 努力を放棄 → 投資をやめる

恐怖のせいで運用が続けられなくなる
（プライベートに支障が出る場合も）

◯ 自己破壊につながる「負のスパイラル」

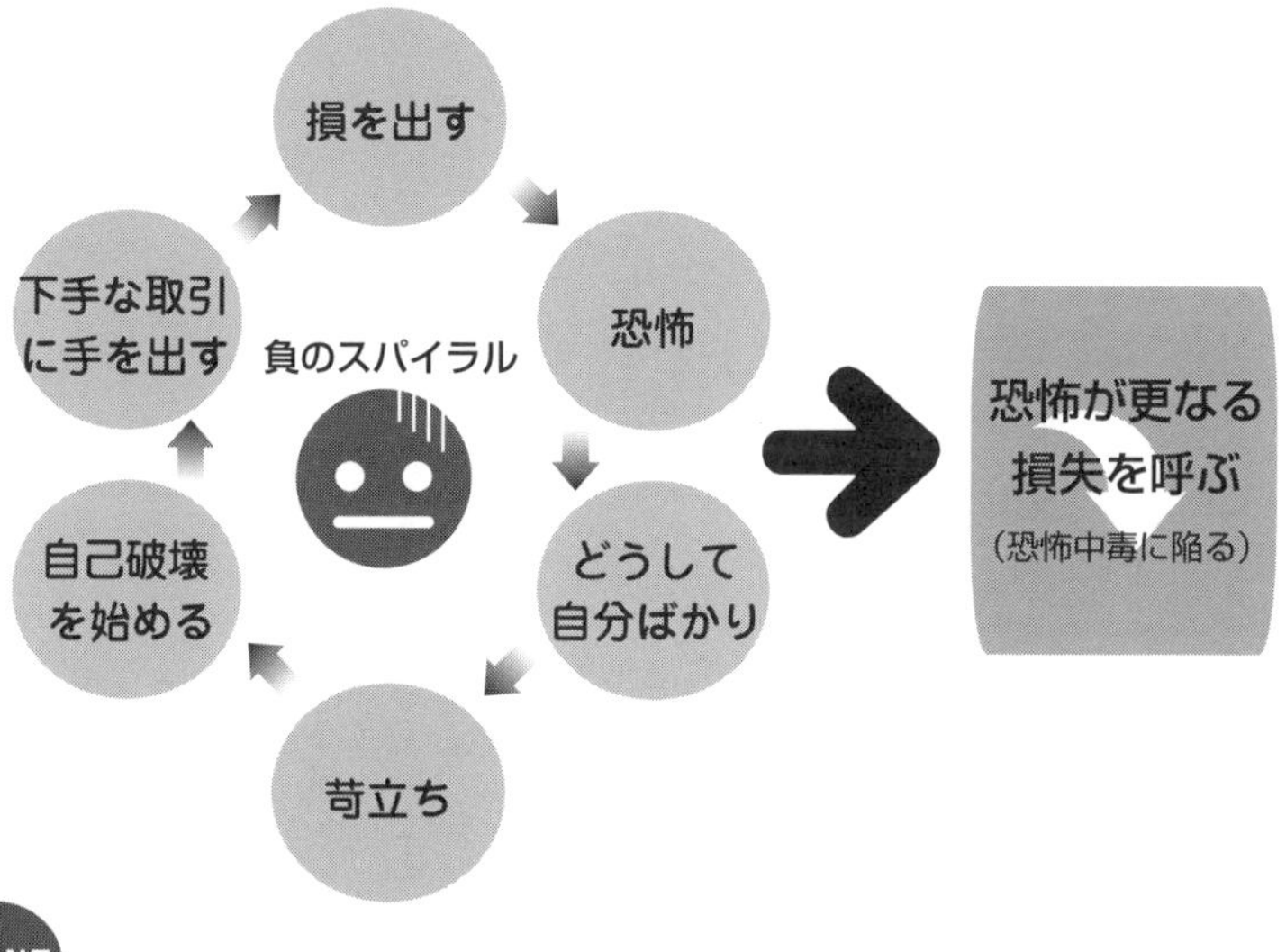

POINT

恐怖は感覚を狂わせる

恐怖に襲われると、私たちは理性的な判断ができなくなります。これを避けるためにも、恐怖を呼ぶ要因を排除しましょう。意外かもしれませんが、恐怖感情には中毒性があります。神経科学者の Allan Kalueff 氏によると、恐怖を司る能の部位は快感を処理する部位とかなり重複しています。ホラー映画を繰り返し見てしまうように「怖いけどやめられない」という負のスパイラルに陥る可能性があるのです。

「非効率」から解放される方法

検証ソフトを手に入れよう！

「時間が無い。けど、銘柄を分析しなければ利益が出せない。」

これは、私たち投資家なら、誰もが抱えている悩みだと思います。私たち投資家は多忙です。だから、仕事の合間に銘柄を分析するのは、本当に骨が折れるのです。

魅力的な銘柄を探し出すのには、時間がかかります。単純な作業、たとえば1週間で株価が10％下落した株ですら、全てを見つけるのは大変です。手作業で調べるには、無理があります。

株式市場には、およそ３５００もの銘柄があります。1日に10銘柄調べたとしても、丸一年もかかってしまいます。これは、とても分析しきれる量ではありません。時間のない私たちにとって、手作業だけで全ての銘柄を調べるのは不可能に近いのです。

そこで私がオススメしたいのが、**「簡単な分析を、パソコンに自動でやってもらう」**という方法です。手作業でやっていた分析も、パソコンにやってもらえば時間をかけずに済みます。最近のパソコンの性能は素晴らしく、25年分の株価データなら、20～30分で分析できるようになりました。これを使わない手は、ありませんよね。

本書でご紹介した投資戦略も、全てパソコンで分析して、見つけ出したものです。使いこなせば、誰でも精度の高い投資戦略が、自分で作れるようになるでしょう。

「非効率」から解放される方法

ステップ① 過去の相場を分析するソフトを手に入れる

株で上達するためには、過去の相場を詳しく調べる必要があります。ですから、効率的に分析できる環境を用意しておくのが良いでしょう。そこでオススメなのが、無料ソフト「システムトレードの達人（フリー版）」です。期間限定で無料で利用できますので、ぜひダウンロードしてみてください。

http://sys-tatsu.com/systemtrade_free_07yfhira/index.html

ステップ② 過去の相場で利益を出せた投資法を探す

素晴らしい投資法は、過去の相場でも大きな利益を出しているでしょう。このことを裏返せば、過去の相場でも利益を出せる投資法なら、これからも利益を出せる可能性があるということです。「歴史は繰り返す」という格言もあるとおり、過去に利益を出せた投資法ならば、これからの未来も利益をもたらしてくれると期待できるのです。

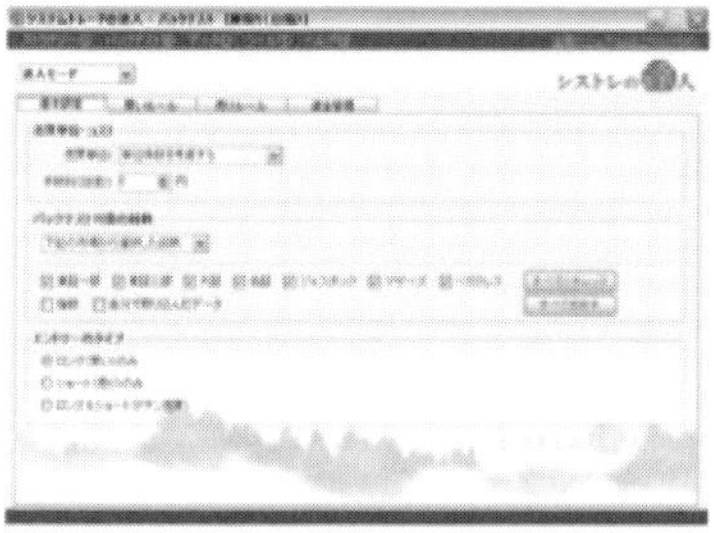

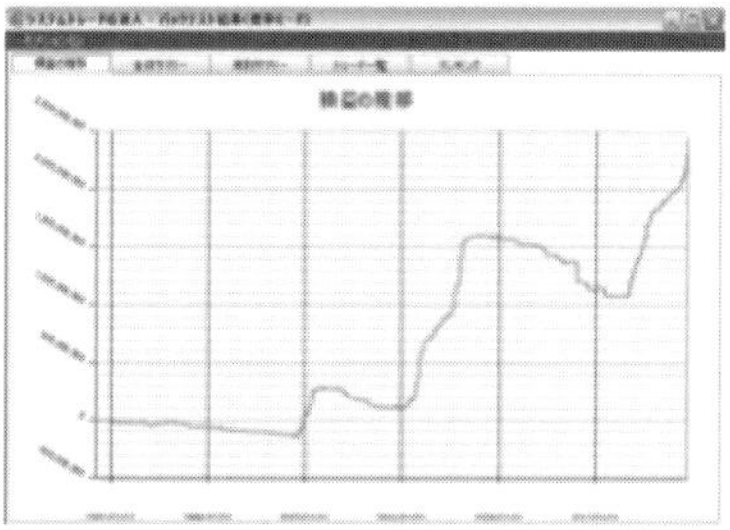

※分析ソフト「システムトレードの達人」設定画面と分析画面

POINT

勝てる投資家になるための秘訣を学ぼう！

「勝てる投資家」が「負ける投資家」よりもはるかに優れている点。それは、「ケーススタディ」の量です。勝てる投資家たちは、数千～数万におよぶ数々の投資例を頭に叩きこみ、利益につながる株を徹底的に見極めます。つまり、過去の相場への理解度が格段に違うのです。検証ソフトを使いこなせば、彼らが数年～数十年かけて学ぶことを、わずか数分で分析できます。そのため、上達のスピードが段違いに早いと言えるでしょう。

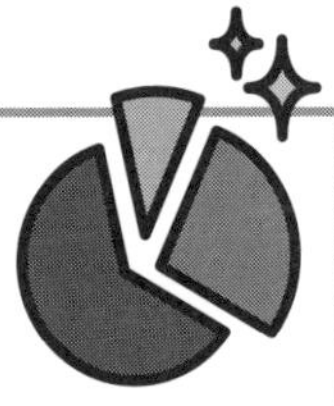

「孤独」から解放される方法

セミナーに行こう！

個人投資家の多くは、孤独です。株式投資そのものが個人競技なので、仕方のないことなのかもしれません。ですが、これに耐えられず、投資をやめてしまう人がいるのも事実です。たとえば、

- **話題を共有できる相手が居ない**
- **信頼できる相談相手が居ない**

など。思いのほか、孤独に悩んでいる投資家も多いのです。それだけ、孤独とは辛いものなのでしょう。

私が考える**「孤独」から抜け出す最も確実な方法は、「投資セミナーに参加する」**ことです。セミナーに行くのは、技術を磨くだけが目的ではありません。セミナーに行くことで「目的が同じ仲間」を見つけられるのです。仲良くなれば、知恵を借りたり、相談したりできます。一人で居るよりも、はるかに成長できるでしょう。

ちなみに、セミナーを選ぶときには、2つのポイントがあります。

1つは、**「自分の伸ばしたい投資法」**のものを選ぶことです。自分が学びたい投資法のセミナーに参加し、参加者の中でも、とびきり腕の良い人と仲良くなりましょう。その人に投資法や勉強法を教えてもらうだけでも、かなり成長できるはずです。

もう1つは、**「無料でない」**のものを選ぶことです。これは、無料のセミナーには詐欺の勧誘を狙った悪質業者が参加していることが多いからです。逆に、こういった悪質業者は有料のセミナーにはほとんど来ません。保険料だと思って、いっそ有料のセミナーに参加するのがオススメです。

「孤独」から解放される方法

○ SNSには頼らない！

意識の低い仲間は要らない！

SNSを使うと、無料で投資仲間を作ることができます。ですが、無料で手軽にできてしまう分、集まる人の意識が低い傾向があります。私たちに必要なのは切磋琢磨できる同志であって、「馴れ合いの場」ではありません。

詐欺の被害も！

SNSは手軽な分、危険もあります。特に、個人投資家を狙ったマルチ商法や、詐欺の勧誘も多いです。被害も多いため注意が必要です。

○ セミナーに参加しよう！

有料セミナーがオススメ！

SNSと同様、無料のセミナーには意識が低い人や、勧誘目的の悪質業者が紛れ込んでいる可能性が高いです。

直接のつながりが作れる

投資セミナーでは、自分と同じような目標を持った投資家と出会うことができます。彼らと仲良くなりましょう。勉強熱心な方と協力できれば、あなたの学習速度も飛躍的に高まるはずです。

POINT

独りで悩む必要はない

投資家の仲間を作りましょう。一緒に頑張れる仲間は偉大です。独りでは自分のやる気を出すだけでも大変ですし、新しい挑戦をするにもストレスがかかるものですが、「一緒に頑張れる誰か」がいるだけで、その負担は一気に軽くなるものです。痛みと喜びを共有できる「個人投資家の仲間」を作りましょう。切磋琢磨し合える仲間たちが、あなたの心の支えとなってくれるはずです。

まとめ：「障壁」を取り除こう

障壁を取り除こう！

これまで、株式投資を続けるためには、**「株をやめたくなる障壁を取り除こう」**という旨の話をしました。最後に、今まで学んだことの要点をまとめておきます。きちんと実践すれば、あなたもストレスから解放されることでしょう。

◎恐怖から解放される方法

恐怖に飲まれると冷静な判断ができません。これでは、利益も出せません。恐怖から解放されるには、その根源を断ち切るのが重要です。そこで、

良好な投資戦略を持ち自信をつける
自分の損失許容額を知る

という2点を押さえるのが良いでしょう。これにより、株を続けるのが怖くなるでしょう。

◎非効率から解放される方法

私たち投資家は多忙です。効率の悪いことをしていては、時間が足りません。いつも手作業に頼るばかりでなく、**専用の「検証ソフト」を使う**だけでも、かなり効率的に相場を分析できるようになるでしょう。これも良い機会ですので、今のうちに手に入れておきましょう。あなたにもきっと、使いこなせるはずです。

◎孤独から解放される方法

孤独から解放されるために、私は**「投資セミナー」に参加し、投資家仲間を作る**ことをオススメします。優れた投資家仲間ができると、安心できる上、成長できます。一人で悩み続けるよりも、ずっと良いと思いませんか？

「障壁」を取り除こう

○ 障壁の排除
=「恐怖」と「非効率」と「孤独」を取り除く

恐怖 ＋ 非効率 ＋ 孤独

恐怖の主要因
- ☑ 自信を持てない
- ☑ 含み損を抱えている

非効率の主要因
- ☑ 全てを手作業でこなそうとしている

孤独の主要因
- ☑ 出会いがない
- ☑ 詐欺などの勧誘が怖い

恐怖を克服する方法
- ☑ 自信につながる良好な投資戦略を習得する
- ☑ 自分の許容損失額を知り、必要以上のリスクをとらない

非効率を克服する方法
- ☑ 単純な集計作業や分析作業を、全てコンピュータに任せる（分析ソフトを使う）

孤独を克服する方法
- ☑ 自分の研究したい投資法に関係するセミナーに参加する（できれば有料のもの）

これらを実践することで…
楽しく、気軽に株を続けられる

POINT

今のうちから対策を練っておこう

投資は短期で利益を出せるものではありません。ですので短距離走のように全力疾走で努力をしていては、長く続けられません。長く付き合っていくには、「怖い」「面倒くさい」「寂しい」などの様々な困難も立ちはだかることでしょう。心が折れないよう、きちんと対策は練っておきましょう。それだけで、あなたの生涯利益は天と地ほどの差が生まれるはずです。

PART4のまとめ

習慣化＝目標設定＋障壁の排除

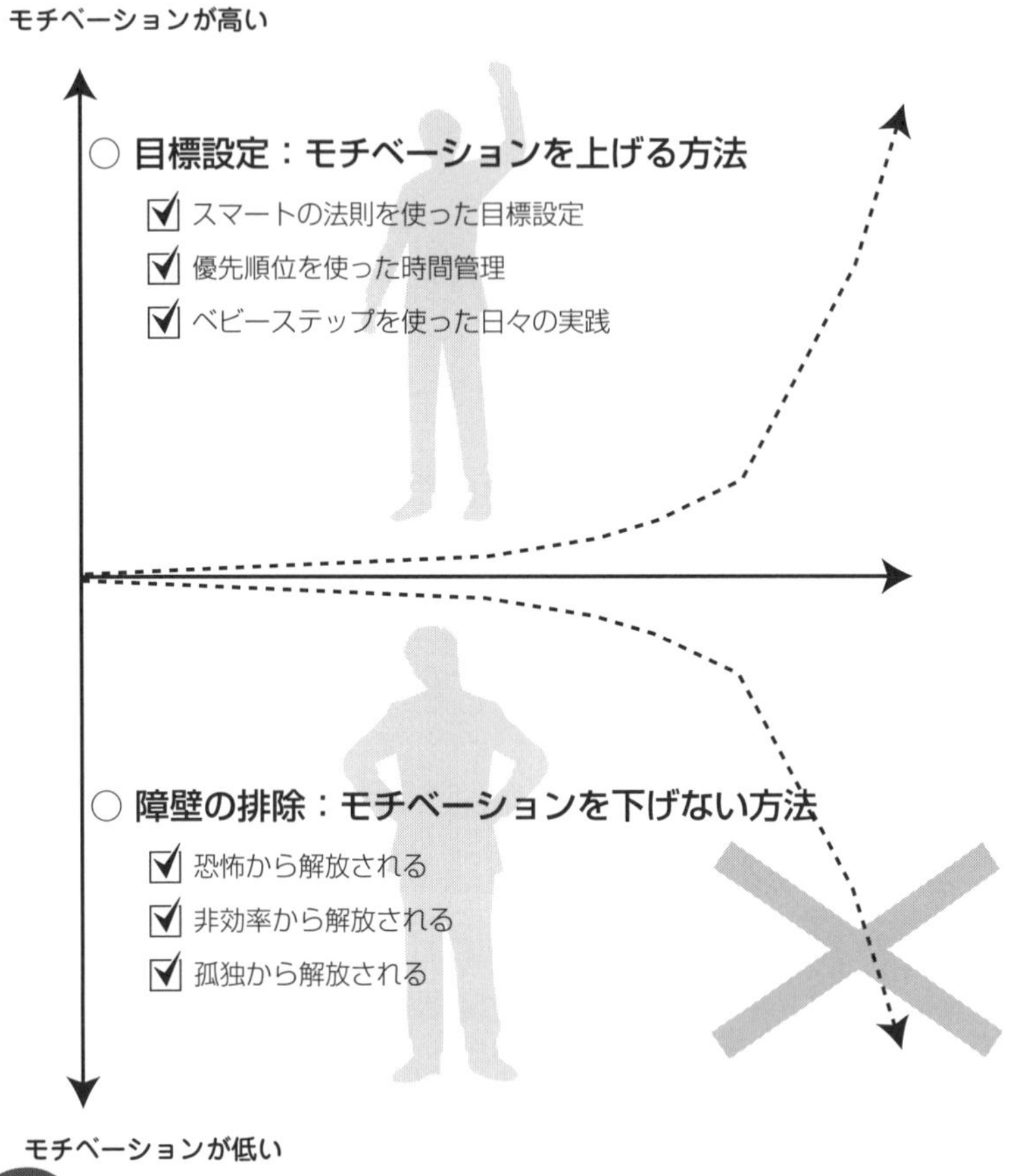
モチベーションが高い
○ 目標設定：モチベーションを上げる方法
☑ スマートの法則を使った目標設定
☑ 優先順位を使った時間管理
☑ ベビーステップを使った日々の実践
○ 障壁の排除：モチベーションを下げない方法
☑ 恐怖から解放される
☑ 非効率から解放される
☑ 孤独から解放される
モチベーションが低い

POINT

良い習慣を身につけよう！

難しいもので、損失につながることはスリリングで楽しいことが多い一方、利益につながることは退屈でつまらないことが多いのです。ですが、生涯利益を増やす方法は「利益につながることを繰り返し」「損失につながることを繰り返さない」という２つしかありません。地味ではありますが、生涯利益を伸ばす方法はこれしかないのです。

PART 5 実践編

破産確率を最小化する
「リスク管理」

ＰＡＲＴ５の目的「リスク管理」で破産確率を最小化する

リスクは管理するもの

今、あなたの手元には１００万円があります。すると、ちょうど１００万円の、魅力的な株を見つけました。あなたは全資産を使って、その株を買いますか？　それとも、見送りますか？　おそらく、あなたは間違っても全資産を一銘柄に投入することはないでしょう。このような投資は、とても危険だからです。「見送る」と判断できたあなたは、おそらく「リスク管理」の重要性を、本能的に理解しているはずです。

株式投資に失敗はつきものです。回避できる失敗は避けるに越したことがありません。しかし、投資をする以上、避けられない失敗が必ず出てきます。そうである以上、リスクを「管理する」のが大切です。**株式投資においては、リスクは「避ける」だけでは足りません。「管理」しなければならないのです。**

株で成功するためには、リスク管理の技術が必要不可欠です。**この技術が無ければ、投資家は全員「破産」すると言っても過言ではありません。**

にも関わらず、リスク管理の方法を網羅的に紹介している本は、ほとんどありません。ほとんどの投資家は、「分散投資」以外のリスク管理の方法を知らず、そのせいで不必要に損を膨らませてきたことかと思います。これは、悲しいことです。

そこで本ＰＡＲＴでは、「リスク管理」を理解するために、注目すべき3つの要素について、詳しくご紹介します。本ＰＡＲＴを読み終わるころには、あなたはリスク管理の知恵を身につけているはずです。ぜひ、最後までお読み下さい。

リスク管理で破産確率を下げる

○ 破産確率を下げる２つの方法

そのリスクは避けられますか？

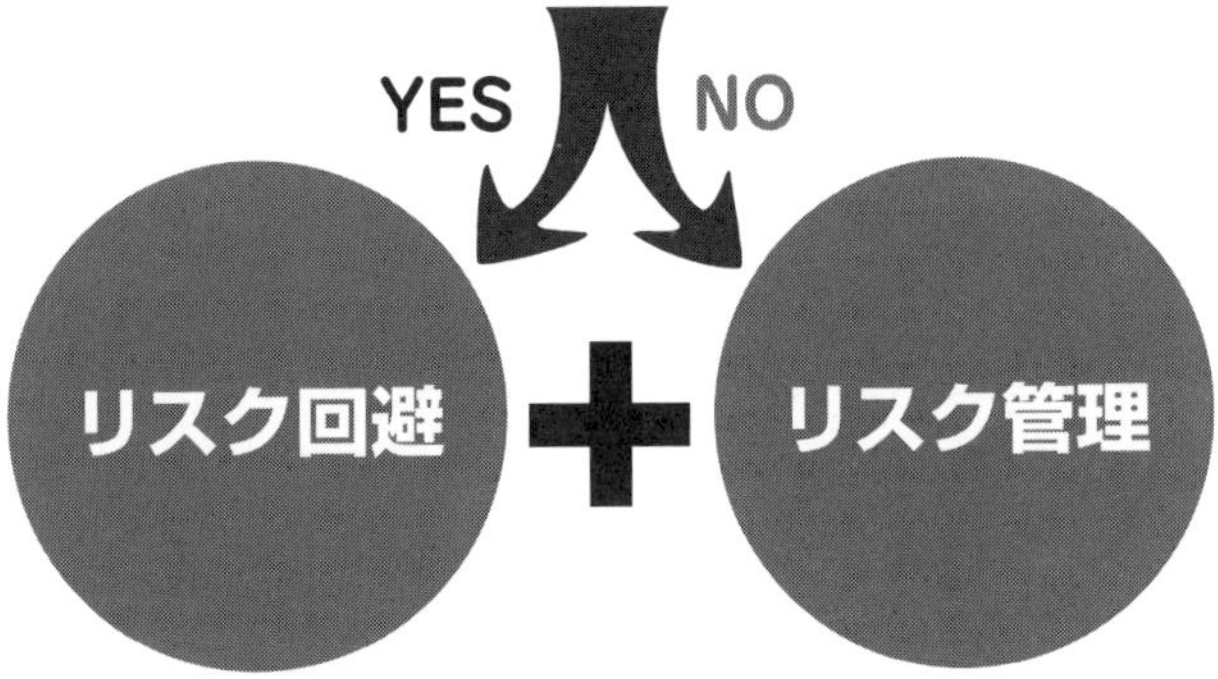

例：心理効果（偏見）による判断ミス	例：予測不可能なイベント
判断ミスを導く心理効果の例	・選挙結果
・アンカリング効果	・金融緩和の有無（政策の実施）
・フレーミング効果	・決算内容
・利用可能性ヒューリステック	・企業の機密情報
・確証バイアス	・天変地異
・立場固定	・競合の出現
・後知恵バイアス	
リスクを**避けて**損を出さないようにする	リスクを**管理**して損失量をコントロールする

POINT

避けられるリスクと避けられないリスク

リスクには、避けられるリスクと避けられないリスクの２種類があります。避けられるリスクは回避するに越したことはありません。ですが、その上で避けられないリスクはどうしても出てくるものです。そこで重要なのが「リスク管理」です。リスク管理とは「失敗することを前提に」危険な取引を避けることを指します。どんな投資家も失敗は避けられません。ですから「失敗すること」そのものも計画の中に入れ込んでおく必要があるのです。

「リスク管理」＝「資金管理」×「日数管理」×「銘柄管理」

リスク管理の要点

「リスク管理」を成功させるための方法は、3つあります。それは、**「資金管理」「保有日数の管理」「投資銘柄の管理」**の3つです。

1つ目は、「資金管理」です。資金管理は、相場で生き残り続けるために不可欠な技術です。特に、「分散投資」は、投資家ならば誰もが習得すべき内容です。これを徹底するだけでも、破産確率を抑えることができます。

2つ目は、「保有日数の管理」です。株式投資では、保有期間が長いほどリスクが高まる傾向があります。当たり前の話ですが、この世は、「遠い未来ほど想像できない」ものです。ですから、保有期間の長い投資法ほど大失敗しやすく、危険も大きくなるのです。そう考えると、リスク管理の1つとして、「保有日数を管理」するというのは、非常に有効だと考えられます。株を持つ日数を管理することで、より安全・着実に資産を増やせるようになるでしょう。

3つ目は、「投資銘柄の管理」です。当然ながら、投資先によってもリスクは変わります。安全に取引したいのなら、危険な銘柄の特徴を事前に知りましょう。その知識を活かし、投資先を厳重に管理することで、損失を最小限に抑えることができます。

以上の3つの方法を徹底することで、リスクを最小限に抑えることができます。

次ページからは、各項目について詳しくご説明します。次ページへお進み下さい。

資金管理が重要な理由

リスク管理を実践するための3つのポイント

資金管理

資金管理は「死なない技術」であり、「生き残る技術」です。これを習得することで、私たちは破産確率を最小限に留めることができます。資金管理の基本として、「分散投資」が挙げられます。分散投資を一通り習得すれば、私たちは致命傷を負うこともなくなり、相場で生き残り続けることができるでしょう。

日数管理

世の中は「遠い未来のことほど予想できない」ものです。明日の自分はカンタンに想像できても、一年後の自分を想像するのは、容易いことではありませんよね。したがって、株は「株を持つ期間が長いほど」危険と言えるでしょう。それもあり、「株を持つ期間」を管理する、日数管理が重要なのです。

銘柄管理

当たり前ですが、投資先の銘柄によって、その危険度は変わります。危険な銘柄を見つけるのは、そう難しいことではありません。それこそ、「株価」や「売買代金」といった、基本的な項目を確認するだけでも、だいぶリスクを抑える効果が期待できます。190ページからは、その具体的な方法をご紹介しましょう。

POINT

リスク管理の方法はいろいろある！

リスク管理と言えば真っ先に思いつくのが「分散投資」ですよね。実際、世の中で教えられている「リスク管理」の手法といえば、これぐらいしかありません。ですが、実際はそれでは不十分です。一言にリスク管理と言っても、私たち投資家にできることは多岐にわたります。そこで、次ページ以降はリスク管理の様々な手法について具体的な方法をあなたに教えます。どれも役に立つ内容ですので、ぜひ習得してください。

「資金管理」が重要な理由

「生き残る」技術

柔道を習うときに、最初に習うこと。それは、**「受け身の取り方」**です。どんな柔道家も、初めの一歩は受け身から。受け身の取り方を知らなければ、上手に負けることができません。この技術を習得しない限り、勝負するだけでも、命が危険に晒されてしまうことでしょう。

順張りや逆張り、押し目買いといった投資戦略は「勝つ技術」とも言えるでしょう。一方、資金管理は、柔道でいう「受け身」と似ています。

つまり、**資金管理は「死なない技術」であり、「生き残る技術」なのです。**資金管理を習得することで、私たちは破産確率を最小限に留めることができます。どちらも不可欠の技術であり、軽視してはいけないものです。

資金管理を無視する投資家は、必ずと言っていいほど大金を失います。資金管理を無視すると無茶な取引が増えます。リスクを取り過ぎてしまい、大損につながります。これはまさに、「受け身を知らない柔道家」と同じような状態です。上手な負け方を知らないので、致命傷を受けてしまうのです。

そうならないためにも、まずは資金管理の基本から身につけましょう。

資金管理の基本として、「分散投資」が挙げられます。分散投資を一通り習得すれば、私たちは致命傷を負うこともなくなり、生き残り続けることができます。次ページ以降からは、その秘訣を1つずつご紹介します。必読の内容ですので、ぜひお読み下さい。

資金管理が重要な理由

○ 分散投資の心得

一つのカゴに全ての卵を盛るな！

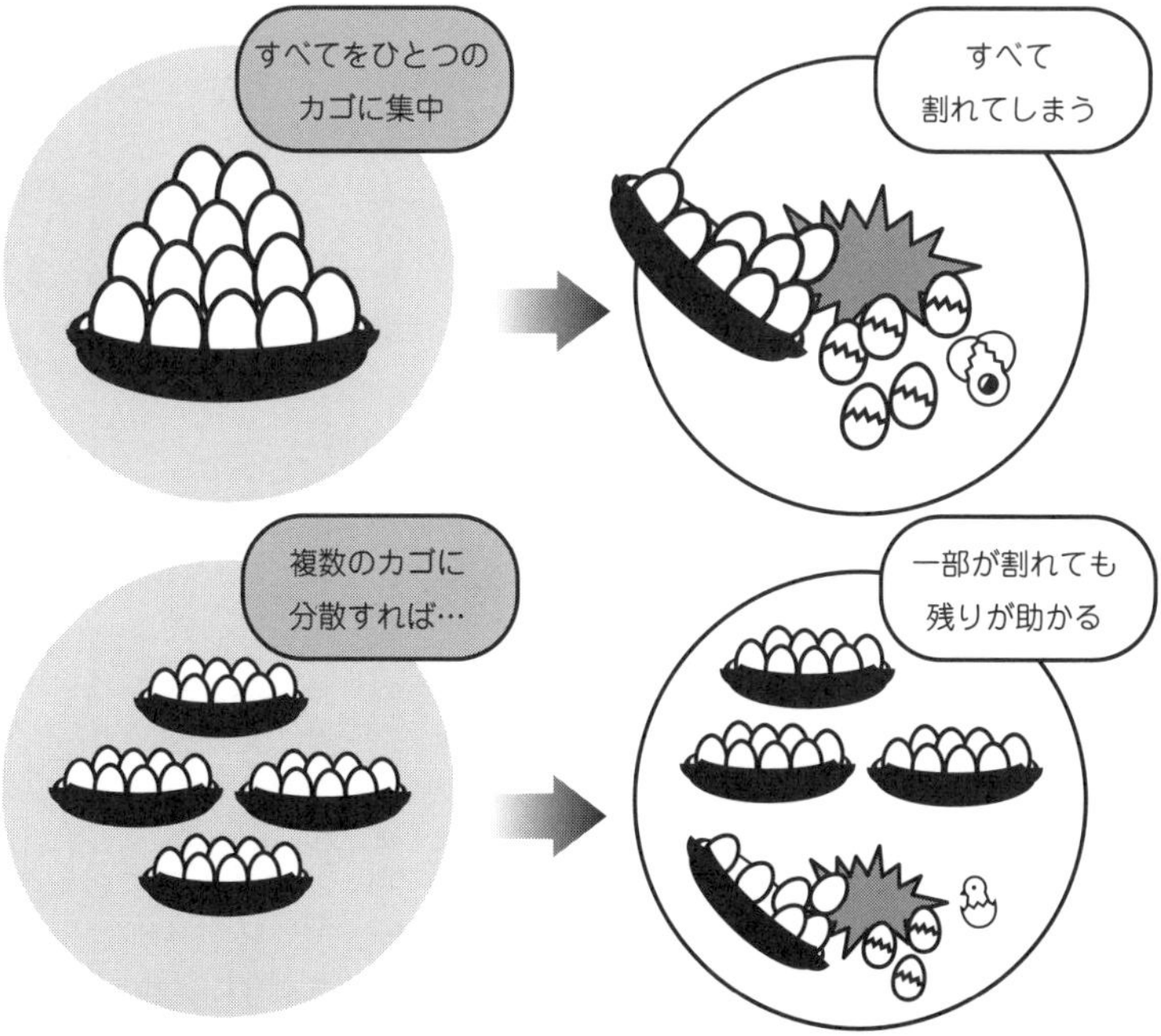

○ ここでの「カゴ」とは何か？

「カゴ」は類似した取引を指しています。似た企業、似たチャート形、似たタイミング。そっくりな取引を集中的に繰り返すと、同時に失敗する確率が高まってしまいます。そうならないためにも、意識的に、違うカゴへの投資をするように心がけましょう。

POINT

どんなに失敗しても生き残れる技術

リスク管理。それは「失敗しても死なない技術」を指します。人間、誰しも失敗はあります。私たちも、いつ失敗してもおかしくありません。そう考えると、常に「どんなに失敗しても生き残れる仕組みづくり」が重要です。資金管理は、そのための技術なのです。

「資金管理」の基礎：「分散投資」＝「銘柄の分散」＋「時間の分散」

二種類の分散投資

資金管理の基礎として、**「分散投資」**について学びましょう。当たり前に取り上げられる技術ですが、突き詰めて考えてみると、案外奥が深いものです。

実は、分散投資には2つの種類があります。それは、**「銘柄の分散」**と**「時間の分散」**です。どちらもとても重要なので、必ず覚えておきましょう。

1つ目は**「銘柄の分散」**です。この方法では、お金を複数の銘柄に分けて投資し、リスクを分散します。これにより、倒産や粉飾決算など、致命的な材料が出てきたときでも、損失を最小限に留めることができます。この具体的な方法については、178ページにて解説しています。とても重要な内容なので、ぜひ目を通しておきましょう。

2つ目は**「時間の分散」**です。これは、知らない方も多いかもしれません。実は、「銘柄の分散」は相場の暴落時には機能しないことが多いのです。せっかく分散投資をしても、集中投資のときと同じぐらい損をしてしまえば目も当てられません。そこで役に立つのが、この「時間の分散」です。これを「銘柄の分散」と組み合わせて使うことにより、暴落時にも損失を最小限に留めることができます。「時間の分散」を実践する時の例として、「ピラミッディング」や「ナンピン買い」といった手法が挙げられます。詳しくは180ページにて紹介していますので、ぜひご参照下さい。

分散投資＝銘柄の分散＋時間の分散

○ 分散投資の２つの方法

銘柄の分散

１つの会社に自分の未来を全て託すのは怖いもの。いろんな会社に資金を振り分け、１つが失敗しても大丈夫なようにしておきましょう。

時間の分散

相場が悪ければ、どんな株でも値下がりします。銘柄分散だけでは不十分です。投資の時間を分散することで、さらに分散効果を高めましょう。

○ 分散効果の確認表

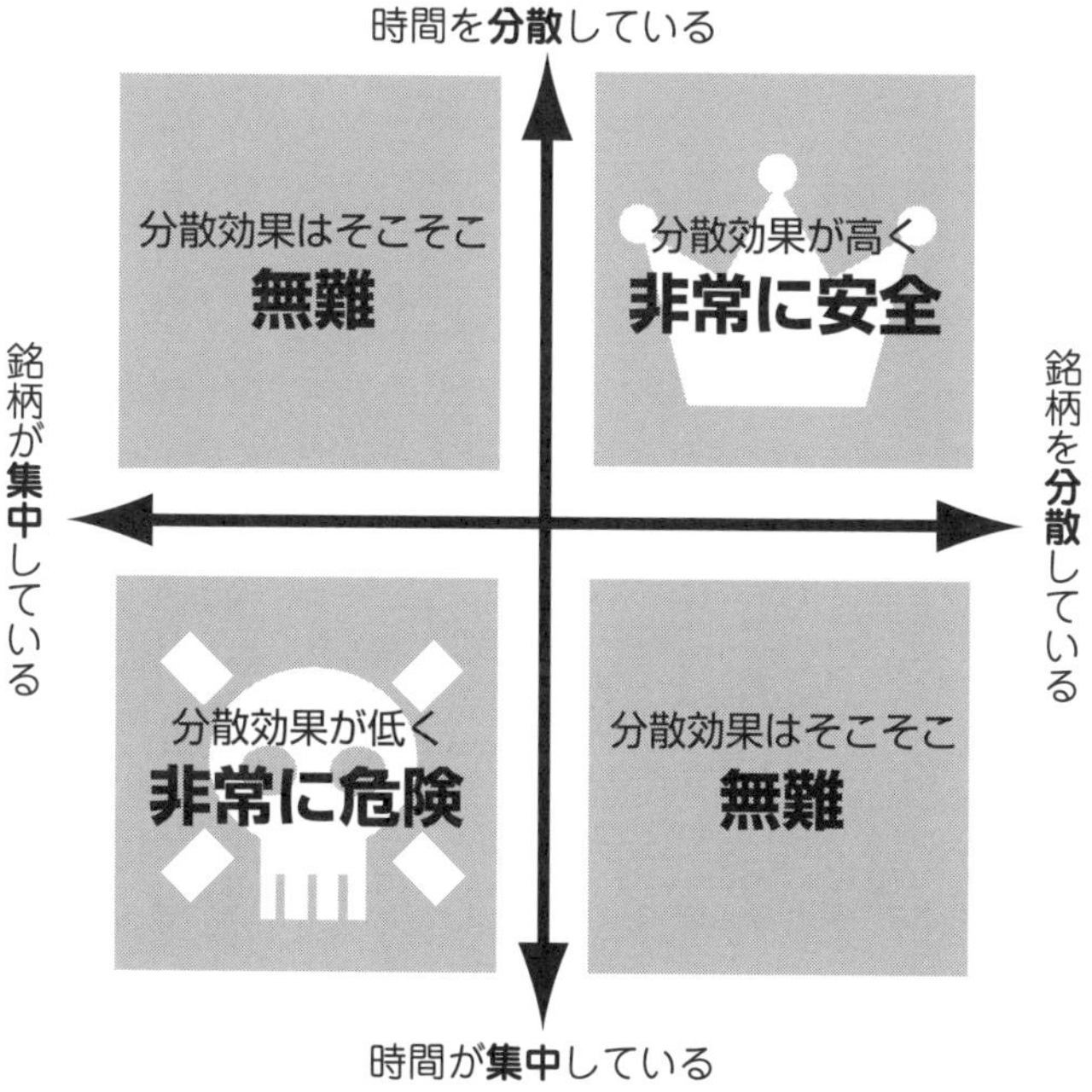

POINT

気付かず危険を冒していませんか？

分散投資には「銘柄の分散」と「時間の分散」の２つの方法があります。これら２つをどちらも無視してしまうと、危険度の高い取引につながります。気付かずに集中投資してしまうと、とても危険です。少しでも安全に運用するために、まずは「銘柄の分散」から実践してみましょう。さらに上級者の方は、「時間の分散」も組み合わせて使うとさらに安全度が高まります。安全に資産運用したい方は、ぜひ覚えておきましょう。

「銘柄」の分散

銘柄分散、2つの要点

「銘柄の分散」を実践するときには、2つの要点があります。それは、**「銘柄分散数の決定」**と**「業種の分散」**です。

1つ目の要点は**「資金配分の決定」**です。分散投資をするときには、まず、「お金を何銘柄に分散するのか？」「1銘柄に投資する上限はいくらにするのか？」といった点を決める必要があります。資金量にもよりますが、300万円程度を運用する場合は、少なくとも5銘柄分散。1000万円を運用する場合は、10銘柄以上の分散を行うのが理想的でしょう。銘柄分散に「やり過ぎ」ということはありませんので、基本的には、やりすぎなくらいがちょうど良いと思います。

2つ目の要点は**「業種の分散」**です。たとえ投資先の銘柄を分散していても、投資先が全て銀行株だったり、あるいは鉄道株だったりと、全ての株が同じような銘柄に偏ってしまっては、集中投資しているのと変わりません。これでは、効果も半減してしまいます。一方、良い組み合わせの例としては、「外需株」＋「内需株」や、「大型株」＋「新興株」のように、全く異なるタイプの投資先を選ぶ歩方法が挙げられます。このように、分散投資をするときには、異なる業種や市場に投資した方が効果が高まると期待できます。

投資先の銘柄を分散することで、緊急時にも損失を最小限に留めることができます。ほんのすこしの工夫一つでお金を守れるのですから、実践しない手はありませんよね。

銘柄分散するときの要点

○ 銘柄投資の２ステップ

ステップ１；銘柄分散数の決定

銘柄分散をするときには、事前に**「何銘柄に配分するか？」**を考えましょう。高リスクな銘柄に投資する時は、分散数を多く、低リスクの場合は分散数を少なくするのが効率的に利益を出すコツです。投資をする前に、下記の点を決めておきましょう。

- ☑ 資金を何銘柄に分散するか？
- ☑ １銘柄への上限投入資金はいくらか？

ステップ２；業種の分散

分散投資をしても、似た株ばかりを買っていては分散の意味がありません。分散投資をするなら、違う市場の、違う業種の株を買うのが効果的です。これにより、分散効果を高めることができるでしょう。

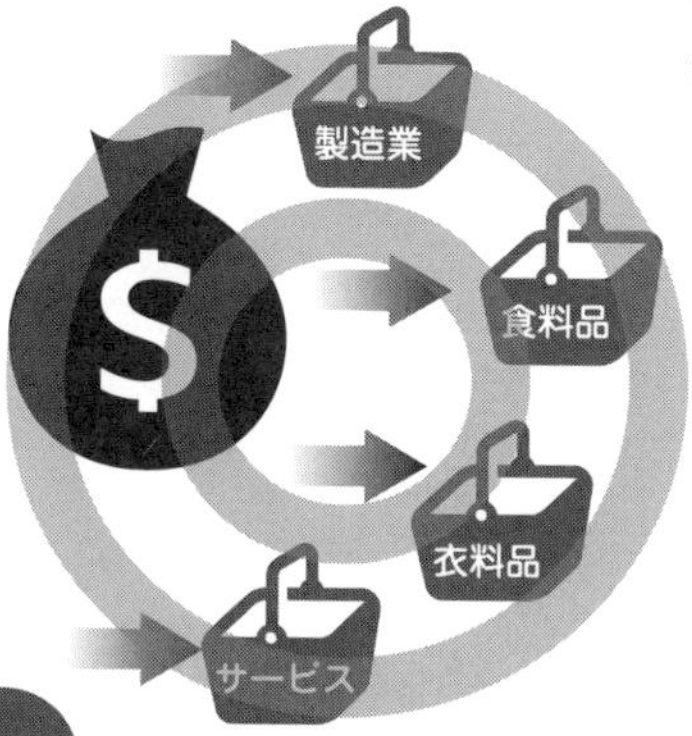

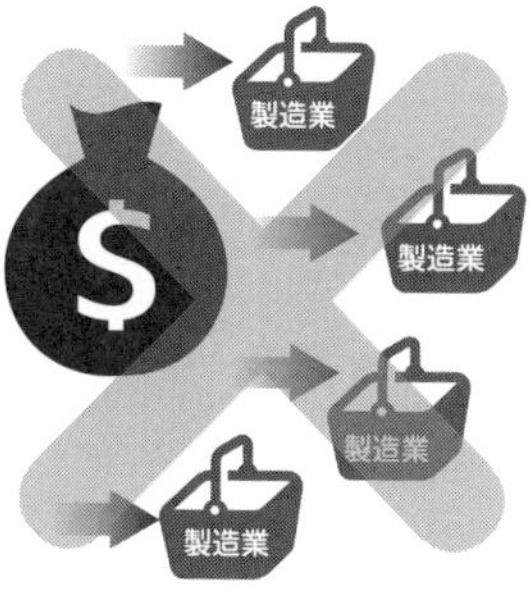

POINT

分散している「つもり」になっていないか？

分散投資は奥が深いです。私たち投資家にとっては常識中の常識ですが、それでもきちんと実践できている投資家はごく一握りしかいないのが現状です。多いのが、分散投資をしている「つもり」の投資家です。こういう方は、そもそもほとんど分散をしていなかったり、分散しても似たような株ばかり買っていたりします。これでは分散効果はほとんど期待できません。上述したステップ１～２は、こういった「つもり」を避けるためにも、とても大切です。

「時間」の分散

銘柄分散が機能しないとき

今、目の前に魅力的な株があるとします。この株を買う方法は、いくつか選択肢があります。

①今すぐ買えるだけの全てを買う
②今は半分だけを買い、安くなったらもう半分を買う

この例では、1つの銘柄しか買っていません。一見すると、集中投資のようにも見えます。たしかに①は集中投資だと言えるでしょう。しかし、②の場合は、時間を分けていますので、これはこれで分散しているのです。これが、**時間の分散**です。

時間の分散の重要性を説明するために、少しだけ例を出しましょう。

2008年のリーマン・ショック。このときの相場は、「百年に一度の大恐慌」と呼ばれるほどの暴落が起きました。暴落が本格化したタイミングでは、ほとんど全ての銘柄が下落しました。どんな株も値下がりしたので、**銘柄分散が役に立たなかったのです。**

このように、暴落相場では銘柄分散が役に立たないことも多くあります。ですが、このときに時間の分散をしていたらどうでしょう。少なくとも、一度に大量の株を買い付けることはありません。これにより、損失を小さく抑えられたはずです。

時間の分散は、銘柄の分散と比べるとマイナーです。**ですが、私は時間の分散も、銘柄分散と同じぐらい重要**だと考えています。

銘柄の分散と、時間の分散。この2つを組み合わせて、大事な資産を守りましょう。

時間の分散

○ 時間管理が重要な理由

リーマン・ショック前後の日経平均の動き

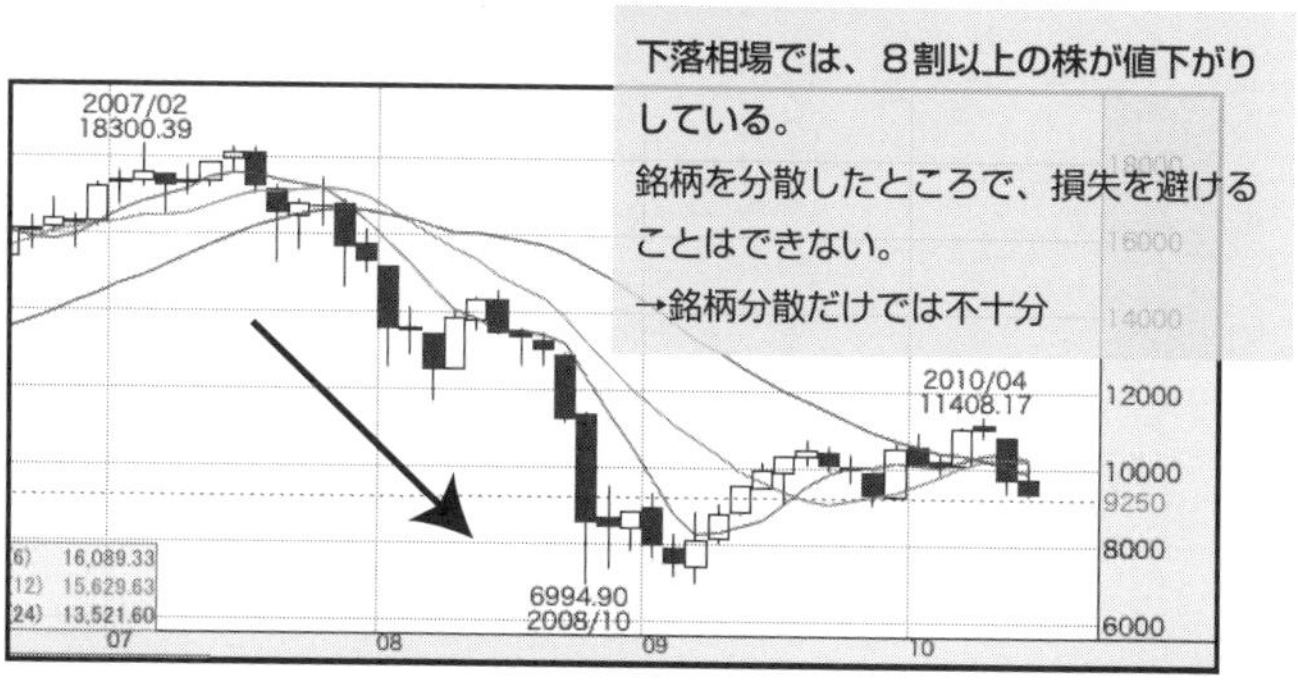

○ ピラミッティングとナンピン買い

図１：ピラミッティング

株価が上がるごとに、小さく買い増しする技法。トレンドに沿って、抵抗帯をブレイクするごとに、ポジションサイズを縮小しながら積み増していく。株価が大きく上昇したらストップロスも引き上げていく。トレンドが出たら大儲けできる戦略。

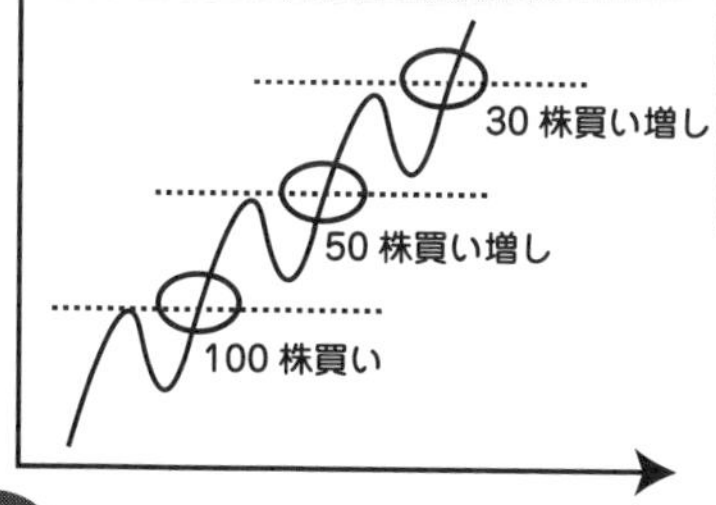

図２：ナンピン買い

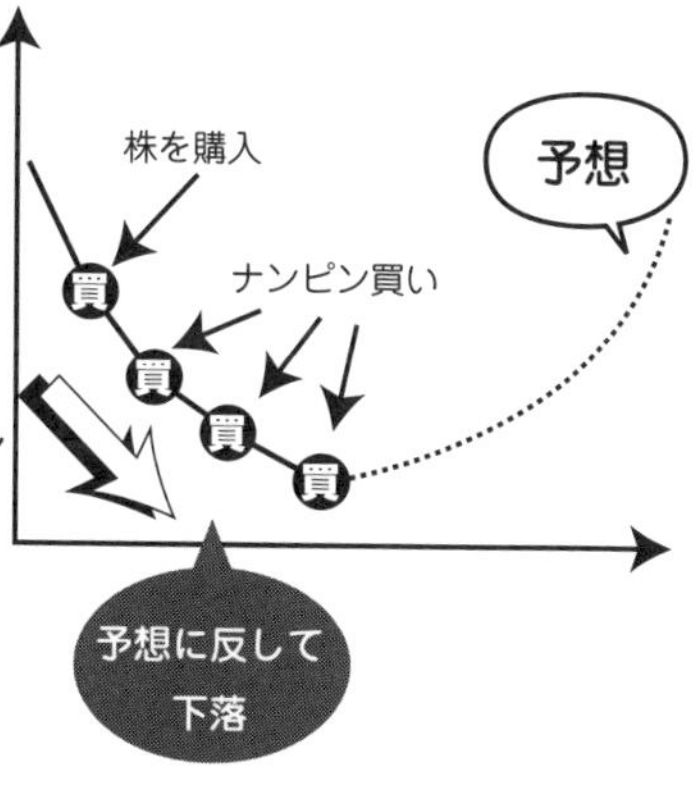

POINT

時間を分散しよう！

分散投資をするときは、「時間の分散」が大切です。実践するときは、「１日に買える株は○万円まで」「１週間に買える株は○万円まで」というように、期間ごとに買える株数に上限を設けておくことが効果的です。上述したピラミッディングやナンピン買いのように、１つの株でも何回かに分けて買うのも効果的です。これによって、リスクを抑えながら着実に資産を増やせるでしょう。

「日数管理」が重要な理由

遠い未来ほど予想できない

「株を保有する日数」が長ければ長いほど、リスクが大きいことを知っていましたか？　もし知らなかったら、これを機会に覚えておきましょう。

これは、天気予報を例にたとえると理解しやすいでしょう。

今、あなたは、2つの天気予報を見ています。1つは、明日の予報です。もう1つは、1週間後の予報です。この2つの予報のうち、外れやすいのはどちらだと思いますか？

おそらくあなたは、「1週間後」の天気予報を選んだはずです。これはその通りで、世の中は**「遠い未来のことほど予想できない」**ものなのです。明日の自分はカンタンに想像できても、1年後の自分を想像するのは、容易いことではありませんよね。

これは株でも同じです。株も、「遠い未来のことほど、予想できない」ものです。1日株を保有するだけなら、まだ不安は少ないかもしれません。ですが、1ヶ月〜1年間ともなると、良からぬニュースや、決算発表が幾度と訪れます。そのたびに株価は乱高下するでしょう。

予想外の事態を避けるためには、株の保有日数を短くするのが効果的です。

「1ヶ月以上、株を持たない」
「1週間以上、株を持たない」

一見するだけでは無意味にも見えますが、これだけでも、リスクを小さく抑えられると期待できるのです。

「日数管理」が重要な理由

○ 遠い未来ほど、リスクが大きい

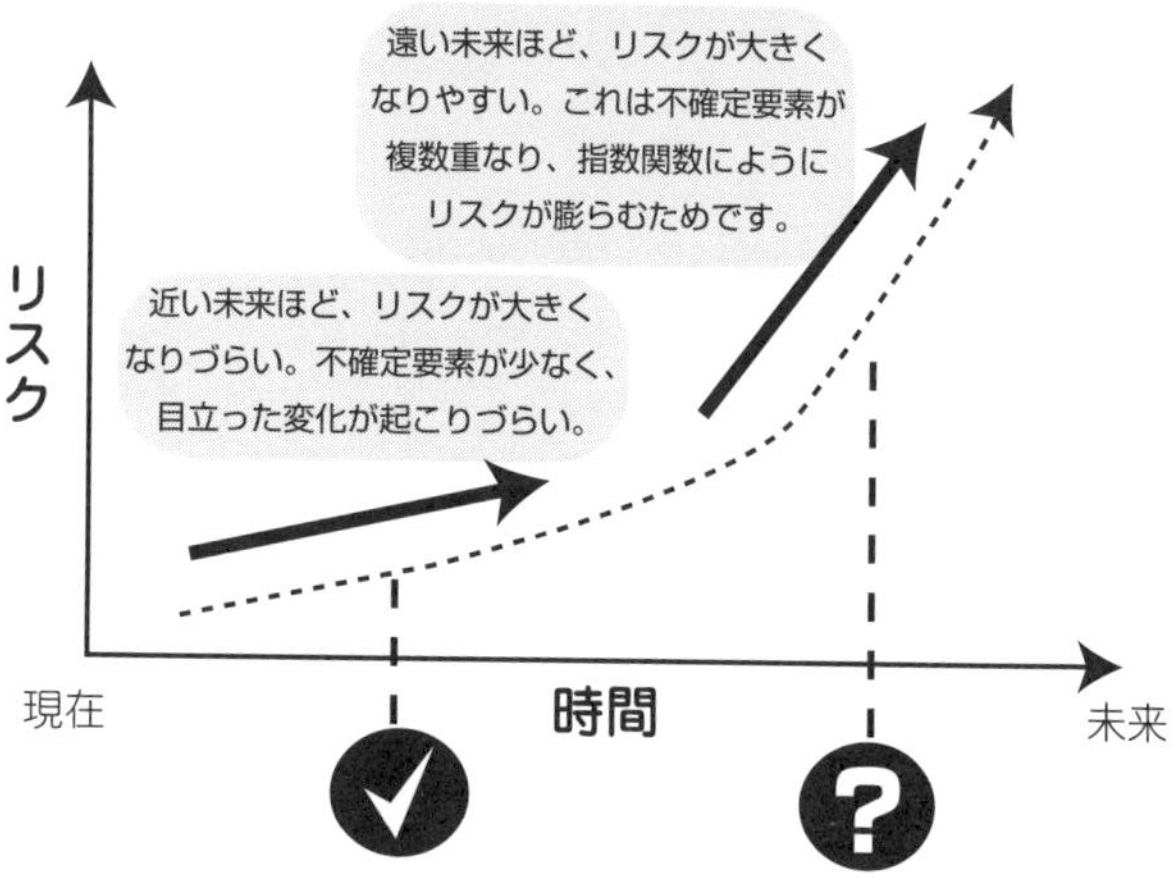

近い未来：低リスク

明日の予定を聞かれたとき、簡単に答えられるように、リスクは近い未来ほど小さい傾向があります。
よって、低リスクで利益を出したいという方は保有期間を短くするのが効果的です。

遠い未来：高リスク

「3年後の今日、何してる？」と予定を聞かれたとき、あなたはきっと答えに困るはず。それは遠い未来ほど想像できないものだからです。これは株も同じで、遠い未来ほどリスクが高まる傾向があります。長期投資をするときは、特に注意が必要です。

POINT

株の保有期間によって「リスク」が変わる

株を買うときには、その「日数」には特に気をつけましょう。案外知られていませんが、保有日数の変化によって、投資のリスクは大きく変化するからです。この悪い例が塩漬けです。保有期間をきちんと管理しない投資家は、総じて塩漬けしやすい傾向にあります。一見塩漬けは「株価が戻るまで待っている」というように合理的な行為にも見えます。しかし、その見込みが立たなければ塩漬けはむやみにリスクを増やしているだけなのです。

「日数管理」＝「利益確定」＋「損切り」＋「期限切れ」

遠い未来ほどわからない

株式投資では、保有期間が長いほどリスクが高まる傾向があります。これは天気予報と同じ原理です。つまり、**近い未来の予想は当たりやすく低リスクです。一方、遠い未来ほど予想するのが難しく、大きく外す可能性が高まり、リスクも大きい**のです。したがって、リスク管理を行うには保有期間の管理が必要不可欠です。

保有期間の管理には、株の「売りどき」を考えていく必要があります。

株の売りどきを決める方法は、全てで3つあります。それは、**「利益確定」**、**「損切り」**、**「期限切れ」**の3つの方法です。

1つ目は、**「利益確定」**です。損をしないためには、利益を増やすのも重要です。利益確定を調節することで、得られる利益を最大化でき、利益を逃さなくなります。

2つ目は、「損切り」です。損切りを使うことで、資産の安全を確保できます。他にも、精神的な負担を減らすのに有効な側面があります。

3つ目は、**「期限切れ」**です。利益確定や損切りができないからといって、むやみに株を持ち続けるのは得策ではありません。期限を上手く設定することで、塩漬けを未然に防ぎ、リスクを下げる効果が期待できます。また、銘柄選びの精度が向上し、利益を増やせるとも考えられます。

これから、これら3つの点を調節する利点や、具体的な方法をご紹介します。次ページへお進み下さい。

利益確定＋損切り＋期限切れ

日数管理に必要な3つの要素

利益確定

損をしないためには、利益を増やすのも重要です。利益確定を調節することで、得られる利益を最大化でき、利益を逃さなくなります。1銘柄にばかり固執することもなくなるので、結果的に利益も増やせる可能性があります。統計的にも有効な手法なので、この機会に取り入れてみましょう。

損切り

危険な銘柄をすばやく手仕舞うことで、損失を小さく抑える効果が期待できます。また、含み損はストレスにもつながりやすいため、早めに損切りすることでストレスを溜め込まない効果も期待できます。むやみに「含み損」を抱えることなく、危険なものは手早く切れるようになりましょう。

期限切れ

期限を上手く設定することで、銘柄選びの精度が向上し、塩漬けを未然に防ぐ効果が期待できます。1取引あたりの効率も高まる上、リスクを下げる効果が期待できます。

POINT

日数管理でリスクを小さく抑えよう！

「近い未来は予想しやすいけど、遠い未来は誰にも分からない」。これは、どんな時代にも共通した原則です。そう考えると「むやみに株を保有し続ける」ことは、とても危険だと言えるでしょう。安全・着実に資産を増やすためには、「利益を増やしづらいときに、素早く見切りをつける能力」が不可欠だと思うのです。

「利益確定」の調節

大局を見据えて判断を

私は、**投資をするときには、積極的に「利益確定」をすべき**だと考えています。なぜなら、統計的にも、利益確定を導入した方が利益を出しやすかったことが多いからです。利益確定を行うべき状況は、大きく分けると2通りあります。

1つ目は、**「利益を逃したくない場合」**です。株価は移ろうものです。一時的に含み益を得られたとしても、安心してはいけません。確定しない限り、利益とは言えないのです。そこで、利益確定を行うことで、含み益を資産として確定することができます。保有中の株がある場合は、目標株価に対して、常に指値注文を発注しておくのがオススメです。これにより、一瞬でも株価が上がれば、それを利益として確定させることができます。これにより、一瞬の利益のチャンスも掴み取れるようになるでしょう。

2つ目は、**「より大きなチャンスのために、現金を用意したい場合」**です。利益を伸ばすのが大切なのは間違いありませんが、かといって大局を見失ってはいけません。目の前に大きなチャンスが転がっているときは、今の株にこだわらず、すぐにでもそちらの株に乗り換えるべきです。1銘柄の利益を伸ばすことばかりを考えていると、他のチャンスを見失いがちです。他の株を買っても、利益のチャンスは沢山あるのです。時には素早く利益確定を済ませてしまって、次のチャンスへと乗り換える柔軟さも必要です。

「利益確定」を使う２つの利点

○ 利益確定の利点その①
利益のチャンスを逃さずに済む

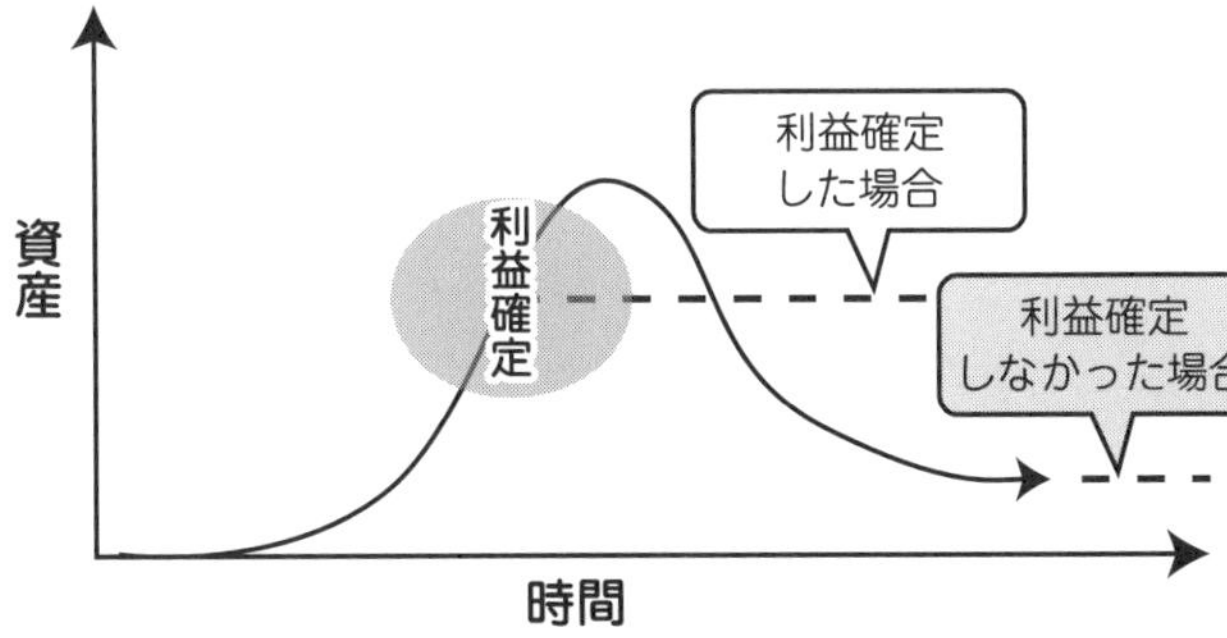

○ 利益確定の利点その②
新たなチャンスに資金を割り当てられる

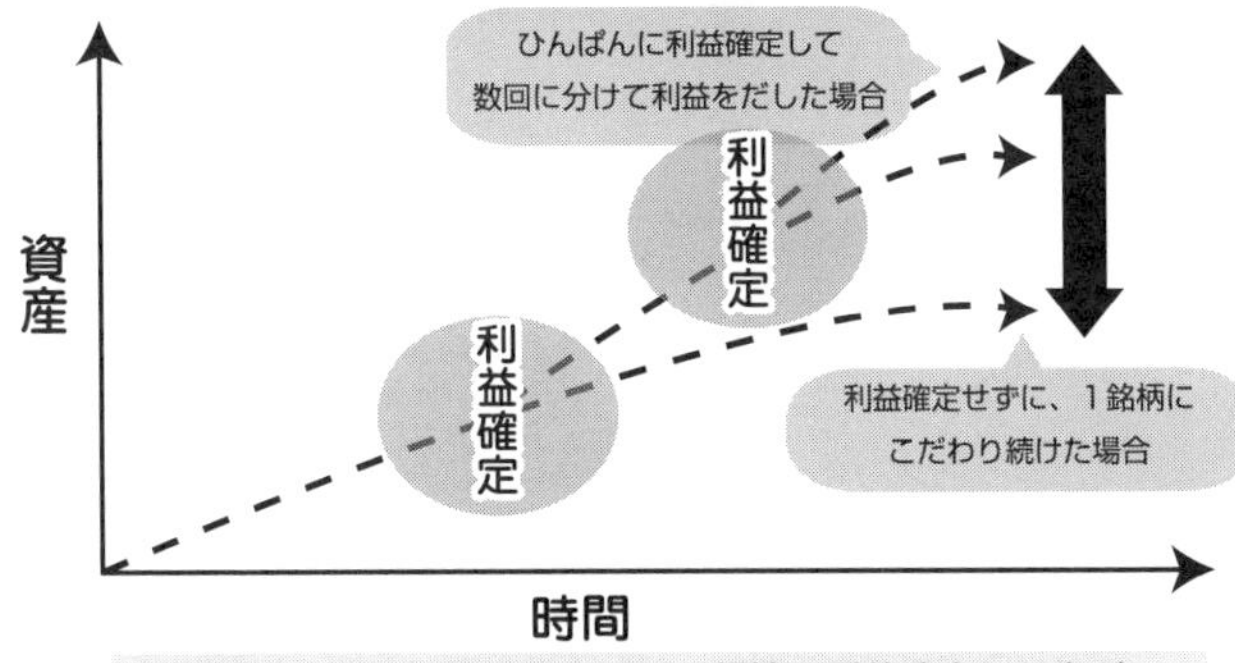

１銘柄にこだわり続けるよりも、頻繁に利益確定した方が、大きな利益が期待できる。

POINT

伸ばすべきか、確定するべきか

利益確定で難しいのが、「もっと利益を伸ばすべきか」「それとも早く利益確定すべきか」という選択です。タイミングを見極めるには、過去の相場の分析をするのが効果的です。「あのときは○%の利益で確定させたのが良かった」「あっちの場合はもっと伸ばした方が良かった」など、過去の事例を参照しながら、適切な利益確定法を模索しましょう。これを極めれば、利益を増やせる上に、保有期間を短縮し、リスクも減らすことができるでしょう。

「損切り」の調節

「損切り」で楽になれる？

「損切り」には2つの目的があります。それは、「**安全の確保**」と「**精神衛生の改善**」の2つです。

1つ目は、「**安全の確保**」です。損切りにより、運用資金の安全を確保できます。「下方修正」や「粉飾決算」。そういった理由で含み損を抱えた場合は、そのまま株価がズルズルと下落することが少なくありません。株価が急落すると、私たちはついつい塩漬けしたくなります。しかし、むやみに塩漬けすると、続落を被る可能性もあります。そう考えると、無意味な株の保有は、なおさら危険です。このような場合は、早々に損切りをして、現金化した方が安全でしょう。

2つ目は、「**精神衛生の改善**」です。含み損を抱えている株を持ち続けるのは、つらいものがあります。証券口座を開くたびに、含み損が青文字で表記されるあの感覚。投資家ならば、誰もが頭を抱えたことがあるでしょう。塩漬け銘柄を見るたびに、「ああ、どうしよう。でも、反発する予兆もないし……」と、精神が病んでいく。眺めているだけで、状況は何も改善されない。これほどつらいものはありません。私の経験上、こういう場合は、損切りしてしまった方が、楽なことが多いです。塩漬けをしても反発の見込みが薄い場合、株を持ち続ける理由はありません。すぐにでも株を売り払うべきです。一度損失を受け入れ、ゼロから利益のチャンスを模索した方が、得策だと思います。

緊急事態に備えよう！

○ 大損しないための損切り手法 逆指値注文を使った損切り

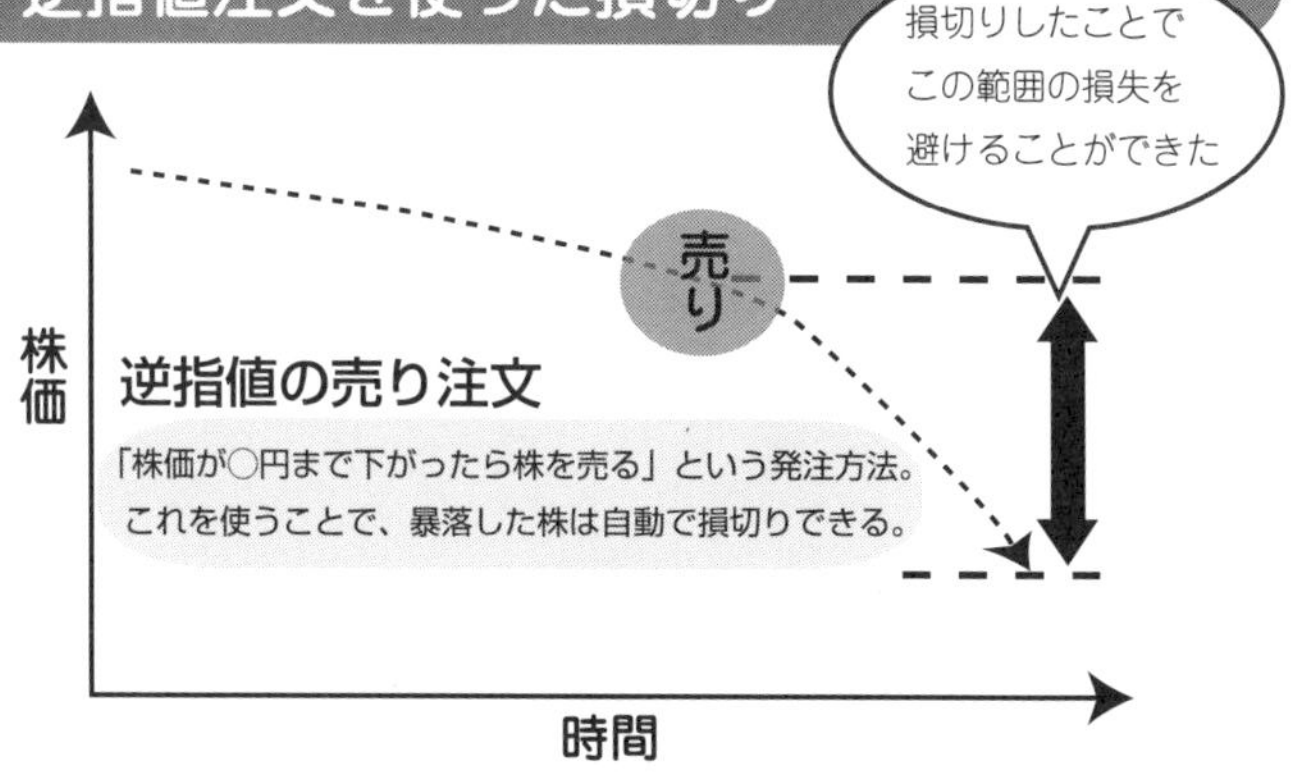
損切りしたことで
この範囲の損失を
避けることができた
売り
株価
逆指値の売り注文
「株価が○円まで下がったら株を売る」という発注方法。
これを使うことで、暴落した株は自動で損切りできる。
時間

○ 大損しないための損切り手法 「類似株の空売り」による擬似的な損切り

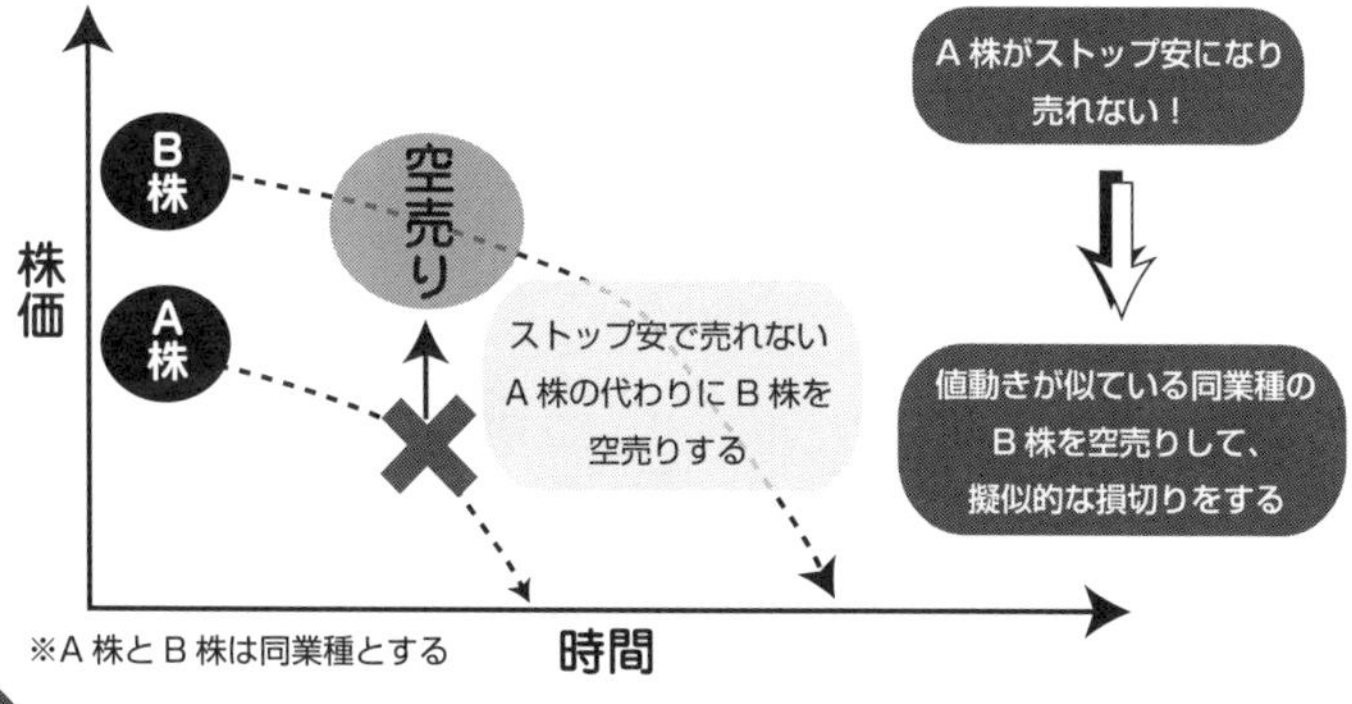
A 株がストップ安になり
売れない！
B株
空売り
株価
A株
ストップ安で売れない
A 株の代わりに B 株を
空売りする
値動きが似ている同業種の
B 株を空売りして、
擬似的な損切りをする
※A 株と B 株は同業種とする
時間

POINT

最悪の事態に巻き込まれないために

大損したとき、一番やってはいけないのが「現実を直視できず、全てを放置する」ことです。意図的に割安株を持ち続けるのは良い選択ですが、利益の見込みが立たない株を「損切りするのが悔しいから」という理由だけで持ち続けるのでは、それはエゴというものです。エゴを通している限り、株で利益を出し続けることはできません。感情に負けず、最前の選択をできるようになりましょう。「損切り」は、あなたの身を守る強力な防具になります。

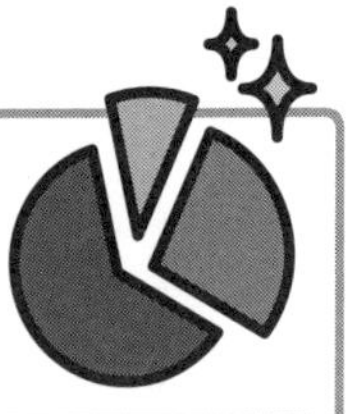

「期限切れ」の調節

脱・塩漬け

短期トレードで利益を狙うときは、「○日以内に利益が出なかったら、株を売る」というように、**期限を設定する**のがオススメです。これには、理由が2つあります。それは、**「塩漬けしなくなる」「銘柄選びの精度が上がる」**という2つです。

1つ目は、**「塩漬けしなくなる」**という理由です。期限が無いと、含み損を抱えている場合などは、ついつい保有を続けてしまったり、「含み損がなくなるまで待とう」と塩漬けしてしまったりしがちです。ですが、期限を設けると、ある程度含み損を抱えていても、「期限が過ぎたし、まあしょうがないか」と踏ん切りをつけやすくなります。塩漬けをしていると、その含み損の数字を見るだけでも陰鬱な気持ちとなるものです。そういったものから解放されるためにも、「期限を設ける」というのは、非常に効果的な方法だと言えるでしょう。

2つ目は、**「銘柄選びの精度が上がる」**という理由です。「なんとなく、将来的に利益が出れば良いや」というあいまいな気持ちで選んだ株と、「なんとしても、1ヶ月以内に利益を出したい」という意気込みで選んだ株。やはり、後者の方が真剣に選べるものだと思うのです。当たり前の話ですが、期限を設けると、あいまいな意思決定をしづらくなります。なんとなしに株を買うことも減りますので、結果的にもリスクを抑える効果が期待できるでしょう。

「期限切れ」の調節

○ 期限の長さによって選ぶべき銘柄は違う！

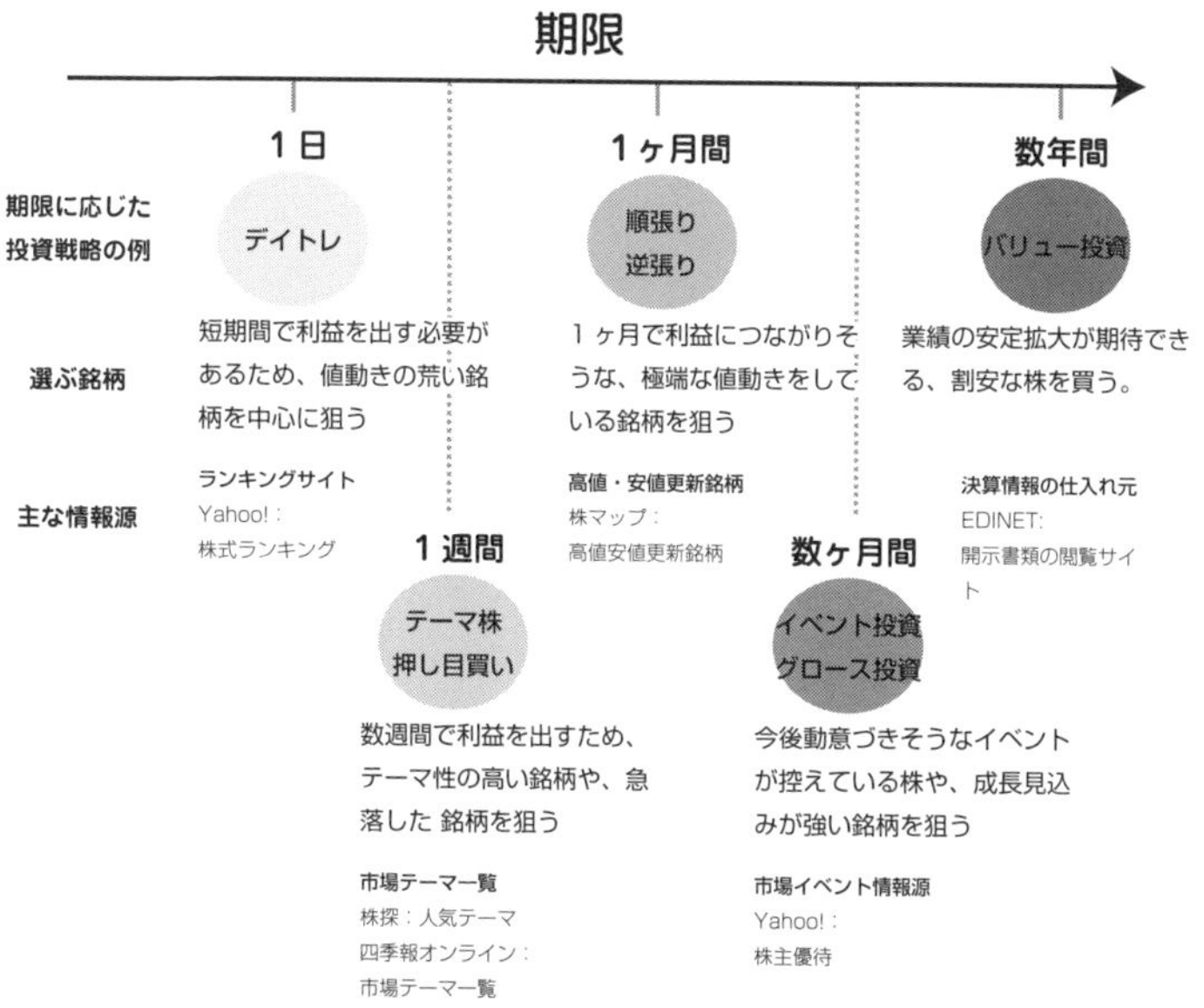

○ 期限を切ることの２つのメリット

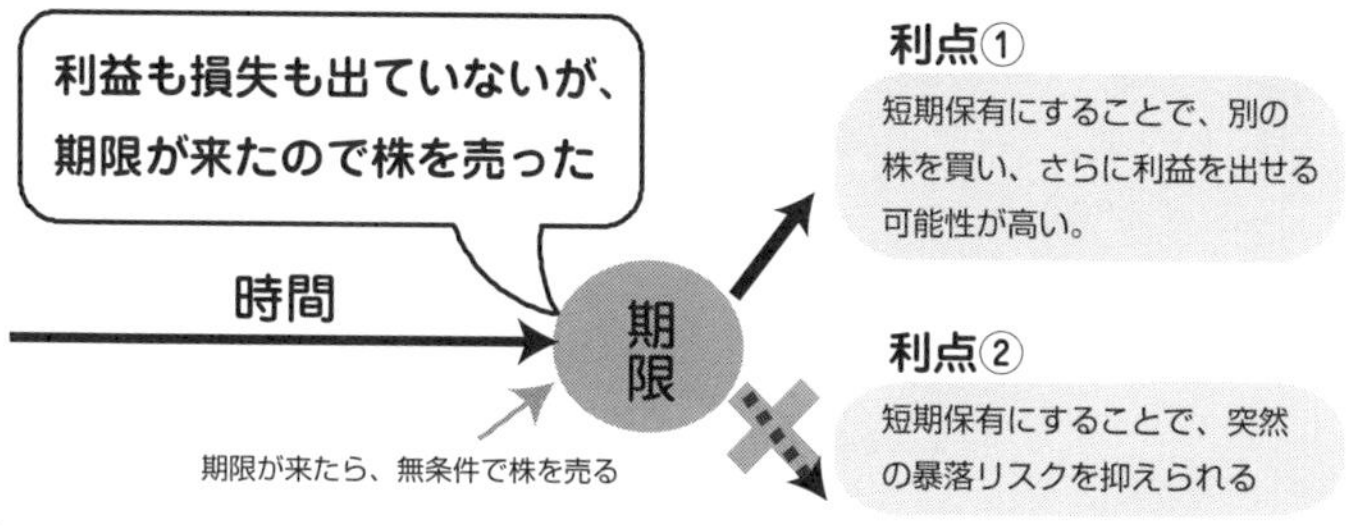

POINT

無駄な塩漬けをやめよう！

含み損を抱えると、ついつい塩漬けしたくなるものです。「あと１円でも上がってくれれば、トントンになる」と。そう思うとなかなか株を売れないです。しかし、利益の見込みが立たないのに塩漬けをしているようであれば、即刻塩漬けをやめるべきです。なぜなら、そのような塩漬けは「むやみに保有日数を伸ばし、リスクを増やしている」からです。だからこそ期限が来たらすぐに見切りをつけ、次のチャンスに目を向けた方が良いと思うのです。

「銘柄管理」が重要な理由

危険な銘柄の特徴とは？

銘柄の選び方によって、資金管理や日数管理の重要度が変わります。リスクの大きな銘柄を選んだ場合は、それに伴い、資金管理（分散投資）や日数管理を徹底する必要性が出てきます。

一方、リスクの小さな株を選んだ場合は、資金管理や日数管理には、それほど気を遣う必要がありません。つまり、投資先の銘柄に応じて、資金管理や日数管理を調節すべきなのです。だからこそ**「今、自分は、どれだけ危険な株を買っているのか？」**を理解すべきだと思うのです。

銘柄選びの勘所を掴めば、危険な銘柄の特徴や安全な銘柄の特徴が分かります。中でも、「危険な銘柄」の特徴を抑えておくのがとても大切です。なぜなら、そういった銘柄への投資を避けるだけでも、運用がかなり安全になるからです。

そこで以降からは、銘柄管理で確認すべき「4つのポイント」についてご紹介します。これにより、危険な銘柄に投資することも、劇的に減ることでしょう。利益につながる銘柄を見つけるのは難しいです。しかし、**損失につながりやすい銘柄を見つけるのは、それよりは簡単**です。そういった銘柄を避けるだけでも、かなり安全に取引できるはずです。

「銘柄管理」が重要な理由

○ 危険な株を徹底的に避けよう！

・業績が安定しない
・短期保有目的の投資家が多い
（→値動きが荒れやすい）
・流動性が低い
・値動きが荒い

↓

可能な限り避けるべき
危険な株

・安定した業績が期待できる
・長期保有目的の投資家が多い
（→値動きが荒れづらい）
・流動性が高い
・値動きが緩やか

↓

値動きが荒れづらい
安全な株

	危険な株を買うデメリット	安全な株を買うメリット
運用時のストレス	運任せ。利益も損失も大きく、成績が安定しない。精神的な負担が大きく、仕事中にも株価が気になってしまう。	致命的な損失は出ない。成績も安定しやすく、精神的な負担が小さい。仕事中にも安心して運用が続けられる
必要なリスク管理	リスクが大きいので、資金管理や日数管理に細心の注意を払う必要がある。不用意にレバレッジを利かせるなどすると、破産確率が高まってしまう。	リスクが小さいので、資金管理や日数管理も、ほどほどに気を遣うだけで良い。安全度が高い場合は、レバレッジを使って、リスク量を調節する ことも可能。

POINT

銘柄管理も、リスク管理の１つ

投資先に応じて、生じるリスク量は全く変わります。それこそ、日本一の大企業「トヨタ自動車」を買った場合とマザーズに上場したばかりの新興株を買うのでは、その危険さは全く変わるのです。銘柄選びが変われば、資金管理や日数管理の重要度も変わります。要は、この３要素のバランスを取るのが大事なのです。それぞれを組み合わせて、安全な投資戦略を編み出しましょう。

「銘柄管理」で注目すべき4つのポイント

危険銘柄とはオサラバ！

危険な株には共通点があります。見分け方は簡単で、以下の4つの点を確認すれば良いのです。それは「**時価総額**」「**価格帯**」「**売買代金（流動性）**」「**ボラティリティ**」の4つです。これらを確認することで、危険な株を避けることができます。

1つ目は、「**時価総額**」です。一般的に、時価総額の大きな会社は、倒産リスクが小さいと考えられます。中でも、電鉄系などのインフラを担う企業は、倒産リスクは限りなくゼロに近いと期待できるでしょう。一方、小型株は違います。小さな企業ほど、大きな倒産リスクに晒されています。時価総額を加味することで、リスクを小さく抑えられるでしょう。

2つ目は「**価格帯**」です。たとえば、低位株（価格が百円以下の株）は、1円株価が動くだけで、収支が大きく変動します。利益になれば良いですが、損失も大きくなるので、高リスク・高リターンと言えます。できれば購入は避けたい銘柄です。

3つ目は「**売買代金（流動性）**」です。売買代金が小さな株は取引相手がいないので、買いたいときに買えず、売りたいときに売れません。無理やり取引しようとすると、不利な価格での取引になってしまいます。つまり、取引コストが高くつきやすいのです。よっぽど大きな利益を見込めない限りは、手を出さないのが無難でしょう。

4つ目は「**ボラティリティ**」です。ボラティリティとは、値動きの荒さを指します。ボラティリティが高いほど、値動きが荒く、リスクが大きな銘柄であることが多いのです。こういった株も、できるだけ避けるのが無難です。

「銘柄管理」で確認すべき４つのポイント

安全な株を選ぶために注目すべき４つのポイント

時価総額

時価総額は、リスクを決める直接的な要因です。一般的には、

- **時価総額が大きい＝低リスク**
- **時価総額が小さい＝高リスク**

と言えます。運用資金などに応じて、柔軟に銘柄を選び分けましょう。

価格帯

株価や最低購入代金も、リスクを確認する良い判断材料です。一般的に、株価や最低購入代金が安い銘柄ほど、リスクが大きいと考えられています。値動きも不安定となりやすいので、投資をする際には、注意が必要です。

売買代金（流動性）

不利な価格で株を掴まされないためにも、「流動性」を確認する習慣を持ちましょう。流動性の低い銘柄は、自分の望む価格で取引できません。取引相手は、必ず自分の足元を見てくるのです。

ボラティリティ

投資法によって適したボラティリティは異なります。一般的には、

- **高ボラティリティ（値動きが激しい）… 短期投資向き**
- **低ボラティリティ（値動きが緩やか）… 長期投資向き**

と言われています。投資戦略に適した銘柄は変わりますので、使い分けるのが大切です。

POINT

これから、どんな銘柄を買おうとしているのか

上記の４点は、株を買うにあたり最低限調べておくべき項目です。特徴さえ分かってしまえば、あとはこっちのものです。危ないものは回避して、安全なものを取引するだけで良いでしょう。これによって、あなたは今まで以上に安全に運用できるはずです。リスク管理に不可欠な大事なポイントですので、ぜひ覚えておきましょう。

「企業規模」の確認

あなたはどっちを選ぶ？

銘柄を選ぶときには、投資先企業の「企業規模」に着目しましょう。

企業規模を調べる方法としては、時価総額を確認するのが有効です。

企業規模を「大型株」「中型株」「小型株」の3段階に分類すると、大体、次のように分けられます。

- **大型：一兆円以上（百社程度）**
- **中型：一千億円以上（五百社程度）**
- **小型：一千億円未満（三千社程度）**

これが、企業規模別に銘柄を分類する目安です。

このとき、時価総額が大きな企業ほど、リスクが小さい傾向があります。値動きも緩やかなので、安全に取引したい方に向いています。中でも、「ディフェンシブ株」と呼ばれる鉄道業、電力・ガス業の銘柄は、業績が景気に左右されづらいという傾向があります。安全に利益を出したい方は、こういった銘柄に注目するのがよいでしょう。

一方、**時価総額が小さな企業は、値動きが軽く、大きな利益を狙えます。**ガツガツ利益を狙いたい方は、こういった銘柄に着目するのが良いでしょう。ただし、想定通りの動きをしない場合は、大きな損失につながる可能性があります。大きな利益を狙える分、リスクも大きいのです。よって、時価総額の小さな銘柄へ投資するときには、資金管理を徹底する必要があります。そういう意味では、上級者向けかもしれません。小型株を狙うときには、176ページの資金管理と組み合わせて、リスク管理を徹底するのが良いでしょう。

「企業規模」の確認

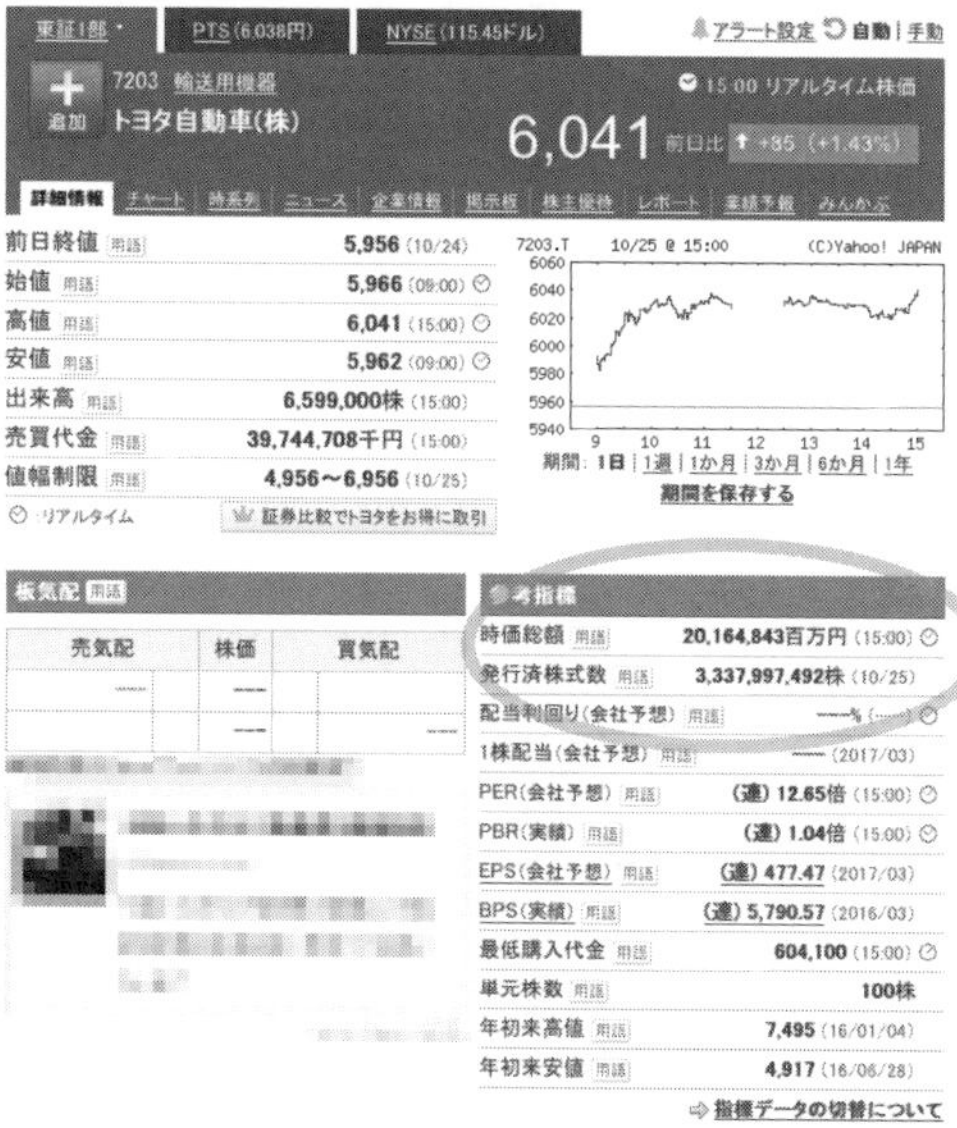

引用元 http://stocks.finance.yahoo.co.jp/stocks/detail/?code=7203.T
(2016年10月25日時点)

○ 時価総額の確認

時価総額は、リスクを決める直接的な要因です。一般的には、

・時価総額が大きい＝低リスク

・時価総額が小さい＝高リスク

と言えます。運用資金や求めるリターンに合わせて、柔軟に銘柄を選び分ける必要があります 。

たとえば、上昇相場での急騰を狙う「順張り戦略」では、時価総額の小さな銘柄ほど利益を出しやすい傾向があります。一方 、下落相場でリバウンドをねらう「逆張り戦略」では、時価総額の大きな銘柄ほど、安全かつ着実に利益を狙える傾向があります。投資戦略に応じて、狙う銘柄を切り替えるのが肝心です。

POINT

相場状況との組み合わせに気をつけて！

一般的に時価総額の大きな企業ほど、その価値の変動は小さくなります。トヨタ自動車や三菱ＵＦＪＦＧといった日本を代表する企業は、株価も緩やかに動きやすいです。上がりづらく下がりづらいので、下落相場には有利と考えられます。一方、時価総額の小さな企業ほど、その価値の変動率は大きくなります。一時期のガンホーや日本通信などは、短期間で強烈な値動きをしました。こういった銘柄では上昇相場ほど、利益を出しやすい傾向があります。

「価格帯」の確認

価格帯を確認すべき理由

株を買うときには、**「価格帯」**も良い判断材料です。価格帯をきちんと確認することで、その銘柄のリスク量が分かります。また、参加している投資家の層が簡易的に分析できます。とても重要ですので、必ず確認しておきましょう。

「価格帯」を使った銘柄選びをするときに、確認すべき要素は2点あります。それは、**「株価」**と**「最低購入金額」**です。

1点目は、**「株価」**です。株価を確認することで、簡易的にリスク量を測ることができます。株価が百円を切る**「低位株」**と呼ばれる銘柄は、たった1円の値動きでも、損益に大きな影響があります。値幅制限も広いので、1日だけで大きく利益につながることもあれば、損失につながる可能性もあります。このように、低位株は特にリスクが大きいと考えられます。よって、よほど利益の見込みが期待できない限りは、避けておくのが賢明でしょう。

2点目は、**「最低購入金額」**です。

最低購入金額によって、値動きの性質が異なります。私の経験則ではありますが、**「十万円株」**と呼ばれるような、安価な銘柄は投資初心者に好まれる傾向があります。相場が荒れてくると、特に値動きも荒れやすい傾向が見られますので、投資をする際には注意が必要でしょう。

案外無視されがちな株の価格帯ですが、きちんと分析すればリスクの排除にもつながります。役立つ指標ですので、ぜひ確認しておきましょう。

「価格帯」の確認

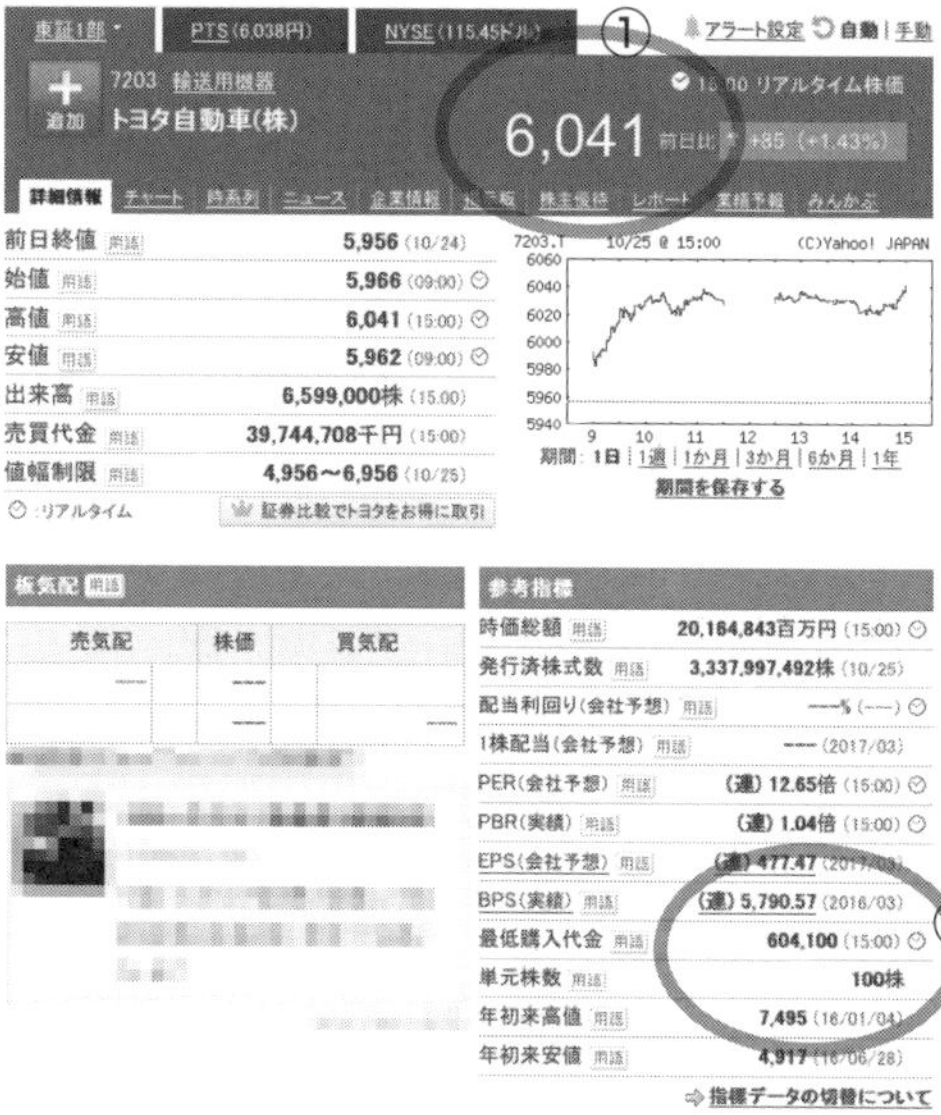

引用元 http://stocks.finance.yahoo.co.jp/stocks/detail/?code=7203.T
(2016年10月25日時点)

①株価の確認

低位株(株価が100円以下の株)は、1円の変化で運用収支が大きく変わるため、高リスクな可能性が高いです。特に、株価が30円を割り込む場合は、破産リスクも高まり、手を出さない方が賢明でしょう。株価は安全度を示す立派な指標です。確認を怠らないようにしま しょう。

②最低購入代金の確認

株価と同様に、最低購入代金も良い判断材料になります。私の経験上、最低購入代金が安いほど 、投資初心者の人に好まれやすい傾向があります。特に「十万円株」と呼ばれるような株は初心者に好まれやすく、感情的に値動きしやすいと考えられます。値動きも不安定となりやすいので、その分リスクも大きいでしょう。投資をする際には、注意が必要です。

POINT

株価も重要な判断材料！

意外かもしれませんが、株価も立派な判断材料になります。買い物に例えると分かりやすいでしょうが、「100円ショップに来ている客層」と「高級ブランドショップに来ている客層」は全く異なります。株もこれと同じで、株価や最低購入代金によって投資家の層が全く異なるのです。投資家が違うので、値動きの特性も違います。価格帯別の株価の動向を知ることで、リスク管理もできるのです。

「売買代金（流動性）」の確認

流動性を確保しよう！

銘柄選びをするときには、**「売買代金（流動性）」**の確認も欠かせません。特に、運用資金が多い方は、この点は必ず確認しましょう。

売買代金を確認する目的は2つあります。それは、**「流動性の確保」**と**「リスク量の確認」**です。

1点目は**「流動性の確保」**です。売買代金が小さな銘柄は、株の買い手や売り手が少ないため、「株をなかなか売れない」「株をなかなか買えない」ということにつながりやすいです。しかも、成行注文など無理やり取引すると、極端に不利な価格で取引することにつながります。売買手数料とは違いますが、「目に見えないコスト」がかかりやすいのです。これをスリッページと言います。一方、売買代金が大きな銘柄は、すぐに取引相手が見つかります。成行注文を出しても、大きな損を被らないため、取引しやすいと言えるでしょう。目安として、売買代金が1億円を超える銘柄を選ぶのが賢明でしょう。

2点目は**「リスク量の確認」**です。一般的に、売買代金が大きいほど低リスク・低リターンです。なぜなら、売買代金が大きな銘柄は買い手も売り手も豊富に居るため、株価の上昇や下落が起こりづらいからです。一方、売買代金が小さな銘柄は、突発的に大きな値動きをする可能性があるため、その分リスクが高いと言えるでしょう。よって、こういった銘柄は、利益の見込みが立たないときには、極力避けておいた方が賢明でしょう。

「売買代金」の確認

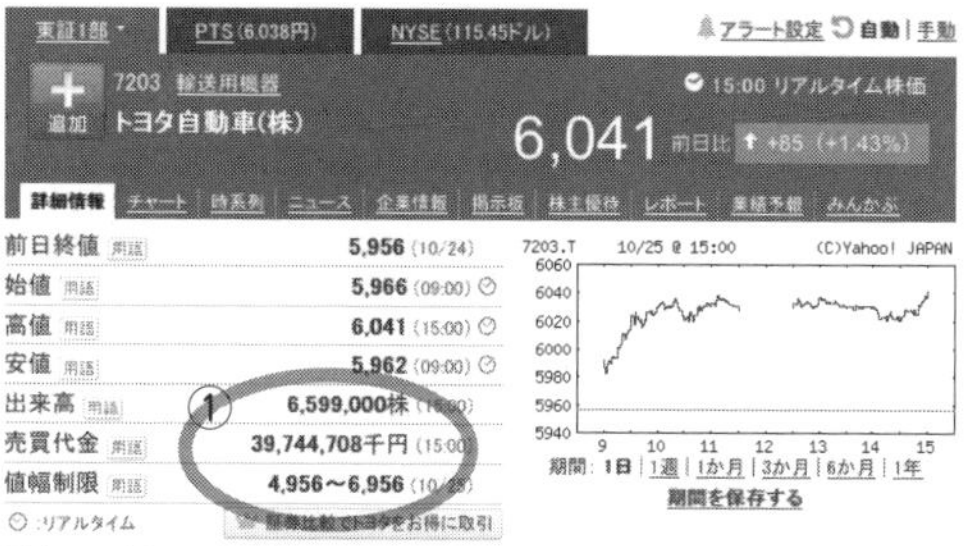

引用元 http://stocks.finance.yahoo.co.jp/stocks/detail/?code=7203.T
（2016 年 10 月 25 日時点）

②

売気配株数	気配値	買気配株数
–	成行	–
2,900	OVER	
200	1,015	
200	1,012	
100	1,006	
300	1,005	
500	999	
100	998	
100	995	
200	990	
100	989	
前 100	988	
	980	前 400
	978	100
	977	100
	976	300
	975	400
	974	300
	972	100
	971	200
	970	900
	969	200
	UNDER	3,900

③

売気配株数	気配値	買気配株数
–	成行	–
2,578,300	OVER	
45,800	5,985	
19,300	5,984	
6,100	5,983	
18,700	5,982	
19,400	5,981	
23,700	5,980	
7,500	5,979	
800	5,978	
4,600	5,977	
1,400	5,976	
	5,971	2,800
	5,970	5,800
	5,969	5,900
	5,968	7,100
	5,967	8,800
	5,966	4,400
	5,965	13,100
	5,964	600
	5,963	1,500
	5,962	15,700
	UNDER	1,013,400

①売買代金の確認

売買代金が小さな銘柄ほど、リスクが大きいです。この理由は2つ。１つは「流動性が低い」から。もう１つは、「値動きが荒くなりやすい」からです。

②流動性が低いことの問題

足元を見られやすく、不利な価格で株を取引せざるを得なくなる。

③板の厚さと値動きの関係

売買代金が大きいほど、値動きもしづらい可能性。

POINT

上級者は誰もが「流動性」を確認している！

抜け目のない投資家なら、売買代金は誰もが確認する指標です。どんな投資をするときも、必ず確認すべきです。流動性の低い銘柄は自分の望む価格で取引できません。取引相手は必ずこちらの足下を見てくるのです。不利な価格で株を掴まされないためにも、今後は必ず株の「流動性」を確認する習慣を持ちましょう。

「ボラティリティ」の確認

値動きの激しさを確認！

「ボラティリティ」とは、値動きの荒さを指します。株価が激しく上下するような銘柄を「ボラティリティが高い」、その逆を「ボラティリティが低い」と言います。

一般的に、**ボラティリティの大きな株は価格変動が激しく、リスクの大きな銘柄**だと考えられています。

ボラティリティの大きさを確認するオススメな方法は、2つあります。

それは、**「前日比の確認」「チャート画面の確認」**という2つの方法です。

1つ目は、「前日比の確認」です。これを確認することで、短期間のボラティリティが分かります。危険な銘柄ほど、短期間で大きく値動きする傾向があります。極端に値動きが荒い銘柄は、一日で10%～20%ほど変動する銘柄もあります。短期トレードをするときには、とても重要な指標ですので、ぜひ確認しましょう。

2つ目は、「チャート画面の確認」です。これを確認することで、数ヶ月という期間でのボラティリティが分かります。をチャート画面の「上端価格」と「下端価格」を確認するのが効果的です。この価格差が大きければ大きいほど、短期間で激しい値動きをした銘柄ということです。大きな利益を狙う場合は、この差が大きなものを狙いましょう。一方、安全性を重視したい場合は、この価格差が小さなものを選んだ方が良いでしょう。

「ボラティリティ」の確認

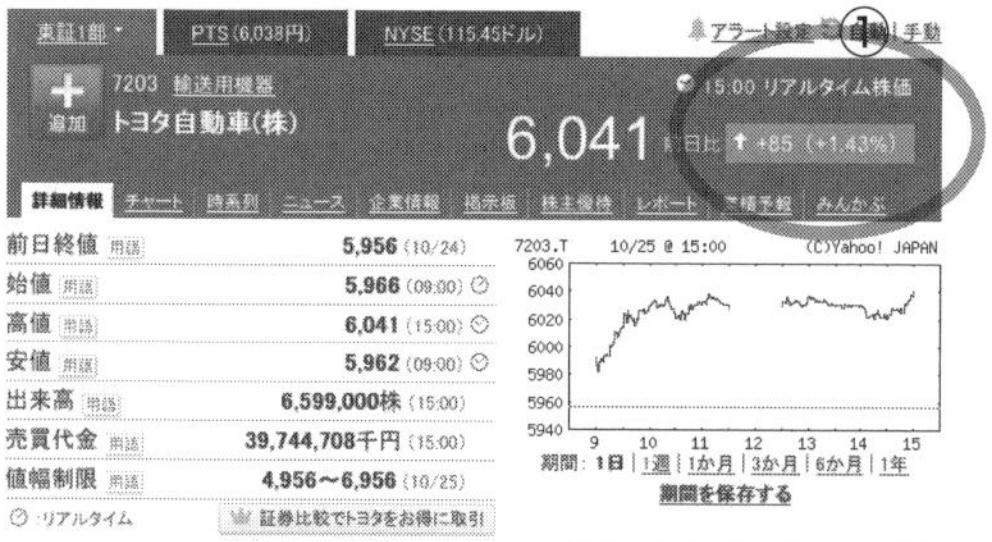

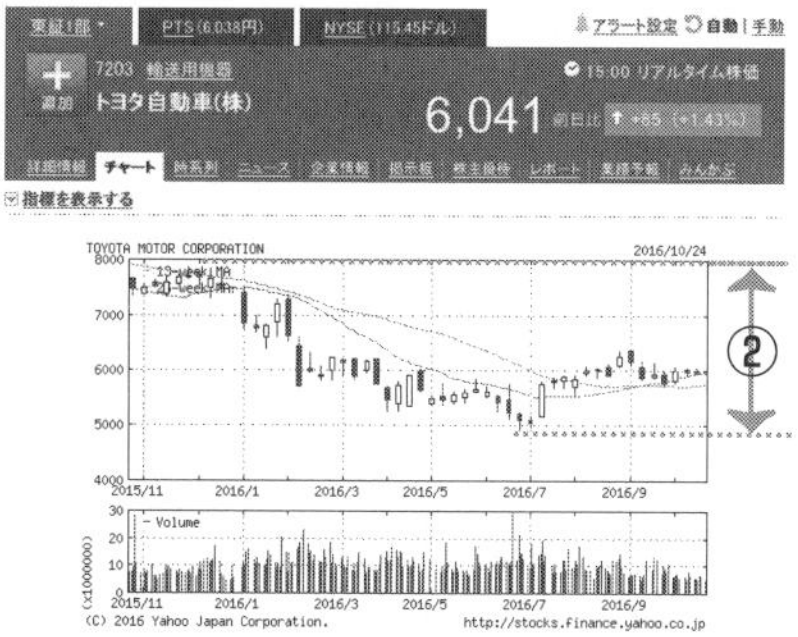

引用元 http://stocks.finance.yahoo.co.jp/stocks/detail/?code=7203.T
（2016年10月25日時点）

①前日比の確認

投資法によって適したボラティリティは異なります。一般的には、
高ボラティリティ（前日比の振れ幅が大きい）... 短期投資向き
低ボラティリティ（前日比の振れ幅が小さい）... 長期投資向き
です。投資戦略に合わせて使い分けましょう。

②チャートの確認

短期でなく、長期的なボラティリティも確認しておきましょう。この変化幅の大きな銘柄ほど、大きなリターンが狙えます。上昇相場などでは特に注目を集めますので、要確認です。

POINT

状況に合わせた使い分けが大切

ボラティリティの大きな株や小さな株。それに応じて、銘柄の持つリスクの量は変わります。ボラティリティは利益にも損失にも直結する傾向があるので、ボラティリティの大きな株ほど「高リスク／高リターン」になり、ボラティリティの小さな株ほど「低リスク／低リターン」になる傾向があります。選ぶ銘柄の時価総額や投資戦略の保有期間、こういったものを見ながら、総合的にバランスのとれた銘柄を選びましょう。

PART5のまとめ

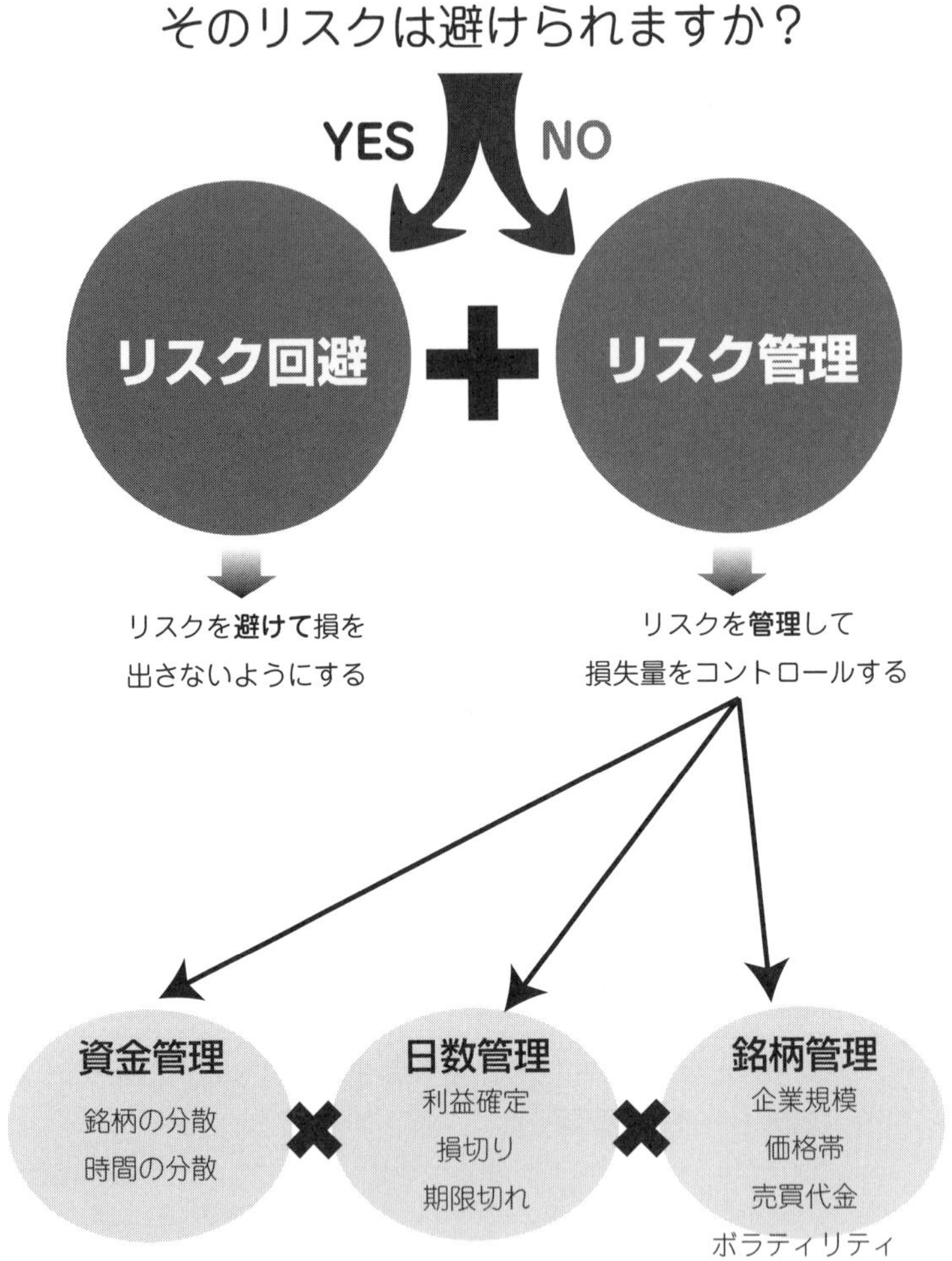

POINT 失敗することを前提に計画を練ろう！

避けられるリスクは回避するに越したことはありません。ですが、その上で、避けられないリスクはどうしても出てくるものです。そこで重要なのが「リスク管理」です。どんな投資家も、失敗は避けられません。ですから、「失敗すること」そのものも、計画の中に入れ込んでおく必要があるのです。「リスク管理」は本当に大事な技術ですので、必ず習得しておきましょう。

PART 6 復習編

「振り返りの技術」を習得し、腕を磨き続ける

PART6の目的「振り返りの技術」を習得する

一生が勉強

たとえば今、あなたが百点満点の投資戦略を手に入れたとします。どんな相場でも、着実かつ安全に利益を出せる、理想的な投資法です。この投資戦略を使えば、あなたは不安になることなく、安心してお金を増やすことができます。

もしあなたが、こんな理想的な投資戦略を身に付けたなら、もう勉強なんてしなくても良いですよね？

……いいえ。そんなことはありません。株式投資の世界に終わりはありません。「カンペキ」もありません。今この瞬間カンペキだったとしても、明日にはカンペキでなくなります。**なぜなら、相場は生き物のように日々変化するものだからです。**

たとえ今、あなたが確実に利益を出せる腕前を持っていたとしても、十年後の未来には、違っているでしょう。少なくとも、今と全く同じ投資戦略を使うだけでは、通用しないはずです。それほど、相場の世界は目まぐるしく変化しているのです。相場に参加している人も変われば、上場している企業も変わる。環境が変わるので、適切な投資戦略も、変化するのです。

投資を続ける限り、あなたは一生「これでもう勉強しないで良い！」などとは言えません。一生、勉強の世界です。そして、定期的に自分の戦略を振り返り、「腕を磨き続ける」必要があるのです。

そこで本PARTでは、今から更に生涯利益を増やすために、「振り返りの技術」を身に着けていきます。

「振り返りの技術」を習得する

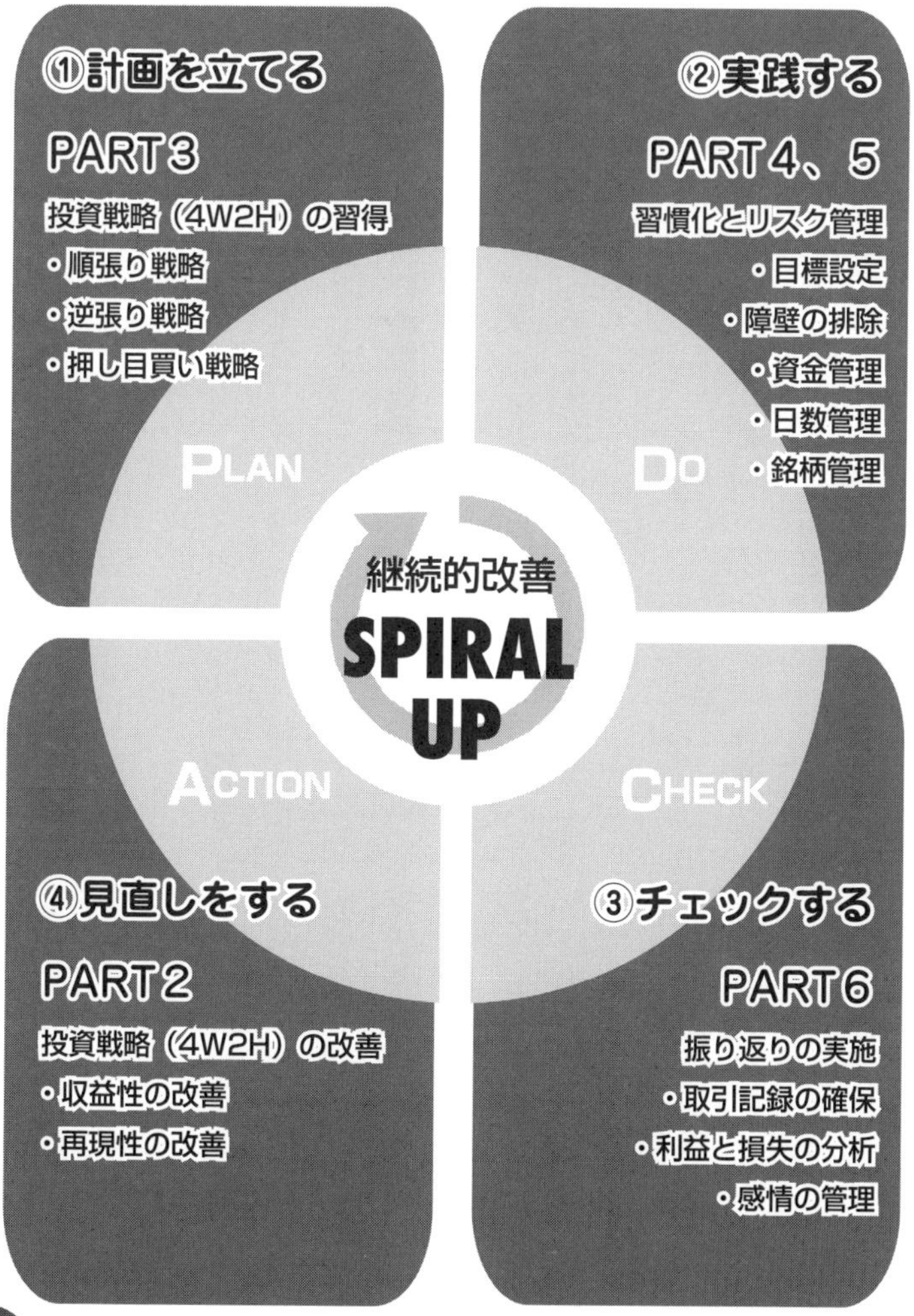

POINT

PCDA サイクルを回そう！

一度投資戦略を習得しても、それで終わりではありません。相場では、3年で大半の投資家が入れ替わるという話もあります。実際、投資家の多くが入れ替わっているでしょう。参加している人が変わるのだから、相場の様相も時期によってガラッと変わるのです。有効な投資戦略にも、寿命があるのです。ですから、私たちは定期的に自分の投資戦略を見直し、その有効性を再確認しなければなりません。ここで、振り返りの技術が必要なのです。

「振り返り」の4ステップ

振り返りの4ステップ

振り返りを行うには、4つのステップを踏襲するのが効果的です。それは、**「振り返りのための投資記録の確保」「利益の共通点の洗い出し」「損失の共通点の洗い出し」「当時の感情との結びつけ」**の4ステップです。

1つ目は、**「振り返りのための投資記録の確保」**です。投資記録を確保しないことには、振り返りはできません。記録項目を上手く選び、振り返りやすい投資記録を作成しましょう。

2つ目は、**「利益の共通点の洗い出し」**です。振り返りの目的の1つは、「利益を増やす」ことです。利益につながった取引の共通点を洗い出し、それと似た取引チャンスを見つけましょう。そうすることで、今まで以上に多くの利益を出せるでしょう。

3つ目は、**「損失の共通点の洗い出し」**です。振り返りのもう1つの目的は、「損失を抑える」ことです。損失につながった取引の共通点を洗い出し、それと似た取引は避けるようにしましょう。そうすることで、より確実に損失を回避できるでしょう。

4つ目は、**「当時の感情との結びつけ」**です。取引記録をつけるときには、「自分が取引したときに、どんな感情を抱いたか?」を記録しましょう。それによって、自分がどのような状況でストレスを感じやすいのか、その原因が何なのかが理解できます。自分の感情の動きを知ることで、投資をより長く継続できるようになるでしょう。

振り返りの4ステップ

振り返りの4ステップ

ステップ1
振り返りのための投資記録の確保

投資記録を集めることで、初めて自分の欠点や長所が見えてきます。ですが、過去を振り返りたくても、投資記録が無ければ何もできません。今後の利益を増やすためにも、「投資記録」を必ずつけるようにしましょう。

ステップ2
利益の共通点の洗い出し

1度利益を出したら、「もう1度同じように利益を出すためには、何ができるか?」を考えましょう。この振り返り1つがあるかないかで、あなたの生涯利益には大きな差が生まれます。たった1度の成功で満足しては勿体ないのです。

ステップ3
損失の共通点の洗い出し

1度損失を出したら、「この損失を繰り返さないために、何ができるか?」を考えましょう。株では失敗はつきものです。ですが、失敗から学ばなければ、同じ失敗を何度も繰り返すことにつながります。そういったことが無いように、失敗を分析するのが大切です。

ステップ4
当時の感情との結びつけ

利益を出す・損失を減らすこと以外にも、「感情を管理する」のも大切です。なぜなら、感情が悪化すると、運用の継続が困難になるからです。運用時の自分の感情を記録し、どんなときに自分はストレスを感じるのか、自己理解を深めましょう。

POINT

不可欠の4ステップ

「振り返り」と聞くと、地味で面倒なものと思う方も多いかもしれません。ですが、この地味な作業が「明日の利益につながる」と思うからこそ、必要不可欠な要素だと思うのです。相場は時間を経て変わるのですから、それに合わせて自分自身も変わらなければ、いつか痛い目を見ます。そうならないためにも、「今までの自分は、きちんと投資をできていたのだろうか?」と、定期的に振り返りを行ない、内省化する必要があります。

「振り返り」のための投資記録の確保

投資記録をつけよう！

株式投資では、自分の実力を知ることが思いのほか難しいです。なぜなら、ボロ株を買って幸運にも利益を出せることがあれば、優良株を買って不運にも損失を被ることがあるからです。運不運によっても成績が左右されてしまうので、1回や2回の取引では実力が測れないのです。

自分の実力を知るためには、最低でも30〜40回の取引が必要です。この数字は、「投資記録が統計的に意味を持ち始める」のに、必要最低限な数字です。これ以上の投資記録があって、始めて実力が測れるのです。

ここで大切なのが、「自分の投資記録を取って、振り返りに十分なデータを溜めておく」ということです。投資記録には**「4W2H」**の6点を、全て記録するのが理想的です。すなわち、「なぜ、いつ、どの株を、どんな注文方式で、どこから、いくら分」取引したのかを、全て記録しておくのです。株を買ったときのことと、売ったときのことの両方を記録しましょう。そして、できるなら**「取引を決めたときの自分の感情」**も書き留めておきましょう。こういった地道な記録の積み重ねが振り返りに活きてくるのです。

これだけの回数取引を繰り返した上で利益を出せているのであれば、あなたは立派な投資家です。一方、損をした方は、まだ実力が足りていないのかもしれません。それも、一定数の投資記録を集めて、始めて理解できるのです。

振り返りを行うには、投資記録を集めなければ始まりません。自分の実力を見極めるためにも、取引を記録する所から始めましょう。

振り返り用の投資記録の確保

自分の購入した銘柄のタイプ、カテゴリをざっくりと記録しておき、「自分が得意な株のタイプ」や「自分がニガテな株のタイプ」をハッキリとさせる。

短期・中期・長期のトレンドや株を買う直前の値動き・出来高が、損益にどのように関係しているのかを確認できるようにしておく。

株を買った理由や、利益が出るまでに必要な期間をはっきりさせる。利益につながりやすい投資や、損失ばかり出てしまう投資の「きっかけ」を明確にする。

自分自身を採点し、利益につながった投資法だけを繰り返す。

銘柄名		
コード		
市場		
業種		
エントリー日		
前日比	プラス・マイナス	
直近のローソク足	陽線・陰線	
ローソク足の位置	75MA の	上・下
	25MA の	上・下
	5MA の	上・下
出来高	増加・減少	
イグジット日		
損益額		
保有日数	日	
メモ（投資の動機考えた意図）		
自己採点（5段階評価）	1（悪い）～5（良い）	
自己採点の理由		

POINT

投資ノートは間違いを教えてくれる唯一の先生

投資の世界では、あなたに「ココが間違ってますよ」と言ってくれる人は誰もいません。投資記録をつけさえすれば、あなたは自分自身で成功・失敗の原因に気付くことができます。つまり、投資記録をつけないということは、あなたは株で稼ぐ方法が一生分からないままになってしまいます。記録をつけないということは、あなたが「一生稼げないままでよい」と言っているのと全く変わらないのです。

利益の共通点の洗い出し

チャンスを増やす

振り返りをする目的の1つは、**「もっと利益を出せる方法」**を見つけることです。今までの投資経験を踏まえて、利益につながるアイデアを見つけ出すのです。投資記録を分析して、「利益につながった取引の共通点」を探しましょう。それが、今後の利益につながるからです。

具体的には、投資記録を参考に、以下のような点をメモしておくのが良いでしょう。

- **どんな相場で利益を出せたか**
- **どのチャート形が利益を出せたか**
- **どの投資戦略が利益に貢献したか**

過去に利益を出した取引が集まれば、それと似たチャンスを探しましょう。

上昇相場が得意なら、「強い上昇相場では、積極的に買う」「弱い上昇相場では、控えめに買う」というように、メリハリをつけても良いかもしれません。上昇中の銘柄から利益を出せるのであれば、それは緩やかに上昇した銘柄が良いのか、それとも急激に上昇した銘柄の方が良いのか。詳しく調べる必要があります。逆張り戦略が好調なら、逆張り戦略を使って、さらに利益を出す方法を模索してみるのも良いでしょう。

確かめたいことは無数にあります。もっとも利益を増やせそうなアイデアを、一つひとつ確かめていきましょう。そうすることで、あなたの生涯利益は百万円、二百万円……と、着実に増えていくことでしょう。

利益の共通点の洗い出し

○ 何を繰り返せば、利益につながるか？

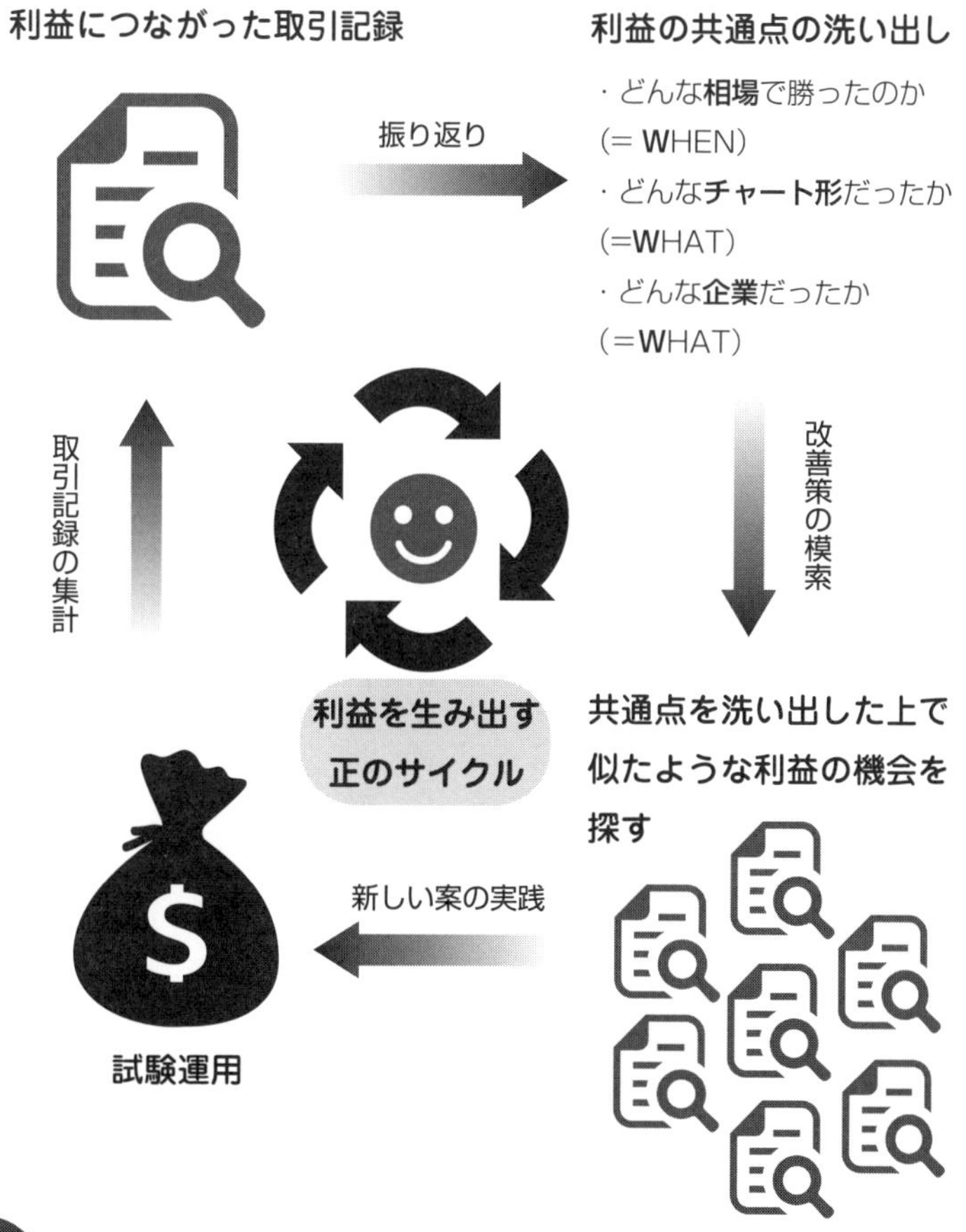

POINT

成功のパターンを見つけ、更に利益を出そう！

1度利益を稼げたからといって、それで満足しては早過ぎます。 1度利益を出せたら、それはもう1度利益を出すチャンスです。利益の共通点を洗い出し、「もっと多くの利益を出す」ために研究を進めましょう。特に、利益に繋がった投資戦略の「何が原因で利益を出せたのか？」を知りたいところ。特に利益につながった取引の相場状況、チャート形、企業の特徴（業種・時価総額etc）などを知り、得意を更に伸ばしていきましょう。

損失の共通点の洗い出し

同じ失敗を繰り返さない

利益の共通点をまとめた後は、損失の共通点を洗い出しましょう。今までの投資経験を踏まえて、損失につながりやすかった取引の特徴を思い出してみましょう。具体的には、利益の共通点探しとは、逆のことを考えれば良いでしょう。たとえば、以下のような質問を自問自答するのが有効です。

- **どんな相場で損失を出したか**
- **どのチャート形が損失の原因か**
- **どの投資戦略が損失を招いたか**

これらの点を意識することで、損失につながりやすい取引の特徴を押さえられます。損失の共通点を洗い出した後は、似たような相場環境、銘柄、投資戦略を使うのは手控えた方が良いでしょう。利益につながらない以上、そのような取引を繰り返しては危険だからです。

忘れがちですが、**「利益を増やす」ことと同じくらい、「損失を抑える」ことも大切**です。しかも、損失を抑える方が、利益を伸ばすよりも簡単な場合が多いです。

利益を伸ばすためには、新しいチャンスを見つけ、適切に取引を行う必要があります。手間がかかるうえ大変です。しかし、損失を抑えるのは「危険そうな株を買わずに放っておく」だけで良いのです。「危なさそうな株は買わない」という対処だけで、かなりの危険を回避することができるでしょう。

損失の共通点の洗い出し

○ 何を繰り返せば、損失につながるか？

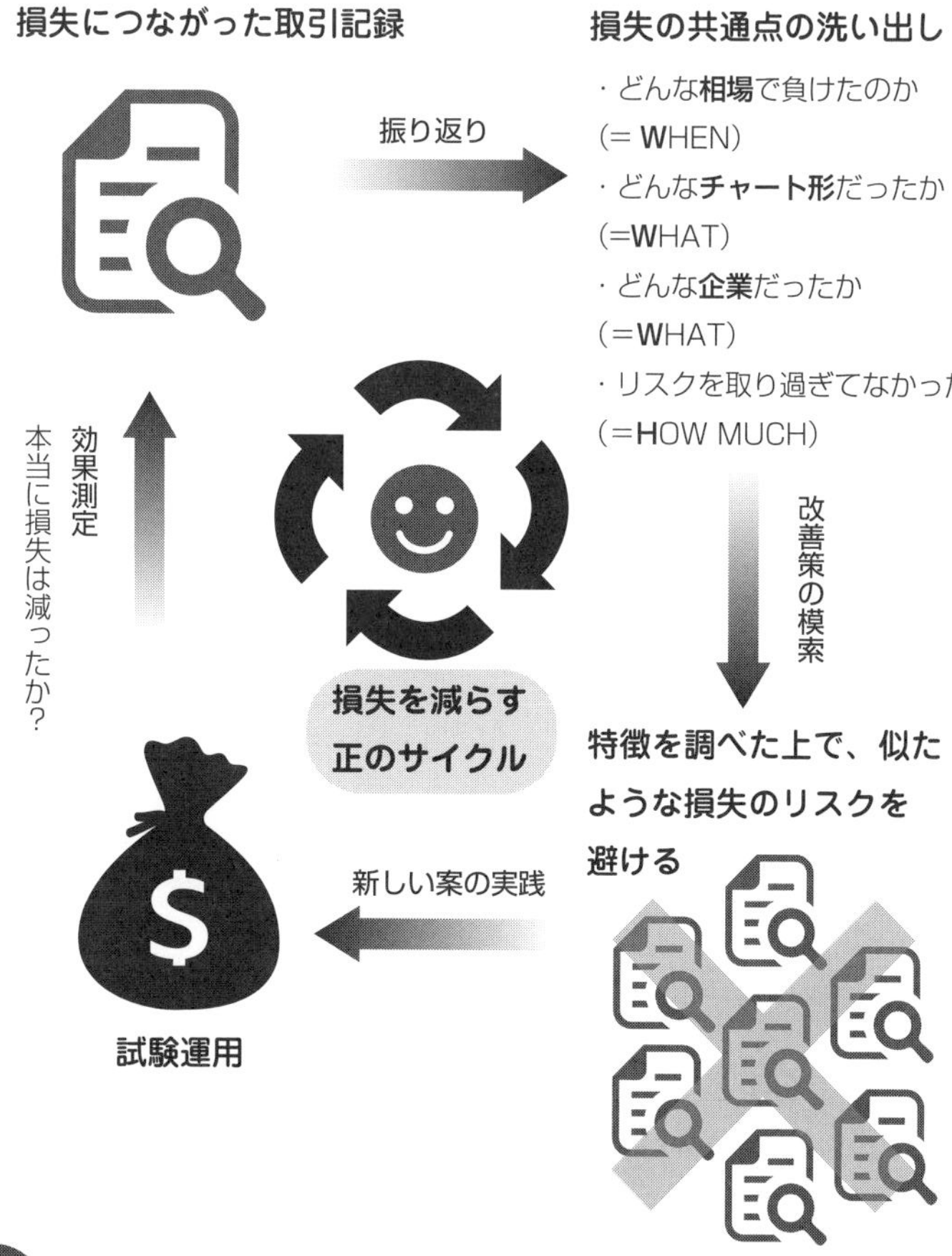

POINT

失敗を繰り返さないために、過去を振り返ろう

株では、ちょっとした凡ミスすら大きな損失につながることがあります。同じ失敗を繰り返していては、財布がいくらあっても足りません。１度の失敗から多くを学ぶ必要があります。特に、損失を被ったときは精神的な負担も大きいです。損失を出した場合は「リスクを取りすぎていなかったか？」と資金管理面での振り返りも行うと良いでしょう。同じ失敗を繰り返さないためにも、自分の失敗に正面から向き合いましょう。

当時の感情との結びつけ

あなたの損失許容量は？

振り返りでは、**「自分の感情の起伏を知る」**ことも大切です。

「損失を出した時、どう思ったか？」

といったように、自分の心の動きを投資記録に残しておきましょう。特に、損失を出したときの自分の感情を記録するのが重要です。人間にとって、損失はとてもストレスになります。自分が思っている以上に、心に負担がかかるのです。ひどい場合は、仕事やプライベートにまで支障をきたすことがあります。そういったことのないように、自分の心の**「損失許容量」**を知っておくのが重要なのです。

感情を記録するときには、以下のような事項を記録しておくのが有効です。

以下のようなことが起こったとき、自分の感情はどう動きましたか？
- **◯円の損失が出た（金額）**
- **◯回連続で損失が出た（回数）**
- **◯日間、含み損を抱えた（期間）**

感情の記録をするときには、恐怖、悔しさ、怒り、悲しみなど、できるだけ詳しく記述しましょう。オブラートに包まず、ありのままの感情を記録するのが大切です。また、仕事やプライベートに影響があった場合は、その点についても詳しく記録しておきましょう。それによって、自分の損失許容量が、徐々に分かってくる筈です。

投資はあくまで人生の**「おまけ」**です。そのせいで仕事やプライベートに支障が出てしまえば、本末転倒なのです。

当時の感情との結びつけ

○ 当時の気持ちを振り返ろう！

感情を振り返るときの第一の目的は、自分の「許容損失額」を理解することです。人によって耐えられる損失額は違います。数万円の損失からイライラが募る方もいれば、数百万円の損失を抱えても平然としている方もいます。ですから、A さんには使いやすい投資法でも、B さんにとっては使いづらいということが出てくるのです。よって、私たちは自分の性格や「許容損失額」への理解を深め、自分に合った投 資法を見つける必要があります。あなたは、自分の許容損失額を知っていますか？

○ 恐怖の芽を摘み取ろう！

些細な感情は、ときに大きな感情の波を呼びます。ひどい場合は、体調を崩すことにもつながります。「株価が気になって仕事中、ぼーっとしてしまった」など。危険な兆項が見られた場合は、おそらくあなたはリスクを取りすぎているか、投資戦略があなたと合っていない可能性があります。大きな問題につながる前に、地道に改善していきましょう。

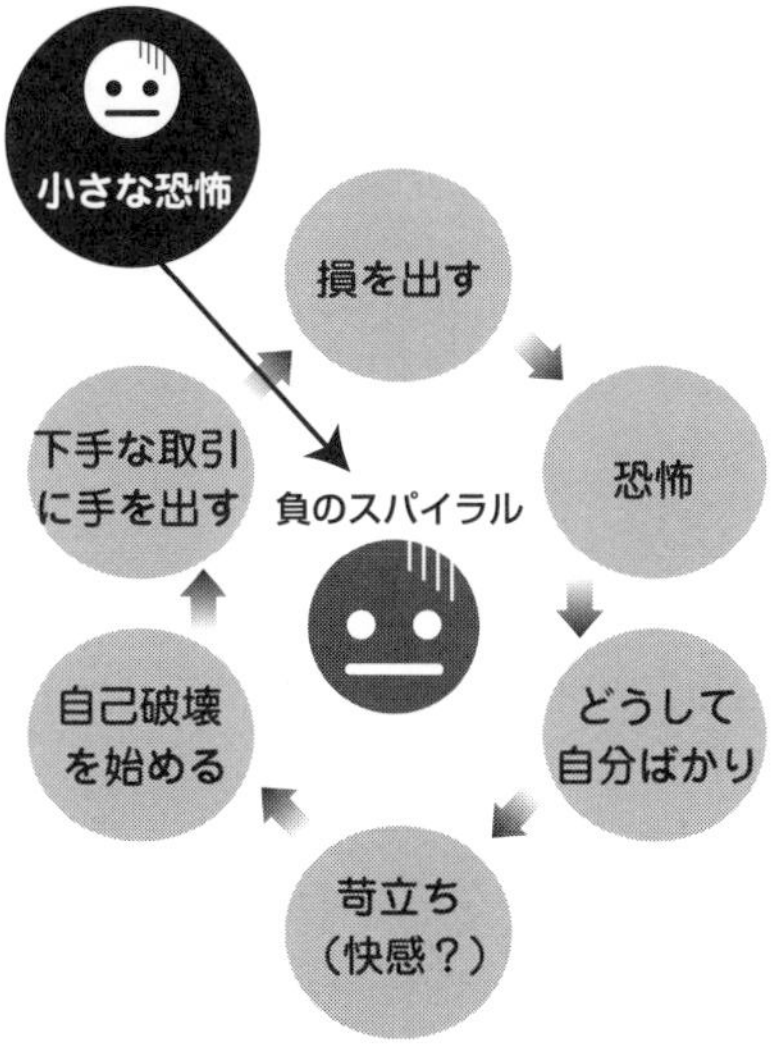

POINT

複利運用は必ずしも正解ではない

利益を出しているとき、人は「複利で運用資金を増やそう」とします。ですが、これは「許容損失額」を軽視している可能性があります。運用資金を増やすということは、今まで以上に損失が膨らむということです。運用資金を増やすと 1 度のミスで大きな資金を失うことにつながりますので、一気に負担が増えます。複利運用は正しいかもしれません。ですが、感情を無視した考え方であることも、合わせて覚えておきましょう。

ＰＡＲＴ６のまとめ

○ 振り返りの流れ

ステップ１：投資記録の確保

- ☑ 自分が買った株の特徴を記録する
- ☑ どんなときに買い、どんなときに売ったのかを記録する
- ☑ 株を持っていたときの感情の動きを記録する

（※記録の取り方については２１１ページ参照）

投資戦略の質を高める

ステップ２：利益の共通点の洗い出し

- ☑ どんな相場で利益を出せたか
- ☑ どんなチャート形が利益を出せたか
- ☑ どんな企業が利益につながったか

ステップ３：損失の共通点の洗い出し

- ☑ どんな相場で損失を出したか
- ☑ どんなチャート形が損失になったか
- ☑ どんな企業が損失につながったか

→これらの共通点を洗い出し、
投資戦略の質を高めていく

継続による生涯利益の最大化

ステップ４：当時の感情との結びつけ

- ☑ 損失額と感情のつながりを知る
- ☑ 連続した損失と感情のつながりを知る
- ☑ 含み損期間と感情のつながりを知る

→これらを知り、より精神的な負担の
小さな投資戦略に作り変えていく

POINT

より利益を出しやすく、より続けやすく

人真似をすることで、ひとっとびに最高の投資戦略を手に入れる。投資家なら、一度はそういう夢を見たことがあるでしょう。ですが、残念ながらそれは不可能です。なぜなら、他人が作った投資法は、「彼ら自身のために」存在しているからです。あなたのために作られた投資法ではありません。実践と振り返りを繰り返し、地道な改善を続けるのが大切です。そうすることで、はじめて自分に合った「最高の投資戦略」が手に入れられるでしょう。

本書のまとめ「生涯利益」の最大化

「生涯利益」の最大化

「生涯利益」を最大限する。そのために必要な全ての知恵を、この本にまとめました。必要なのは、以下の5つの技術でした。

- **投資戦略の質を高める**
- **投資戦略の量を増やす**
- **習慣化でより長く運用を継続する**
- **リスク管理で破産確率を下げる**
- **振り返りにより腕を磨き続ける**

生涯利益を増やしたいのであれば、どんな投資家も、全員がこの技術を習得しなければなりません。筆者は、これ以外の方法は他に存在していないと思います。

あとは、実践あるのみです。ぜひ、これまで学んだことを1つずつ実践し、更に豊かな人生を歩んで下さい。株3年生のあなたは、もう自分一人で十分に利益を出せることでしょう。ですが、それで満足するには早すぎます。あなたは、あなたが思っている以上に大きな利益を出すことができます。そのためにも、日々腕を磨き続けて欲しいのです。一回や二回の成功で満足していては、勿体ありません。相場には、それだけ大きな可能性が秘められているのです。

本書では、私たち投資家が利益を出し「続ける」ための方法をお伝えしました。私は、これがどんな時代にも通用する原理原則だと信じています。本書を振り返りながら、すべきことを淡々とこなして下さい。それで、生涯利益を最大化できるでしょう。あなたの人生も、見違えるほど豊かなものになるはずです。

おわりに

「株の楽しさを知って欲しい」

これは、私が本書で伝えたかった裏のメッセージです。
私の周りには株で成功し人生が変わった人がたくさんいます。

一方、株で破滅した人もたくさんいます。
株で成功した人と、破滅した人の違いは何か？
その答えが、「生涯利益」という言葉にあります。

生涯で獲得できる利益の最大化を目指すか、目先の利益にこだわるのか。この考え方の違いが、株で成功するか、破滅するかの違いだと考えているのです。

株で成功している人は、目先の利益ではなく、生涯で獲得できる利益の最大化を目指します。

株で破滅した人は、目先の利益に固執してしまいます。

目先の利益は運に左右されてしまいます。一方、生涯の利益は、知識と技術で決まります。

これを読んでいるあなたにはぜひ私たちと一緒に生涯利益の最大化を目指してほしいのです。そうすることで、きっと私たちと同じように株が楽しくなります。

本書を通じて、あなたが株の知恵と技術を身につけ、楽しめるようになること。

そして、あなたの「生涯利益」が最大になることを心より願っています。

西村剛

●著者

西村 剛（にしむら・つよし）

フェアトレード株式会社代表取締役。
機関投資家出身で、統計データを重視したシステムトレードに注力。2011年株-1グランドチャンピオン大会で＋200,5%、2012年＋160.1%、2013年＋157%を叩き出し三連覇達成。証券アナリスト検定会員。

中原 良太（なかはら・りょうた）

投資情報サイト「株式予報」代表。
数理解析を駆使した株価予想の才能を認められ、2013年に史上最年少で「YAHOO! ファイナンス株価予想達人」に抜擢。2015年、同サイトで最年少で「ベストパフォーマー賞」「通年最高勝率者賞」をダブル受賞。全人口の上位約2%のIQ保持者しか入れない世界的団体MENSA会員。

株3年生の教科書

2016年12月5日　第1版1刷発行
2016年12月23日　第1版2刷発行

著者	西村 剛・中原 良太
カバー／レイアウト	萩原弦一郎・荘司隆之（DIGICAL）
印刷	株式会社文昇堂
製本	根本製本株式会社

発行人　西村貢一
発行所　株式会社総合科学出版
〒101-0052　東京都千代田区神田小川町3-2　栄光ビル
TEL　03-3291-6805（代）
URL：http://www.sogokagaku-pub.com/

2016 Printed in Japan　ISBN978-4-88181-854-1

ネットトレーダーズ BOOK

ニートでアニゲーマーの俺が株をはじめてみた

アニメ・ゲームファンに贈るネット株初心者入門書！
“妹”だけじゃなく“株”も愛そう！

石野 卓　　A5判・並製／128ページ

ISBN978-4-88181-848-0　　定価1200円＋税

「吾輩はアニゲーマーである。職歴はまだない。」

二次元美少女を愛するアニゲーマーの著者が、ネット株取引を解説した初心者入門書。「株はやってみたいけど、俺にはちょっとハードルが高いかな……」と二の足を踏んでいた同士諸君、今すぐ立ち上がるのだ！

証券会社の選び方、株取引の仕組み、銘柄の選び方、売買のコツなど、知っておきたい株取引の基礎知識をオタクならではの視点で解説。ネット株取引をギャルゲーライクに楽しむための脳内変換方法も伝授する。

第１章：株をヤルために知っておきたい基礎知識
「取引所」のことを学ぶべし！
「証券会社」を選ぶべし！
「証券口座」を作成すべし！
「取引口座」のタイプを決めよう！
「取引時間」は決まっている
「単元数」とはなんぞや？
「トレードツール」を使うべし！
「板」の見方を学ぼう！
「チャート」の基本を知るべし！
「ローソク足」の見方と並び方を学ぶべし！
「移動平均線」の見方を学ぶべし！
「株価ボード」の見方を学ぶべし！
「株式ランキング」で銘柄を探そう！
「注文方法」のルール
「順張り」と「逆張り」を覚えよう
「逆指値注文」とはなんぞや？
「PER」とはなんぞや？
「PBR」とはなんぞや？
「信用取引」とはなんぞや？
「信用買残」と「信用売残」の意味は？
「値幅制限」とは？
「NISA」についても知っておこう
「ジュニア NISA も押さえておこう
「売却益」を出金するには？

第２章：ニートでアニゲーマーの俺が株をはじめてみた
市場は舞台。東証一部は由緒正しき名門校
株価指数は女の子たちの〝バイオリズム〟
株価ボードの項目を置き換える
己の実力をわきまえてヒロインを探せ！
銘柄検索で未来の「嫁」を探せ！
買付資金から銘柄に「萌え属性」を与える
値動きから銘柄に「萌え属性」を与える
自分ルールを決めておこう
初心者が注意すべき３つのこと
リスクを分散させる
保有期間を考えよう
「損切り」か「ナンピン」か？
余力資金を残しておく
配当金のある銘柄を狙う
株式分割銘柄を狙う
株主優待銘柄を狙う
情報を集めて取引にいかせ
「イベント」には積極的に参加すべきか？

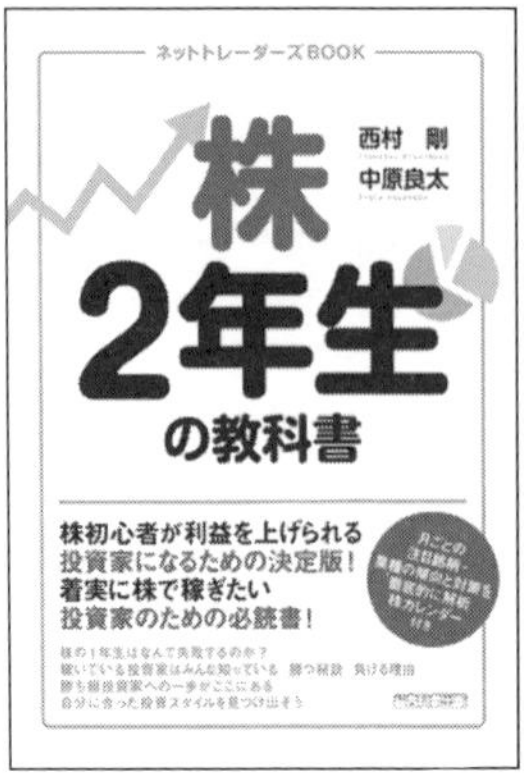

ネットトレーダーズBOOK

株２年生の教科書

今まで学んだ経験と知識を活かして、株2年生へのステップアップを果たそう！

西村剛・中原良太　A5判・並製／192ページ

ISBN978-4-88181-849-7　定価1500円＋税

いつまでも利益の出せない株１年生ではいられない！

株１年生はなぜ稼げないのか？　株式投資を始めたけれども、いまいち利益が出ない……。もう一つ、何かを勉強したい。そんな株式投資２年生のための教科書。どんな相場でも、しっかりとチャートを見て、それに対応できるようになれば勝てるようになります。１年12カ月、それぞれ月ごとの傾向を理解して、きっちり対策をすれば勝てるようになります。優待銘柄をお探しなら、もちろんそれも全て教えます。そして、株３年生に向けて何を勉強すればいいのか、あますところなく徹底的に解説していきます。

PART1　準備編　株１年生と株２年生の違いとは？
利益を出すのに「頭の良さ」や「知識量」は必要ない
株１年生と、株２年生の違いとは？
２年生なら知っておくべき「４Ｗ２Ｈ」とは
Ｗｈｙ　なぜ、株を買うのか
Ｗｈｅｒｅ　どこで株を買うのか
Ｈｏｗ　どうやって株を買うのか
Ｗｈｅｎ　いつ株を買うのか
Ｗｈａｔ　どの株を売買するのか
Ｈｏｗ　ｍｕｃｈ　いくら分、株を売買するのか
６つのシンプルなポイントを磨き続けよう！
過去の投資を振り返るために投資記録をつけよう！

PART2　実践編　株２年生が知っておきたい「勝てる株」の見つけ方
あなたは状況に合った投資をしていますか？
上昇相場で利益を出す投資法【順張り・成長株投資】
順張り投資で利益を出す方法
順張り投資で利益を出せる理由
順張り投資で魅力的な株を見つける方法
順張り投資でありがちなミスとその対処法
上昇相場に最適な成長株　割高株でも利益が出せる理由
成長株投資に使えそうな「急成長」銘柄を見つける方法
成長株投資で知っておきたい指標「ペグレシオ」
成長株投資でありがちなミスとその対処法
下落相場で利益を出す投資法【逆張り・割安株投資】
逆張り投資で利益を出せる理由
逆張り投資に向いている銘柄を探し出す方法
逆張り投資でありがちなミスとその対処法
割安株投資で利益を出す方法
割安株投資で利益を出せる理由
割安株投資で使えそうな「お買い得な株」を見つける方法
割安株投資でありがちなミスとその対処法
ボックス相場の攻略【押し目買い・循環株投資】
押し目買いで利益を出すには「価格弾力性」の高い銘柄を探す
押し目買い投資に向いている銘柄を探す３つのポイント
押し目買い投資でありがちなミスとその対処法
循環株投資で利益を出せる理由
循環株投資で使えそうな「お買い得な株」を見つける方法
循環株投資でありがちなミスとその対処法
すべての相場に対応できる「４Ｗ２Ｈ」まとめ

PART3 学習編　株２年生のためのカレンダー　株式市場の傾向と対策
PART4 応用編　株２年生のためのカレンダー　優待銘柄の傾向と対策
PART5 予習編　株３年生になる前に、学んでおきたいこと

etc……